新时代体育教师高质量发展研究

邱　远　黄涌泉　著

中国商业出版社

图书在版编目(CIP)数据

新时代体育教师高质量发展研究 / 邱远,黄涌泉著
. —— 北京:中国商业出版社,2024.4
ISBN 978-7-5208-2883-3

Ⅰ.①新… Ⅱ.①邱… ②黄… Ⅲ.①体育教师—师
资培养—研究Ⅳ.①G807

中国国家版本馆 CIP 数据核字(2024)第 069815 号

责任编辑:李 飞
(策划编辑:蔡 凯)

中国商业出版社出版发行
(www.zgsycb.com 100053 北京广安门内报国寺 1 号)
总编室:010—63180647 编辑室:010—83114579
发行部:010—83120835/8286
新华书店经销
北京九州迅驰传媒文化有限公司印刷

＊

787 毫米×1092 毫米 16 开 11.75 印张 240 千字
2024 年 4 月第 1 版 2024 年 4 月第 1 次印刷
定价:58.00 元

＊ ＊ ＊ ＊

(如有印装质量问题可更换)

前　言

　　时光荏苒，不知不觉之间，笔者已入职教师生涯三十载，可谓岁月如梭、年华似水，但不负初心、不负韶华，奋发弘道仍然在路上。我之教师，教师之我，犹如身心之两面，不可或缺，融入血脉，此生结缘，生生不息。新时代教师既指一种社会角色，又指这一角色的承担者，毋庸置疑，立德树人是第一要务，教书育人是应有之意。因此，教师的作用与地位在新时代变得越发重要，不仅仅是知识的传授者、思想的传播者，更是引导者、启发者和友好榜样，肩负着教育高质量发展的光荣使命，培养着中国梦之未来的创造者、开拓者、引领者，教师随之演绎为新时代教育优先发展的第一资源和中坚力量，教师发展之道也成为重要命题和时代课题。

　　自 2019 年起，笔者偕同课题组开始专注于体育教师发展领域的探索与研究，开展了新时代体育教师职业生态、职业发展、职业心理、专业合作、教育科研、职业幸福感、教师发展等系列化专题研究。

　　经过课题组五年多时间的协同探讨与梳理归纳，将一系列体育教师发展的研究成果整理为新时代教师发展的理论基础、新时代教师发展理论与模型假设、新时代体育教师职业生态研究、新时代体育教师职业发展研究、新时代体育教师职业心理研究、新时代体育教师专业合作研究、新时代体育教师教研发展研究、新时代体育教师职业幸福感研究、新时代高质量体育教师发展研究等八个章节，其中，第一、第三、第五章主要由笔者撰写，第二、第四、第六、第七、第八章主要由黄涌泉撰写，全书由笔者统稿，生成了《新时代体育教师高质量发展研究》之论著。

　　始于初心，成于坚守，道生本固。但学海无涯，没有止境，何况笔者才浅学疏，不谙深道，加之质性愚钝，仓促成就，难免有错漏和不足，尊请同识之士赐教指正为盼！

邱远

2024 年 1 月 9 日

目　录

第一章　新时代教师发展理论与模型假设

教师发展（Teacher Development）是近几十年来国际社会关注的重要议题，被世界各国公认为提高教育质量的重要内容和核心路径，其内核是提高教师质量。体育教师也不例外。

走进新时代，高质量发展成为新时代中国的发展主题，以创新、协调、绿色、开放、共享的发展理念引领经济社会走高质量发展之路，是新时代我国经济社会建设最鲜明的特征在经济社会高质量发展的宏大图景中，教育的高质量发展被定义为国家战略，担负起新的历史使命，为经济社会的可持续发展提供基础和支撑。与此同时，教师发展协同高质量教师队伍建设也迅速被提上国家战略的议事日程，成为全社会的重大实践课题，备受国内和国际社会的广泛关注。

第一节　新理论提出的社会背景

在教育高质量发展的背景下，作为第一资源的教师其重要作用和关键作用越发凸显，没有高质量的教师就没有教育的高质量发展，没有高质量的教师队伍就谈不上人才培养的高质量，打造一支高素质专业化创新型教师队伍建设目标的实现就是一句空话。

打造一支高素质专业化创新型教师队伍是教育实施高质量发展的蓝图和行动纲领。2018年1月，中共中央、国务院印发了《关于全面深化新时代教师队伍建设改革的意见》，提出了"到2035年，教师综合素质、专业化水平和创新能力大幅提升，培养造就数以百万计的骨干教师、数以十万计的卓越教师、数以万计的教育家型教师"宏大目标。随着教育高质量发展实践的不断深入，深化新时代职业教育高质量教师队伍建设也不断提质提速，2022年5月，教育部等八部门启动了《新时代基础教育强师计划》，提出了"着力推动教师教育振兴发展，努力造就新时代高素质专业化创新型中小学教师队伍，为加快实现基础教育现代化提供强有力的师资保障"的新目标和新任务，迅速在学界和业界形成了高度共识，引发社会关注。高素质专业化创新型教师队伍建设，支持和支撑教育的高质量发展，教师是第一资源和关键性建设主体，教师高质量发展是前提，其发展水平直接关乎教育高质量发展的进度、效度和成色，也是我国教育当下乃至未来一个时期面临的新任务、新机遇和新的重大挑战。自然而然，关注教师和教师队伍的高质量发展，是摆在教育高质量发展面前的第一命题。

教师发展观是支撑我国现代教师教育变革的根本性思想和价值力量，有什么样的发展观就有什么样的教师教育变革行动、教师发展样态乃至教育发展样态。在教育高质量发展与建设一支高素质专业化创新型教师队伍的宏大叙事的话语下，必须对作为第一资源和支撑的教师发展现状进行摸底测评，综合研判其发展指数的底色、成色与水平，为高质量教师培养和教师队伍建设提供翔实可靠的数据和整体改进策略，而目前对此测评进行的研究还比较少见，尤其是测评内容和结构缺乏科学理论模型的支撑。

第二节　理论模型之研究现状

理论模型（Theoretical Model）是对某一过程机理进行深入研究，通过基本理论的推导，得出表示过程中各有关变量之间的关系的理论框架。

在国外，教师发展运动起步于 20 世纪 60 年代后期，至 20 世纪 70 年代中期，一些学者开始提出关于教师发展的理论模型，对教师发展的概念、维度、组成部分及相互关系进行了界定和阐述。1975 年，美国学者伯格威斯特和菲利普斯提出首个高校教师发展模型，认为教师发展的 3 个维度是个人、教学和组织，教师发展的 3 个组成部分是态度、过程和结构，最终形成"概念化综合模型"（Comprehensive Model）；同年，美国学者盖夫提出，高校教师发展是由个人、教学和组织 3 个维度构成的，但教学发展更为重要，教学发展的目标是促进学生学习，同样，激励机制和冲突解决措施也是组织发展必须郑重考虑的内容。1977 年，伯格威斯特和菲利普斯对其首个教师发展模型进行修正和补充，认为发展的 3 个维度之间相互影响，提出共同体发展和制度发展的新概念，即教师发展共同体模型。1985 年，埃博尔和迈克伊奇在原有的教师发展 3 个维度基础上，增加了课程发展，形成个人、教学、课程和组织的发展 4 个维度。1989 年，森特在高校教师发展的基础上增加了专业发展，即教师发展的 4 个方面是个人发展、教学发展、组织发展和专业发展。1991 年，美国教育联合会（NEA）发表《大学教师发展：国力的提升》报告书，确定了高校教师以个人发展、专业发展、组织发展和教学发展为主要内容的发展目标。

从研究的视角审视，教师发展重要的理论模型主要有 3 个：一是伯格威斯特和菲利普斯首先提出的概念化综合模型；二是盖夫提出的教师发展的类型：个人发展（态度）、教学发展（过程）和组织发展（结构）；三是伯格威斯特和菲利普斯修订提出的教师发展共同体模型。上述教师发展模型具有较好的理论性、启发性，具有很强的参考和实操意义，这也是后来被学者所实证的。

在国内，我国学者对教师发展模型的研究较少，建构实践更为少见，该领域研究主要出现于 2007 年以后。陈平（2007）认为，学科知识、专业知识与能力、个性因素、环境因素、教育学实践等构成了教师发展的基本模型；岳娟娟（2013）认为教师发展模型是实践、创新、支持、学习、责任 5 个因素的有机整体，只有综合考虑和改进，才能达到教师发展预期目标；张昊、张德良（2014）提出了应关注教师的组织发展、个人发展、理念发展对教师课程与教学发展的影响，使建构的理论框架有效地指导大学教师的课程与教学发展实践。李琳（2019）提出了高职教师发展考核的内容从师德师风建设、教育教学、科研与社会服务、个人发展 4 个维度、16 个方面、37 个具体量化指标出发，构建了一套符合教师自身利益，有助于教师自我快速成长的评价体系。王亚南、王斌、徐珍珍（2021）研究构建了高职院校教师发展指数测评指标体系，该指标体系包括教师供给指数、教师教学指数、教师科研指数、教师社会服务指数、教师声望指数5个子维度。

从国内已有研究可以看出，尽管我国学者对国外进行了数量可观的案例研究，并引进了教师发展相关模型理论，但无论是从研究的深度、广度，还是教师发展的实践上，我国还处在爬坡发展阶段，还不能够完全回应现实中教师发展的所有问题，尤其在教师发展理论模型的应用实践上，还处于起步阶段，与目前新时代教育评价改革的要求差距甚大。最核心的问题是，教师发展模型缺乏扎实的基础理论支撑和实践支撑，模型的影响因素与基本结构（维度）见仁见智，模型建构共识不足，更谈不上基于此为新时代教育评价改革提供可行性的指标体系建构指导和实操参考，推动教师的高质量发展。可见，面对新时代教师高质量发展的要求与挑战，需要在理论和实践上均有所突破，建构符合我国教师发展实际且能够衔接或引领教师高质量发展的新理论"新模型"新方案，为新时代教师发展评价改革与实践奠定基础。

第三节　新时代教师发展"两全"理论

培养时代新人，是新时代教育最重要的目标，也是新时代教师的根本使命和任务。时代新人是党的教育方针在社会主义教育实践中持续探索的结果，是新时代党的教育方针的集中诠释和表达。其主要内涵是：有理想、有本领、有担当，德智体美劳全面发展，立志做为人民做贡献、为祖国做贡献、为人类做贡献的新人。要直面担当和实现如此使命，新时代的教师，首先是本义上张扬人生价值的生命人，其次是人格健全的社会人，再次是德智体美劳全面发展的专业人，最后是多商（高智商、高情商、高动商）一体的现代职业人。作为新时代教育高质量发展第一资源和支撑的教师，应当具有良好的人格素质、知识修养、健康的体魄、健全的心理和复合型能力，即同时拥有高智商（Intelligence Quotient）、高情商（Emotion Quotient）和高动商（Motion Quotient），实现多商一体可持续成长。

新时代教师"两全"发展，简单来说，就是指教师健全人格、核心素养、多维能力、多商一体的融合发展和可持续成长的过程。具体是指教师作为新时代一个完整的人，在教育生态和学校场域的整体生境中，基于生涯教育性、职业性、专业性"三性"合一的教育属性和本质特征，围绕立德树人和教书育人的内在要求，其生命价值、文化传承、社会责任、职业发展"4个维度"融合生长，从新手教师成长为熟手教师直至专家型教师的持续过程。"两全"理论首先关注的是"完整的人"（全人），主要指向生命的人和社会的人及其两者的融合统一，进而关注的是"全面发展的人"（全面），主要指向教师发展实践的教育性、专业性和职业性的有机统一，最后关注的是"两全"深度融合，相辅相成，无缝统一，既是崇尚人的身体、心灵、精神、灵魂的整合，情意、灵性、灵感、直觉的激发，又是想象力、创造力、多元综合智能的开发，人与自然、人与人、人与社会的和谐发展。

"两全"理论更加注重"完整人"的培养，既是对教育改革寻根清源的整体反思，也是对教育内在终极价值的全面回归。全人发展观背景下的教育，维护和增强个人在其他人和自然面前的尊严、能力和福祉，是 21 世纪教育发展的根本宗旨。因此，教师首先是人格健全的人，才能够担负起教育高质量发展之重任。

"两全"理论更加重视"全面发展的人"，即身心、智力、敏感性、审美意识、个人责任感、精神价值等方面的发展，形成一种独立自主的、富有批判精神的思想意识，形成立德树人高尚的职业理想和道德情操，以及培养自己果敢友好的判断能力，以便由他自己确定在教书育人的各种不同情况下他认为应该做的事情，实现人生追求和价值增值。人的全面发展观背景下的教育是为了促进个人的全面发展和促进新的发展模式，要求教师既有娴熟技能，又有职业精神和献身精神，这使得教师肩负的责任十分重大，需要身心才德全面和协同发展。

由此可见，新时代教师的发展具有鲜明的 6 个特征。其一，新时代的教师代表国家承担对年青一代进行教育的公共责任；其二，新时代教师的发展是一个丰富、动态的学习和体验的连续体，是持续一生的旅程；其三，教师的发展是持续的专业发展；其四，教师教学是一项协作性专业；其五，教师的发展是包容、协作和团队合作的发展；其六，教师发展具有教育性、职业性、专业性"三性融合"的自身属性和本质特征。

与此同时，新时代教师发展评价也需要向新而生，生成新的测量体系和评价实践的 5 个新理念。一是在测评对象上要转变理念，从关注部分教师转向关注全体教师；二是在测评内容上要从外显的知识转向内隐的品质；三是在测评方式上要利用大数据、人工智能等手段，从简单单一的评价转向综合多元评价；四是在测评用途上要从对结果的评价转向促进发展的评价；五是在测评生态上要从局部改革转向系统协同。

第四节　新时代教师发展"两全"理论模型假设

本研究的目的是测量和评估教师（包括体育教师）发展的现状，验证影响教师发展的主要因素及其相互作用，建立教师发展的科学理论模型及其评价模型，继而构建新时代教师发展评价体系，开展教师评价改革行动研究，实施教师发展评价制度，为高质量教师培养和高质量教师队伍建设提供可操作可复制的政策措施和实现路径，为政府和教育行政部门的科学决策和资源调配提供科学依据。

为此，我们在借鉴国内外相关研究的基础上，对教师发展和教师评价这两个核心概念进行了新的界定，提出了新时代教师发展的新理论和新模型。

一、核心概念的界定与内涵释义

教师发展是指在新时代教育生态和学校场域的整体环境中，教师职业生涯在内外力的共同作用下，其生命价值、文化传承、社会责任、职业发展"4 个维度"融合生长，从新手教师成长为熟手教师直至教育家型教师的持续过程。

教师评价就是根据教育立德树人的教育目标和教师教书育人的工作任务，运用恰当的评价理论和方法手段对教师个体的生命价值、文化传承、社会责任、职业发展"4 个维度"融合生长的综合表现、可视效果、可持续性的价值判断。

1. 生命发展

教育是一种人文性的活动，教师也是一种人文性的存在。生命发展是一种生命个体基于"身、心、德"和"真、善、美"融合生发，具有生命本体意义、精神创造和心灵世界的个性品质，是教师营构具体的道德意识、伦理诉求及专业理解的基石，是教师发展的灵魂。生命发展主要指向生命态度、师德师风、职业品质、身心健康、自主发展。

生命发展就是崇尚和尊重人的生命、尊严、价值、情感、自由的精神，它与关注人的全面发展、生存状态及其命运、幸福相联系，是教师优化教育生活方式，提升自我关怀素养，感受到专业存在的意义与价值，逐步实现专业自主发展的支柱。对于教师来说，生命就是他的日常育人生活，他对人和事的态度，他与学生、课堂和学校等周围世界的关系中表现出的独特性。

一是以师德为精神核心，立德树人，教书育人。"师有百行，以德为首。"教师发展，师德为要。教师的职业道德，简称"师德"，它是教师和一切教育工作者在从事教育活动中必须遵守的道德规范和行为准则，以及与之相适应的道德观念、情操和品质。师德，是教师工作的精髓，可以用"师爱为魂，学高为师，身正为范"概括其内涵。，"师爱"是教师对学生无私的爱，它是师德的核心，即"师魂"。从爱学生的角度讲，就是教师要做学生的良师益友。好师德培养好教师，好教师造就好学生，好学生谱写好未来，可见师德的重要性。

二是教师在教书育人中展现出的稳定心理特征，即亲和力、领导力、逻辑思维严谨和注重教学反思等职业品质。

三是职业理念与态度，即教师对待教育教学表现出来的价值倾向，以学生为本，学生至上。

四是自主发展。所谓教师自主发展，是指教师具有主体性的发展意识和动力，自觉承担生涯发展的责任和使命，通过自我学习和不断更新思想观念、自我反思和专业结构剖析、自我制订生涯发展规划、自我实施专业发展计划和调控等，可持续实现职业生涯的生命意义和人生价值的目的。教师发展的样式和途径是多样的，效果亦异。教师具有可持续发展意义的最理想的发展样式是教师的自主发展。教师自主发展的意义在于，它既是教师专业化发展的必然要求和必由路径，又可以实现教师个体的生命意义和作为教师职业人的生存价值。生命发展作为教师生生不息的创造过程是通过他同环境的联系，同学生和其他人和事物的关系而得以无限丰富的，成为教师发展的底座和本色，更是内源动力。

教师自主发展的能力是在教学活动中形成并得以发展的，它需要教师一定时间的专业生活的积累，也是教师进一步专业自主发展的现实基础。在教师的专业发展过程中，教室是教师在学校的基本活动场所，课堂教学是教师的最基本的专业活动形式，因此，对教师专业发展机制的探寻也应该根基于教师课堂上的专业生活。教师个人以及其教学实践活动展开的教学场景对教师专业发展有着重要意义，所以教师理应在教师专业活动中为自己的发展负责，成为自主发展教师。

2. 专业发展

教师是一个专业性很强的职业，专业性是教师发展的本质特征，教书育人是教师的天职，必须充分尊重教师职业的专业化。让专业的人做专业的事是现代社会的重要特征，也是实现教育现代化的基本要求。专业发展包括教学发展、科研发展等。教学发展指向教师课堂教学能力、教学建设能力、专业实践能力。科研发展指向教师教育科研素养、教育科研能力、技术创新能力。

作为教师最早发展、最基础职能以及最重要工作的教学，其发展是教师发展的重中之重。因此，课堂教学能力是教师素养的核心，也是教师的首要职业能力，是指课堂教学设计能力、教学组织与实施能力、教学评价实施能力；教学建设能力也是教师的重要素养之一，是指"三教"改革能力、专业建设能力和课程建设能力；教育具有鲜明的实践性特征，学科或专业实践能力是指专业实训能力、社会实践能力、执业能力、学科协作能力等。

教育科研发展是教师发展可持续的关键。从新时代教育改革和发展的全局看，教师成为教育研究的完全参与者，是世界教育研究发展的趋势之一。因此，教师首先要具备优良的教育科研素养，具备从事教育科研工作的修养和内在综合素质，主要包括教育科研意识、理论素养、信息素养、能力素养与创新精神等；其次，教师要具备教育科研能力，不断通过教育研究与体验，并加以总结产生新的教育理念，不断发展自己的专业思想，成为时代的领头人；最后，对于新时代教师而言，还必须具备较强的数字素养，即适当利用数字技术获取、加工、使用、管理和评价数字信息和资源，发现、分析和解决教育教学问题，优化、创新和变革教育教学活动而具有的意识、能力和责任，以及将科研成果、优秀实践经验转化为自身教育实践和服务社会发展的有效动力和能力。

教师发展是一个持续不断的过程，教师的专业生活过程就是一个学习过程，也是一个专业发展过程，理想的教师发展应当使教师变成教育教学的积极参与者、研究者和实践者，才能使教师的专业发展逐步走向独立自主的轨道，这是教师成长的最佳境界。

3. 社会发展

教育是文化传播的媒介，而文化则是确定教育主题的框架并在基本内容中占有主要的地位。作为主持教育的教师，具有生命人、文化人、社会人、职业人"四人"一体的鲜明特征，社会发展是新时代教师发展的重要内容，是社会人的天赋属性，也是教师专业水平的重要衡量指标。社会发展主要指向人才培养、文化传承和社会服务3个方面。

教师不但是学校人、系统人，还是活生生的社会人。因此，教师发展具有强烈的社会责任和社会功能，教师在适应社会和置身世俗生活的场域中，还承担着为经济社会发展培养高素质人才、传承教育文化、弘扬优秀传统文化等重任。一是要服务中华民族伟大复兴之重任，担负培养适应时代发展需求的合格公民和优秀人才；二是自觉担负文化传承人之角色，开展地方文化研究，服务地方文化建设，弘扬优秀传统文化；三是致力于教育文化研究和宣传，推动校园文化建设，提高学生综合素养；四是面向社会服务，面向行业、企业开展公益社会培训、咨询服务等。

4. 组织发展

教师发展的目的是实现立德树人和教书育人的组织使命和学术职业的发展，那么实施教师发展的主体理应包括组织和教师个人。组织发展是新时代教师发展的重要组成部分，也是教师社会化的需要。组织发展是将行为科学知识系统运用于组织战略、结构和过程的发展、促进与强化，以达到提高组织效能的目的。教师发展是一项系统性工程，需要多方主体的协同参与。组织发展的功能不仅体现在教师参与管理、提高组织效能、适应组织变迁上，也体现在为教师的教学发展、专业发展和个人发展创设条件上。如果不对教师赋权，不尊重教师的自主地位，忽略教师作为管理者的角色，那么教师的教学发展将缺乏激励机制，教师的专业发展将缺失领导力的品质，教师的个人绩效和职业规划将无从得到保证。组织发展是教师发展最重要的外在动力和影响因素，是教师发展的士气、底气和骨气。组织发展主要指向教育生态、学校治理、学术架构等。

组织发展是指通过现代学校内部治理体系的建立和不断完善，提升服务管理和支持保障的水平，提高组织在教师发展中的预期和效能，为教师发展营造友好和谐生态，提供更优质的制度，更加完善的服务机制，更加适合的项目规划和项目群，更加公平的激励，重视教师团队建设与培养，以及教师共同体的发展交流与支持网络构建等，实现教师高质量发展。打造新时代高素质专业化创新型教师队伍建设，提升教师发展治理，应多视角、全方位地推进教师支持体系和治理能力建设。

二、理论模型假设

基于新公共服务理论的支撑和教师"两全"发展理论的概念，我们认为，生命发展、专业发展、社会发展、组织发展等构成了新时代教师发展的基本模型，这既是教师发展的四个维度，也是影响教师发展的主要因素。

从生命的视角来看，作为一个生命的人，教师发展具有丰富的生命内涵和人生价值，是"身、心、德"融合生发和"真、善、美"有机统一，相辅相成，彰显出生命本体精神丰满、生机勃发、志趣高洁、价值坐标，是教师营构具体的道德意识、伦理诉求及专业理解的基石，是教师发展的灵魂。

教书育人是教师的天职，专业性和协同性是教师职业最重要的特征，是教师发展的支撑所在，必须充分尊重教师职业的专业化。因此，专业发展是影响教师发展的内在因素，也是关键因素。专业发展还通过社会发展、生命发展为中介变量，对教师发展产生间接影响。

社会发展是教师发展的重要内容之一，是教师得到社会认同，也是体现教师专业水平的重要衡量指标，直接影响教师发展进程。

教师发展还是一项系统性工程，需要多方主体协同参与，需要系统的支持保障，因此，组织发展是教师发展最重要的外在动力，是教师发展的支持保障所在，也是教师发展的士气、底气所在，直接影响教师发展。组织发展还将生命发展、专业发展、社会发展作为中介变量，间接对教师发展产生深远影响。

因此，教师发展的假设模型包括生命发展、专业发展、社会发展、组织发展四个结构变量。其中，教师发展是内生变量（因变量），其他变量则为自变量。

体育教师发展指数的理论假设模型设定为：生命发展、专业发展、社会发展、组织发展均对教师发展有直接影响；组织发展还将生命发展、专业发展、社会发展作为中介变量，对教师发展产生间接影响；专业发展还将社会发展、生命发展作为中介变量，对教师发展产生间接影响（见图1—1）。

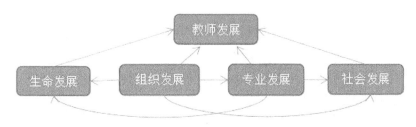

图1—1　教师发展指数的理论假设模型

三、测评工具设计

由于基础测评结构缺乏理论上的共识，出现了不同类型维度的教师发展测量工具，产生了该研究领域的"巴尔干化"现象。如何运用可信和相对不偏不倚的方式测量教师发展指数仍是当前面临的主要困难之一。总体上，题型简单且易于回答是当前编制教师发展指数工具较为一致的原则。遵循该项原则，基于以上理论假设模型，教师发展测量框架如下。

总体上，教师发展主要从生命发展、专业发展、组织发展、社会发展 4 个方面进行测量。

生命发展是教师关于生命意义、人的价值、人格尊严、主体意识、自我认同等的认识、理解、认同及其价值观，这对于教师教书育人行为具有重要的影响。因此，本研究首先关注教师生命发展这一变量，具体指向师德发展、自主发展和身心健康等感知、体验和实际收获。

专业发展就是指教师从事教书育人工作的核心素养和核心能力等，包括教师从事教育工作所必须具备的基本条件以及在教育教学研究活动中所表现出来的基本品质、能力等。本研究主要指向专业技术素养、教学发展和科研发展等。

教师发展不仅仅是单纯的教师个体行为，而是嵌入教书育人场域中、受组织结构和组织模式影响的，因此组织发展是教师发展最重要的外在动力。本研究中组织发展主要指向学校内涵建设的治理结构和模式，具体体现在教师职业生态的营造和学校治理体系的校本建设等。

社会发展是教师发展的重要内容之一，是教师得到社会认同，也是体现教师专业水平的重要衡量指标，直接影响教师发展进程。具体指向文化传承、社会服务和人才培养 3 个方面。

总体上，问卷包括教师的生命发展、专业发展、社会发展、组织发展 4 个一级维度、12 个二级维度，合计由 42 个题目构成。生命发展为 11 道题，专业发展为 15 道题，社会发展为 7 道题，组织发展为 10 道题。问卷采用 5 点量表，单题最低分为 1 分，最高分为 5 分。为判断哪些群体需要给予特别关注，问卷设计了背景变量。个体特征主要考虑性别、教龄、学历、职称等。学校属性主要考虑学校的区域位置、办学类型等。

四、样本构成

本次调查对象为广东省范围内的体育教师，采用分层随机整群抽样方法，从广东省经济发展程度的两大区域、类型、特征等抽取调查对象。本次调查获得的有效样本 883 人，具体的人口学特征等见表 1—1。

表 1—1 调查样本人口学特征（$N=883$）

	变量	人数	比例（%）		变量	人数	比例（%）
区域	大湾区九市	426	48.2	学历	大专	110	12.5
	粤东西北地区	457	51.8		本科	658	74.5
类型	城市学校	293	44.1		硕士研究生	74	8.4
	农村学校	209	31.5		博士研究生	41	4.6

	变量	人数	比例（%）		变量	人数	比例（%）
性质	公办	846	95.8	职称	初级及以下	304	34.4
	民办	37	4.2		中级	414	46.9
性别	男	711	80.5		副高级	112	12.7
	女	172	19.5		正高级	53	6.0
身份	小学教师	320	36.2	教龄	0～3 年	166	18.8
	初中教师	243	27.5		4～15 年	359	40.7
	高中教师	94	10.6		16～25 年	245	27.7
	高校教师	226	25.6		25 年以上	113	12.8

五、信度、效度检验

用 Cronbach α 系数来估计量表的可靠性，结果表明，总问卷 α 系数为 0.928，5 个维度 α 系数在 0.682～0.927。采用 S－B 分半信度方法计算，总问卷分半信度系数为 0.764，各维度分半信度系数在 0.702～0.917，具有较好的信度。

用 KMO 和 Bartlett 的球形度检验来估计量表的结构效度，结果表明，总问卷系数为 0.945，5 个维度的系数在 0.698～0.949，具有较好的结构效度。

第五节　模型建构与评价

一、模型构建

本研究采用 AMOS 软件建立教师教育科研发展、认知、素养、治理、获得感和学术生态的结构方程模型，采用验证性因子分析（Confirmatory Factor Analysis，CFA）构建潜变量和测量指标之间的测量模型再建立潜变量间的结构模型，通过极大似然法（Maximum Likelihood）估计参数。

二、模型评价

本研究采用基于线性结构关系的 AMOS27.0 软件来验证教育科研发展模型。初始模型的分析结果显示，对高职教师教育科研发展一阶五维度结构模型路径系数的显著性检验发现，40 个题目的路径系数 T 值均大于 0.01 的显著性水平。总体来看，模型拟合程度较好。

第二章　新时代体育教师职业生态研究

第一节　中小学体育教师职业生态满意度调查评估

一、提出问题

在全面加强和改进新时代学校体育工作的大背景下，体育教师作为学校体育第一资源的作用和重要性进一步凸显，如何下大力气为体育教师营造良好的职业生态，优化学校体育公共服务供给，助力建设一支高素质专业化创新型体育教师队伍，奠定学校体育高质量发展的基础和支撑，这不但是各级党委政府的重要议题，也是落实落地中共中央、国务院《关于全面深化新时代教师队伍建设改革的意见》的根本旨归。总之，培养一支高素质专业化创新型体育教师队伍离不开职业生态的支持、支撑和涵养、呵护。因此，随着新公共管理理论的引入，以及教育领域改革实践的深入，教育作为一种服务的观念越来越普遍，科学研判体育教师职业生态已经成为我国学校体育管理工作的重要举措，如何测评体育教师职业生态满意度成为一项重要课题。

体育教师职业生态，是指在教育系统中体育教师生存和发展的状态及其与环境之间关系的总和。满意度，是指基于教育生态学和学校体育具象的观照，体育教师对政府保障、学校治理、职业氛围、职业期望、职业负荷及其综合效应感知的主观价值的反映。可见，满意度与政府保障、学校治理、职业氛围、职业期望、职业负荷等紧密关联。从各级政府的学校体育发展战略角度和体育教师的需求层次角度来讲，个人职业期望、政府保障和学校治理、职业氛围是影响体育教师满意度的主要因素。其中，政府保障是影响教师满意度的关键因素，且通过职业氛围、学校治理和个人职业期望等中介变量，间接对教师满意度产生影响。体育教师职业生态满意度测评是在政府提供学校体育公共服务过程中，教师对政府相关政策制定、公共财政供给、教师权益保障、教师专业发展等行为的受用效果的感受与经验的评价。因此，基于体育教师满意度测评，对于改进政府在学校体育方面的公共管理和服务的管理功能，探索并构建体育教师职业生态满意度测评模型与体系，分析体育教师满意度及影响因素将具有重要的现实意义。

二、研究方法

（一）研究对象

本研究采用简单随机抽样和分层抽样等方法，在广东省范围内的中小学校选取小学 100 所、初中 80 所、高中 60 所的一线体育教师为研究对象。本次调查通过"问卷星"系统在线上实施，共计发放问卷 1000 份，回收 982 份，回收率为 98.2%，其中填答有效问卷 967 份，有效填达率为 96.7%。调查样本的人口学特征等详见表 2-1。

表 2-1　调查样本人口学特征（$N=967$）

变量		人数	占比（%）	变量		人数	占比（%）
区域	珠三角地区	369	38.2	性别	男	805	83.2
	粤东西北地区	598	61.8		女	162	16.8
学校性质	公办	863	89.2	职称	初级	343	35.5
	民办	104	10.8		中级	528	54.6
任教学段	小学	456	47.2		高级	96	9.9
	初中	301	31.1	教龄	0～5 年	216	22.3
	高中	210	21.7		6～15 年	309	32.0
学历	大专	108	11.2		16～25 年	295	30.5
	本科	831	85.9		25 年以上	147	15.2
	研究生	28	2.9				

（二）研究工具

运用顾客满意度理论和要素总和评价法进行问卷设计，并经过专家咨询完善，最终编制形成基础教育体育教师职业生态满意度调查问卷。问卷包括个人职业期望、职业负荷、政府保障感知、学校治理感知和职业氛围感知 5 个维度。共由 40 道题目构成，职业期望为 7 道题，职业负荷为 5 道题，政府保障感知为 8 道题，学校治理感知为 10 道题，职业氛围感知为 10 道题。问卷采用李克特五级计分方式，单题最低分为 1 分，最高分为 5 分。量表经 SPSS25.0 统计软件检验，信度系数为 0.978，分半信度系数为 0.955，结构性效度系数为 0.984，表明量表信度好、结构效度好，符合科学要求。

（三）数据处理

调查问卷填答的数据通过网络直接自动录入"问卷星"系统，并生成 XLSX 工作表，然后在计算机上通过人工方法转录入 SPSS25.0 软件系统生成数据集，在甄别和剔除不合格问卷的基础上进行有关的统计学处理。

三、结果与分析

（一）基础教育体育教师职业生态评估与分析

考察表 2-2 数据可以看出，体育教师职业生态指数为 7.35，处在"比较满意"的水平。其中，职业氛围维度的满意度最高，指数达到 7.68，政府保障维度的满意度最低，指数仅为 6.90，处在"一般"水平，其他依次是职业负荷（7.53）、学校治理（7.39）、职业期望（7.26），均处在"比较满意"的水平。

表 2-2　基础教育体育教师职业生态指数

项目	生态指数	职业氛围	职业负荷	学校治理	职业期望	政府保障
M	7.35	7.68	7.53	7.39	7.26	6.90
N	967	967	967	967	967	967
SD	1.32	1.28	1.32	1.39	1.43	1.57
排序		1	2	3	4	5

考察表 2-3 数据可以看出，一方面体育教师职业生态感知达到基本满意以上的人数为 590 人，占比达到 61.0%，说明多数体育教师对职业生态是比较满意的。另一方面，一般感知以下的人数为 377 人，占比 38.9%；尤其是不太满意以下人数为 138 人，占比 14.2%，说明提升体育教师职业生态满意度仍然有较大的空间。

表 2-3　基础教育体育教师职业生态感知情况

感知分布	满意	基本满意	一般	不太满意	不满意
人数	283	307	239	102	36
比例（%）	29.3	31.7	24.7	10.5	3.7
累计（%）	29.3	61.0	85.7	96.3	100

进一步考察表 2-4 数据可以发现，体育教师职业生态呈现出几点明显的特征：一是体育教师职业生态满意度感知呈现出明显的区域性差异特征，珠三角地区体育教师的满意度高于粤东西北地区体育教师的满意度，两者之间的差异具有统计学意义上的显著性；二是呈现出具有初级、高级职称的体育教师满意度高，中级职称的体育教师满意度低的"U"形特征，且具有统计学意义上的显著性；三是呈现出体育教师随着教龄的增长对职业生态满意度的感知逐步下降的趋势，且具有统计学意义上的显著性。除此之外，没有发现学校属性、层次、性别、学历等方面的特征。换言之，体育教师满意度感知与所在学校的属性、学段以及与体育教师的性别、学历等没有统计学意义上的关联。结果显示，提升体育教师职业生态满意度水平，一方面不同区域要整体设计、区别施策、有所侧重；另一方面要重视消除体育教师职业发展不同阶段、不同水平的倦怠现象及其危害，最大限度帮助体育教师挖掘职业发展

的潜力和减缓职业退坡期的负面影响。

表 2—4　广东省基础教育体育教师职业生态呈现的基本特征

项目		M	N	SD	ANOVA	
					F	Sig.
区域	珠三角地区	7.69	369	1.24	41.858	0.000
	粤东西北地区	7.14	598	1.32		
属性	公办	7.34	863	1.30	1.151	0.284
	民办	7.48	104	1.44		
层次	小学	7.39	456	1.31	1.950	0.143
	初中	7.23	301	1.34		
	高中	7.45	210	1.29		
性别	男	7.34	805	1.35	0.260	0.610
	女	7.40	162	1.17		
学历	大专	7.33	108	1.40	0.024	0.976
	本科	7.35	831	1.32		
	研究生	7.39	28	1.07		
职称	初级	7.48	343	1.39	4.405	0.012
	中级	7.24	528	1.26		
	高级	7.53	96	1.34		
教龄	0~5 年	7.62	216	1.37	4.166	0.006
	6~15 年	7.27	309	1.31		
	16~25 年	7.23	295	1.38		
	25 年以上	7.38	147	1.19		

（二）基础教育体育教师职业生态与影响因素的关系分析

考察表 2—5 的数据可以看出，体育教师职业生态评估指数与职业期望、职业负荷、政府保障、职业氛围、学校治理等影响因素的相关系数依次为 0.951、0.892、0.948、0.948 和 0.958，均超过 0.8，呈现出高度正相关的状况，且都具有统计学意义上的显著性。结果显示，体育教师对职业生态的感知与职业期望、职业负荷、政府保障、职业氛围、学校治理等因素高度相关，紧密联系。

表2-5　基础教育体育教师职业生态与影响因素的相关关系

控制变量		职业期望	职业负荷	政府保障	职业氛围	学校治理
区域	职业期望	—				
	职业负荷	0.803**	—			
	政府保障	0.884**	0.792**	—		
	职业氛围	0.870**	0.822**	0.864**	—	
	学校治理	0.904**	0.790**	0.897**	0.907**	—
	生态指数	0.951**	0.892**	0.948**	0.948**	0.958**

注：**为 $p < 0.01$。

进一步细分发现（详见表2-6和表2-7），一方面，体育教师职业生态感知的友好以上的因子有6项，涉及4个维度，职业期望维度1项、学校治理维度2项、职业氛围维度1项、职业负荷维度2项，位列前三的友好因子依次是"渴望培养更多的优秀体育专长生""我了解且明晰自己的职责所在""体育教师的合作顺畅、相处融洽"；另一方面，体育教师职业生态感知的不良因子有9项，主要涉及3个维度，制度保障维度5项、学校治理维度2项、职业负荷维度2项。结果启示我们，进一步提升体育教师职业生态高职满意度首先要对准制度保障、学校治理、职业负荷3个维度展开，其次要精准对症上述9项不良因子施策。

表2-6　体育教师职业生态感知友好因子

排序	因子	维度	N	Min.	Max.	M	SD
1	渴望培养更多的优秀体育专长生	职业期望	967	1	5	4.35	0.649
2	我了解且明晰自己的职责所在	学校治理	967	2	5	4.29	0.618
3	体育教师的合作顺畅、相处融洽	职业氛围	967	1	5	4.20	0.713
4	我的身体健康有活力	职业负荷	967	1	5	4.13	0.773
5	学校师德师风端正有序	学校治理	967	1	5	4.13	0.707
6	我的心态轻松积极	职业负荷	967	1	5	4.06	0.750

表2-7　体育教师职业生态感知主要不良因子

排序	因子	维度	N	Min.	Max.	M	SD
1	我对职称评审感到满意	政府保障	967	1	5	3.11	1.19
2	学校绩效奖金分配科学合理	学校治理	967	1	5	3.11	1.14
3	充足的教育培训与进修机会	政府保障	967	1	5	3.28	1.06
4	我对工资待遇感到满意	政府保障	967	1	5	3.28	1.04
5	学校的文体娱乐休闲活动丰富	职业负荷	967	1	5	3.39	1.02

排序	因子	维度	N	Min.	Max.	M	SD
6	体育场地和器材能满足教学需求	政府保障	967	1	5	3.40	1.02
7	学校搭建了先进的教科研平台	学校治理	967	1	5	3.45	0.95
8	信息资源能满足体育理论教学需求	政府保障	967	1	5	3.47	0.93
9	我的工作压力是适宜的	职业负荷	967	1	5	3.48	0.91

（三）基础教育体育教师职业生态建模与分析

体育教师职业生态满意度指数是根据体育教师对政府保障、学校治理、职业氛围、职业期望、职业负荷等因素综合评估的结果，是研判学校生态友好与否的主要依据。体育教师职业生态指数的理论假设模型设定为：政府保障、职业期望、职业负荷对职业生态感知有直接或间接影响，学校治理、职业氛围感知对职业生态产生直接影响并传递个体职业期望的影响，职业负荷感知还能够以学校治理、职业氛围感知为中介变量间接影响职业生态。

本研究采用 SPSS25.0 软件建立政府保障、学校治理、职业氛围、职业期望、职业负荷的结构方程模型，采用验证性因子分析构建潜变量和测量指标之间的测量模型，再建立潜变量间的结构模型，通过极大似然法估计参数。初始模型的分析结果显示，对体育教师职业生态指数一阶五维度结构模型路径系数的显著性检验发现，40 个题目的路径系数 T 值均大于0.01 的显著性水平。总体来看，模型拟合程度较为理想，拟合指数均达到要求，与最初的理论设想一致，详见表 2－8 和表 2－9。

表 2－8　基础教育体育教师职业生态模型建构

模型	R	R²	调整后 R²	标准估算的错误
1	1.000ᵃ	1.000	1.000	0.00000

注：a 为预测变量，包括常量，学校治理、职业负荷、政府保障、职业期望、职业氛围等。

表 2－9　基础教育体育教师职业生态模型拟合度检验

模型		平方和	自由度	均方	F	显著性
1	回归	1681.736	5	336.347	.	.ᵇ
	残差	0.000	961	0.000		
	总计	1681.736	966			

注：a 为因变量，即生态指数；b 为预测变量，包括常量、学校治理、职业负荷、政府保障、职业期望、职业氛围等。

从建模的结果看（详见表 2－10），5 个维度对体育教师职业生态的预测贡献系数按从小到大排列依次为职业氛围（0.195）、职业负荷（0.200）、学校治理（0.212）、职业期望（0.217）和政府保障（0.239），说明 5 个维度具有正向影响的作用，政府保障的贡献最为突出，是体育教师最为关心和关注的核心问题，其次是职业期望和学校治理。将建模预测与评估指数进行比对，评估指数显示体育教师对政府保障的满意度感知位列后末位，是体育教师职业生态感知较差的主要因素，与预测的贡献系数存在反差。预测结果启示我们，进一步提高政府保障的能力和水平，是建构体育教师良好职业生态的最有效的着力点。

表2—10　5个维度对基础教育体育教师职业生态贡献系数的预测

模型		未标准化系数		标准化系数	T	显著性
		B	标准误	Betat		
1	常量	2.552E—14	0.000		0.000	1.000
	职业期望	0.200	0.000	0.217	6.951E7	0.000
	职业负荷	0.200	0.000	0.200	9.090E7	0.000
	政府保障	0.200	0.000	0.239	8.014E7	0.000
	职业氛围	0.200	0.000	0.195	6.244E7	0.000
	学校治理	0.200	0.000	0.212	5.935E7	0.000

注：a. 因变量：生态指数

四、结论与建议

（一）结论

（1）基础教育体育教师职业生态满意度指数为7.35，处于"基本满意"的水平，总体上仍然有较大的上升空间；体育教师对职业生态满意度感知呈现出区域、职称和教龄等差异，与职业期望、职业负荷、政府保障、职业氛围、学校治理等因素高度相关，关系紧密，深层次涉及6项友好因子、9项不良因子。

（2）政府保障感知是决定中小学体育教师职业生态满意度的关键因素。调查发现，体育教师对政府保障满意度偏低，工作压力大、职称评审难、绩效奖金分配不合理、教育培训与进修机会少、收入待遇低等相关政策落实不理想是体育教师不满意的主要方面，珠三角地区和粤东西北地区的不平衡不充分仍是主要矛盾和突出问题。

（二）对策与建议

提高体育教师职业生态满意度，需要运用整体、协同、体系的思想和策略，以政府保障为着力点，以工作支持为主要抓手，尽早完善和加强体育教师发展专项制度和长效机制建设，落实体育教师地位、待遇、公平与专业发展等保障措施。

（1）提高体育教师社会地位是当务之急。调查发现，"受社会尊重"变量显著影响体育教师对职业生态感知的满意度。基础教育教师社会地位不高，体育教师的社会地位更低，这是基本事实，亟待改善。义务教育法规定"全社会应当尊重教师"。需采取多种措施，增强体育教师职业吸引力，倡导全社会尊师重教，让更多优秀人才进入体育教师队伍，让更多体育教师在职业上有幸福感、在社会上有荣誉感。

（2）促进体育教师收入待遇稳步增长是立竿见影之策。调查发现，收入待遇是影响体育教师工作满意度的关键变量。因此，目前最迫切的措施是切实提高教师的收入待遇水平，尤其是欠发达地区和农村地区，确保中小学教师平均工资收入水平高于当地公务员平均工资收入水平，确保体育教师工资实现稳步增长。

（3）加强体育教师发展保障是长久之计。职称评审是体育教师职业之殇，职称评审制度合理与否深刻影响体育教师职业生态满意度感知，与体育教师专业发展存在显著关联。因此，亟待进一步深化教师职称制度改革，探索单列体育教师职称评审，调动体育教师积极性、创造性，努力提升个人综合素养，提高体育教师队伍质量。

（4）改善工作条件是提高体育教师感知最迫切之举。体育教师对工作条件的诟病和诉求由来已久，直至今天，学校体育场地、器材和信息资源仍然存在诸多不足或缺陷，严重影响体育教师职业生态感知。因此，亟待按国家和省的标准配齐配足体育教学资源，创造优良的工作条件，提高体育教师工作满意度，提升职业生态满意度感知水平。

（5）关注不同群体体育教师需求是落实教师公平保障的重要举措。调查显示，中级职称、教龄高的体育教师职业生态满意度较低。需对体育教师个性化特点进行分析，关注这些体育教师的心理需求，在工作上、生活上进行必要的引导，科学地开展学校治理，人尽其才，激发体育教师的积极性及职业热情。此外，需要持续关注欠发达粤东西北地区体育教师满意度较珠三角地区低的状况，出台长效且精准的政策措施，落实体育教师公平保障和平衡发展。

第二节　高职体育教师职业生态调查评估

一、提出问题

高职体育教师职业生态，是指基于生态和教育生态学的观点，体育教师对教育生态的主观价值判断，即对职业认同、工作环境、工作支持、组织氛围、职业期望、身心负荷及其综合效应感知的主观反映。职业生态与体育教师的身心健康、专业化发展、教育情怀、职业情感、事业成功等息息相关，是体育教师职业发展、工作满意度、职业幸福感的关键性影响因素，其重要意义不言而喻。众所周知，高职教育实施以政府为主导、学校为责任主体的联动治理方式，政府和学校共同成为体育教师队伍公共服务主要供给者，通过制定和实施社会地位保障、培养培训、收入待遇、职称管理等政策和措施，对体育教师的职业发展直接起到重要作用。因此，科学研判体育教师职业生态已经成为高职学校体育管理工作的重要举措，如何测评体育教师职业生态成为一项重要课题。

查阅相关资料，目前对体育教师职业生态测评无论在理论、方法上等都没有取得新的突破，一是职业生态的影响因素模型中缺乏身心负荷关键变量，大部分研究泛泛分析教师人口、学校特征、工作条件等主客观变量对职业生态的影响，没有将身心负荷这一重要变量纳入分析；二是教师职业生态的基础测评结构缺乏理论上的共识，较多研究在工具编制中借鉴"顾客满意度"相关的量表，尚未形成有共识的高职体育教师职业生态测评工具。由于以上不足，较多研究或研究结果没有定论，或所得结论难以产生有效的政策影响力，需要进行更深入的探索。

在全面加强和改进新时代学校体育工作的大背景下，对高职体育教师的职业生态测评是在政府和职业院校自身提供公共教育服务过程中，体育教师对相关政策制定、公共财政供给、教师公平保障、教师教育改革和发展等行为的受用效果的感受与经验的评价。通过测评，探索并构建高职体育教师职业生态测评模型与体系，分析感知情况及影响因素，找出公共供给与体育教师需求之间的差距，推动政府和职业院校体育管理服务部门的工作改进，营造优良的体育教师职业生态，助力打造高素质专业化体育教师队伍，无疑将具有重要的现实意义。

二、研究方法

主要采用文献资料、问卷调查、数理统计、要素总和评价、实证研究和逻辑分析等方法。

（一）研究工具

采用德尔菲法编制了"广东省高职体育教师职业生态调查问卷"。调查问卷共 44 个条目、6 个维度，采用五级评分制，得分越高，评价越高。经 SPSS25.0 统计软件检验，量表的综合信度为 0.982，分半信度为 0.964，综合结构效度为 0.972。

（二）问卷调查

问卷调查于 2020 年 7—9 月进行，由专门人员统一施测和回收，在广东省 86 所高职院校范围内随机选取被试。本次调查通过"问卷星"系统在线上实施，共发放问卷 300 份，回收 295 份，其中有效问卷 279 份。问卷的回收率为 98.3％，有效率为 93.0％。

（三）数理统计

运用 SPSS25.0 软件对调查数据进行录入、甄别，采用了相关分析、多元回归分析、多层线性模型和结构方程模型等统计和分析数据。

（四）要素总和评价

将体育教师职业生态作为不可直接测量的潜变量，在测评内容上把职业生态分成若干个构成因素（维度），用多个要素（维度）来测量感知程度和水平，并对观察变量进行分析。

三、结果与分析

（一）高职体育教师职业生态的评估与分析

从表 2—11 的数据可以看出，高职体育教师对职业生态感知的综合评估指数为 75.52，处在"基本满意"的较高水平。在构成职业生态的 6 个维度中，职业认同感知的友好度排在首位，其次依次是身心负荷、工作环境、组织氛围、职业期望、工作支持，所有维度的评估指数均超过 70，都达到了基本满意的较高水平。从评估的结果看，高职体育教师职业生态综合感知达到基本满意的友好程度，且所有维度的感知比较均衡，这种情况有利于体育教师比较全面和较高质量的专业化发展和成长成就。同时，也能够合理推断出目前高职学校体育的教育生态总体上是比较友好的，有利于培养一支生态型的优秀体育教师队伍，为新时代学校体育的全面深化改革奠定第一资源的核心基础。

表 2—11　高职体育教师职业生态评估指数情况

项目	职业认同	工作环境	工作支持	组织氛围	职业期望	身心负荷	生态指数
M	78.66	76.47	70.26	75.61	74.13	77.98	75.52
N	279	279	279	279	279	279	279
SD	13.01	14.45	14.47	15.91	16.00	13.37	13.86
排序	1	3	6	4	5	2	—

从表 2—12 的数据可以看出，高职体育教师职业生态感知情况的人群分布比较理想，"满意"和"基本满意"两类教师合计占比高达 65.5%，为大多数，"一般"占比 30.1%，"不太满意"和"不满意"占比仅为 4.3%，为极少数，整体呈现倒金字塔形结构。结果表明，目前大多数体育教师比较满意或满意当下的职业生态，只有极少数体育教师不太满意或不满意，这一结果也为高职体育教师职业生态综合感知达到基本满意的友好程度提供了实证。显而易见，提升"一般""不太满意""不满意"这 3 类人群的职业生态感知是下一步全面加强和改进新时代学校体育工作的基础和重点工作，也是提升政府保障和学校治理能力必须考量的重点工作。

表 2—12　高职体育教师职业生态感知情况人群分布

感知分布	频率	百分比	有效百分比	累计百分比
满意	100	35.8	35.8	35.8
基本满意	83	29.7	29.7	65.6
一般	84	30.1	30.1	95.7
不太满意	11	3.9	3.9	99.6
不满意	1	0.4	0.4	100.0
总计	279	100.0	100.0	

从表 2—13 的数据可以看出，高职体育教师职业生态呈现出一些明显的特征，了解和把握这些特征将有助于更好更精准地对症下药，高效地提升体育教师职业生态水平。方差分析发现，在区域、学校属性、性别、学历、职称、教龄 6 个影响或潜在影响体育教师职业生态感知的因素中，只有教龄因素呈现出非常显著性的差异，表现出职业生态随着教龄增加而逐渐下降的明显态势，这种现象相当有趣，值得进一步探究。其他 5 个因素均没有表现出显著性的差异，似乎对职业生态没有关联性影响，这种现象比较罕见，这是体育教师所特有的现

象，还是其他学科或类型的教师也是表现如此？目前还不得而知，有待做进一步的比较研究以解原委。分析结果表明，体育教师职业生态感知除了随着教龄的增加而有所下降，与区域、学校属性、性别、学历、职称等均没有显现出明显的联系特征。

表 2—13　高职体育教师职业生态呈现的基本特征

项目		N	M	SD	ANOVA	
					F	Sig.
区域	发达地区	170	74.68	12.64	1.634	0.202
	欠发达地区	109	76.85	15.55		
属性	公办	269	75.56	13.66	0.064	0.801
	民办	10	74.44	19.44		
性别	男	199	76.07	14.56	1.095	0.296
	女	80	74.15	11.94		
学历	本科	191	76.26	14.38	1.470	0.232
	硕士	82	73.48	12.44		
	博士	6	79.97	14.49		
职称	初级	67	77.29	16.04	0.824	0.482
	中级	141	75.60	13.79		
	副高级	53	73.31	10.43		
	正高级	18	74.87	14.77		
教龄	0～5 年	58	80.45	16.80	6.045	0.001
	6～15 年	112	76.40	13.00		
	16～25 年	52	74.16	13.38		
	＞25 年	57	70.04	10.48		

（二）高职体育教师职业生态与影响因素的关系分析

体育教师职业生态主要受到职业认同、工作环境、工作支持、组织氛围、职业期望、身心负荷及其综合效应的影响，是体育教师对教育生态的主观价值判断。因此，体育教师职业生态与上述的各种影响因素必然呈现出一定程度的关联，关联的程度则可以说明它们与职业生态之间的密切程度。从表 2—14 的数据可以看出，职业生态评估指数与六个维度的相关系数均大于 0.90 以上，并且均具有非常显著性的差异，说明职业生态与 6 个维度的影响因素高度相关。从建构体育教师良好的职业生态视角审视，6 个因素的作用都重要，不能轻视或无视其中的任何一个因素，必须树立起全要素建构的先进理念。

表 2—14　高职体育教师职业生态与各种影响因素的相关关系

控制变量		职业认同	工作环境	工作支持	组织保障	职业期望	职业负荷	生态指数
区域	职业认同	—						
	工作环境	0.919**	—					
	工作支持	0.866**	0.919**	—				
	组织氛围	0.891**	0.938**	0.920**	—			
	职业期望	0.894**	0.932**	0.925**	0.919**	—		
	身心负荷	0.896**	0.855**	0.796**	0.824**	0.855**	—	
	生态指数	0.953**	0.974**	0.951**	0.963**	0.968**	0.910**	—

注：** 为 $p < 0.01$。

进一步细分发现（见表 2—15 和表 2—16），在构成测评体育教师职业生态的 44 项因子中，一方面有多达 10 项因子呈现出较高的友好水平，体育教师感知达到"满意"程度，在诸多的友好因子中，职业认同有 4 项友好因子，工作环境有 3 项因子，身心负荷有 2 项因子，职业期望有 1 项因子；另一方面，体育教师感知比较强烈的不良因子有 4 项，其中 3 项事关工作支持，1 项事关职业期望。结果证实，体育教师在职业认同、工作环境、身心负荷 3 个维度的感知是比较满意的，最为不满意的是工作支持，其次是职业期望，还都是老生常谈的顽症问题，一是学生参与体育教学与课余活动的积极性差；二是学校提供教育培训与进修机会不能满足体育教师专业化发展需求；三是学校的体育场地和器材不能满足教学需求；四是质疑和诟病学校的绩效奖金分配。可以预见，教师良好的职业生态营造重点要落在工作支持方面，其次是进一步创设氛围和条件满足体育教师专业化发展的需求。

表 2—15　高职体育教师达到"满意"的友好因子

排序	因子	维度	Min.	Max.	N	M	SD
1	我了解且明晰自己的职责所在	工作环境	1	5	279	4.26	0.672
2	我的职业是有价值、有意义的	职业认同	1	5	279	4.22	0.74
3	我的身体健康有活力	身心负荷	1	5	279	4.19	0.76
4	我为培养出来的学生感到自豪	职业认同	1	5	279	4.16	0.70
5	我与其他体育教师合作顺畅、相处融洽	工作环境	1	5	279	4.11	0.74
6	我的工作是令人愉快和有成就感的	职业认同	1	5	279	4.07	0.84
7	我的心态轻松积极	身心负荷	1	5	279	4.05	0.77
8	我渴望培养更多的优秀体育专长生	职业期望	1	5	279	4.04	0.80
9	学校师德师风端正有序	工作环境	1	5	279	4.03	0.78
10	我的职业受人尊重	职业认同	1	5	279	4.01	0.77

表 2-16　高职体育教师职业生态主要的不良因子

排序	因子	维度	Min.	Max.	N	M	SD
1	学生积极参与体育教学与课余活动	工作支持	1	5	279	2.82	1.17
2	学校提供足够的教育培训与进修机会	职业期望	1	5	279	3.44	1.10
3	体育场地和器材能够满足教学需求	工作支持	1	5	279	3.48	1.04
4	学校的绩效奖金分配科学合理	工作支持	1	5	279	3.53	1.06

（三）高职体育教师职业生态主要影响因素的建模与预测分析

职业生态指数是根据体育教师对职业认同、工作环境、工作支持、组织氛围、职业期望、身心负荷等因素综合评估的结果，是研判教育生态友好与否的主要依据。体育教师职业生态指数的理论假设模型设定为，职业认同、职业期望、身心负荷对职业生态感知有直接和间接影响，工作支持、工作环境、组织氛围感知对职业生态产生直接影响并传递个体职业认同、职业期望的影响，身心负荷感知还能够以工作支持、组织氛围、工作环境感知为中介变量间接影响职业生态。

本研究采用 SPSS25.0 软件建立职业认同、工作环境、工作支持、组织氛围、职业期望、身心负荷的结构方程模型，采用验证性因子分析构建潜变量和测量指标之间的测量模型再建立潜变量间的结构模型，通过极大似然法估计参数。初始模型的分析结果显示，对体育教师职业生态指数一阶六维度结构模型路径系数的显著性检验发现，44 个题目的路径系数 T 值均大于 0.01 的显著性水平。总体来看，模型拟合程度较为理想，拟合指数均达到要求，与最初的理论设想一致，详见表 2-17 和表 2-18。

表 2-17　高职体育教师职业生态的模型建构

模型	R	R²	调整后 R²	标准估算的错误
1	1.000ᵃ	1.000	1.000	0.00000

注：a. 预测变量：（常量），身心感知，工作支持，职业认同，组织氛围，职业期望，工作环境。

表 2-18　高职体育教师职业生态模型的拟合度检验

模型		平方和	自由度	均方	F	显著性
1	回归	53439.655	6	8906.609	.	.ᵇ
	残差	0.000	272	0.000		
	总计	53439.655	278			

注：a. 因变量：生态指数；b. 预测变量：（常量），身心感知，工作支持，职业认同，组织氛围，职业期望，工作环境。

从建模的结果看（详见表 2-19），6 个维度对体育教师职业生态的贡献系数按从小到大排列依次为职业认同（0.156）、身心感知（0.161）、工作环境（0.174）、工作支持（0.174）、组织氛围（0.191）和职业期望（0.192）。建模预测与评估指数比对，评估指数显示工作支持和职业期望感知位列后两位，是体育教师职业生态感知较差的因素，与贡献系数存在较大的反差。从建构体育教师良好职业生态补短板、强弱项的路径看，一是政府职能部门要加强保障支持，为学校体育的全面深化改革提供更多更大力度的顶层设计、政策、经费和人才支持，营造优良的大环境；二是学校自身要多措并举，提升学校体育的治理能力，进一步优化教师的工作支持和人文关怀，尤其要在涵养体育教师内生动力方面提升职业期望感知，与其他因素联动形成体系的协同良好职业生态，联动消除不友好因子的影响，提升友好因子的正面影响，促进体育教师充分的高质量的职业发展。

表 2-19　高职体育教师职业生态模型影响因素贡献的系数

模型		未标准化系数		标准化系数	t	显著性
		B	标准误	Beta		
1	（常量）	1.226E-13	0.000		0.000	1.000
	职业认同	0.167	0.000	0.156	22631083.148	0.000
	工作环境	0.167	0.000	0.174	20502254.563	0.000
	工作支持	0.167	0.000	0.174	25126361.155	0.000
	组织氛围	0.167	0.000	0.191	25867749.839	0.000
	职业期望	0.167	0.000	0.192	25303277.308	0.000
	身心感知	0.167	0.000	0.161	30209317.986	0.000

注：a. 因变量：生态指数。

四、结论与建议

（一）结论

（1）广东省高职体育教师职业生态综合感知达到基本满意的友好程度，大多数体育教师比较满意或满意当下的职业生态，只有极少数体育教师不太满意或不满意。体育教师职业生态感知除了随着教龄的增加而有所下降外，与区域、学校属性、性别、学历、职称等因素均没有显现出明显的特征。

（2）广东省高职体育教师职业生态与其 6 个维度高度相关，具有密切的响应关系。具体的因子分析表明，体育教师在职业认同、工作环境、身心负荷 3 个维度的感知是比较满意的，最为不满意的是工作支持，其次是职业期望，还都是老生常谈的学生积极性不足、培训与进修机会不能满足、场地和器材不足、绩效奖金分配不公等顽疾。

（3）采用 SPSS25.0 软件建立的结构方程模型拟合程度较为理想，与最初的理论设想一致。基于建模预测，6 个维度对体育教师职业生态的贡献系数分别为职业认同（0.156）、身心感知（0.161）、工作环境（0.174）、工作支持（0.174）、组织氛围（0.191）和职业期望（0.192），均具有正向的预测作用。因此，从教育生态学的视角审视，建构优良的职业生态，是促进体育教师个体高质量发展的基础，也是建设一支高素质专业化教师队伍的必备条件。

（二）进一步提升广东省高职体育教师职业生态的对策建议

（1）教育部门和职业院校均要转变观念，树立大学校体育服务理念，从建构体育教师良好的职业生态视角审视，六个影响因素均有正向预测作用，不能无视其中的任何一个因素，必须遵循全要素建构的先进思想，全方位全过程嵌入学校体育的核心价值观，以健康第一为旨归，以奋斗者为本，打造 DNA 双螺旋结构的学校体育价值观。

（2）教师良好的职业生态营造现阶段的重点要落在工作支持方面，同时，进一步创设氛围和条件满足体育教师专业化发展的需求。一是全面落实和依法保障体育教师的管理学生权、进修培训和在职学历提升权；二是为体育教师专业发展提供系统化体系化的技术技能培训；三是制定体育教师减负减压政策，关键是杜绝教师深恶痛绝的形式主义，减少非业务性的事务工作，聚焦主业，专注教学；四是依法保障教师对学生实施适当惩戒的权利，制定指导性实施清单和负面清单。

（3）从补短板、强弱项的。一是政府职能部门要加强保障支持，形成各级党委政府管学校体育的工作机制，保障和监督学校体育的师资、场地、经费、安全风险防控、意外伤害保险等落到实处，营造优良的工作环境；二是调动社会各界的力量支持学校体育，把体育的优质资源引进校园中，真正形成政府主导、学校主体、社会广泛参与、支持的多赢局面；三是学校自身要多措并举，提升学校体育的治理能力，进一步优化教师的工作支持和人文关怀，尤其要在涵养体育教师内生动力方面提升职业期望感知，与其他因素联动形成整体的、体系的、协同的良好职业生态，联动消除不友好因子的影响，提升友好因子的正面影响，促进体育教师充分的高质量的专业化发展。

第三节 高校体育教师职业生态调查评估

一、研究目的

随着新公共管理理论的引入，以及我国教育领域改革实践的深入，教育作为一种服务的观念越来越普遍，科学研判体育教师职业生态已经成为我国学校体育管理工作的重要举措，如何测评体育教师职业生态状况成为一项重要课题。

职业生态是工作环境、条件、组织、资源、流程、心理等及其相互响应关系的总和，是开发个体潜力的根本和基础。职业生态犹如一片森林，生成一个具有自我调节功能的动态平衡的生存生长状态，表现出整体性、系统性、多样性、协同性、层次性、共生性和动态平衡等鲜明的特点。基于生态学和教育生态学的观照，高校体育教师职业生态，是指体育教师在教书育人系统中对教育期望、职业认同、职业氛围、政府保障、学校治理、职业负荷及其综合效应感知的主观价值判断。可见，职业生态与政府保障、学校治理、教育期望、职业认同、职业氛围、职业负荷等紧密关联，成为影响职业生态的主要因素或核心元素。其中，政府保障是影响教师职业生态感知的关键因素，且通过职业氛围、学校治理和个人职业期望为中介变量，间接对职业生态感知产生影响。高校体育教师职业生态测评是在政府提供学校体育公共服务过程中，教师对政府相关政策制定、公共财政供给、教师权益保障、教师专业发展等行为的受用效果的感受与经验的评价。因此，基于体育教师感知测评，对于改进政府和学校在体育方面的公共管理和服务的管理功能，探索并构建体育教师职业生态满意度测评模型与体系，分析体育教师满意度及影响因素将具有重要的现实意义。

因此，本研究试图引入顾客满意度理论，在借鉴前人研究成果的基础上自编高校体育教师职业生态量表，继而运用要素总和评价法对高校体育教师职业生态指数进行评估，为科学研判体育教师职业生态状况提供事实依据，进而运用相关分析、回归分析和科学模型建构等方法揭示影响职业生态的主要因素，为进一步建构和夯实高校体育教师友好型职业生态提供有效对策。

二、研究方法

（一）研究对象

本研究采用简单随机抽样和分层抽样等方法，在广东省范围内的高校选取本科院校 20 所、高职院校 20 所的专职体育教师为研究对象。本次调查通过"问卷星"系统在线上实施，共计发放问卷 620 份，回收问卷 597 份，回收率为 96.3%，其中有效填答问卷 584 份，有效率为 94.2%。调查样本的人口学特征等详见表 2—20。

表 2—20　调查样本人口学特征（$N=584$）

变量		人数	比例（%）	变量		人数	比例（%）
区域	大湾区九市地区	357	61.1	职称	初级	155	26.5
	粤东西北地区	227	38.9		中级	295	50.5
类型	普通本科	284	48.6		副高级	106	18.2
	高职院校	300	51.4		正高级	28	4.8
性别	男	411	70.4	教龄	0～5 年	130	22.3
	女	173	29.6		6～15 年	209	35.8
学历	本科	457	78.3		16～25 年	141	24.1
	硕士	117	20.0		＞25 年	104	17.8
	博士	10	1.7		—	—	—

（二）测试工具

引入顾客满意度理论，借鉴周思远等研制量表的成果，运用要素总和评价法编制高校体育教师职业生态量表。其中，职业生态量表包括职业期望、职业负荷、政府保障、学校治理和职业氛围感知 5 个维度。量表共设 44 个条目，采用不满意、不太满意、一般、满意、非常满意五级评分制，单题最低分为 1 分，最高分为 5 分，综合得分越高，评估指数越高，满意度感知越高。量表经 SPSS27.0 统计软件检验，信度系数为 0.981，分半信度系数为 0.964，结构性效度系数为 0.983，说明量表信度好、结构效度好，符合科学要求，可以进行有效的数据分析。

（三）数据处理

调查问卷填答的数据通过网络直接自动录入"问卷星"系统，并生成 XLSX 工作表，然后在计算机上通过人工方法转录入 SPSS27.0 软件系统生成数据集，在甄别和剔除不合格问卷的基础上进行有关的统计学处理。

三、结果与分析

（一）高校体育教师职业生态指数评估与分析

引入顾客满意度理论，采用要素总和评价法采集数据和评估评价广东省高校体育教师职业生态感知现状。我们研究认为，高校体育教师职业生态状况涵盖了职业认同、工作环境、工作支持、组织氛围、职业期望和职业负荷6个维度，每个维度由5～9项不等因子构成。结果发现（详见表2—21）高校体育教师整体职业生态评估指数为74.96，处在"比较满意"的水平，说明了目前广东省高校体育教师职业生态是友好和谐的，职业生态的涵养力和包容性是比较强的，有利于体育教师高质量的专业化发展和成长，有利于培养一支高素质专业化创新型体育教师队伍，有利于学校体育立德树人根本任务的实现。当然，广东省高校体育教师职业生态只是处在比较满意的水平，仍然有较大的改善和提升空间。

表2—21　高校体育教师职业生态评估指数（N＝584）

项目	生态指数	职业认同	职业负荷	工作环境	职业期望	组织氛围	工作支持
平均值	74.96	78.39	77.86	75.20	73.94	74.91	70.00
标准差	13.95	13.59	13.68	15.65	15.83	16.22	13.13
排序		1	2	3	4	5	6

对高校体育教师职业生态满意度人群分布状况进行描述性数据处理，结果发现，高校体育教师对职业生态感到"满意"的为96人，占比16.4%；感到"比较满意"的为279人，占比47.8；以上两项合并为375人，占比64.2%，总体上达到多数。感到"一般"的为128人，占比21.9%。感到"不太满意"的为60人，占比10.3%；感到"不满意"的为21人，占比3.6%；以上两项合并为81人，占比13.9%，总体上仅为少数，但是仍然需要高度关注，挖掘其背后的深层次原因，寻求整体与个性化有机结合的高效举措，因为师资队伍建设不能落下一个人（详见表2—22）。从上述的结果看，大部分高校体育教师对职业生态感知是比较满意的，仅有少部分体育教师对职业生态感知是不太满意或不满意的。一方面说明了高校生态总体上是友好和谐的，具备了较好的生态活力及其涵养力；另一方面也说明了高校生态仍然在某些方面或因素存在短板和弱项，不被部分教师所认可和接受，仍然有较大的改善或治理空间。这一分析结果与高校体育教师职业生态评估指数的逻辑是一致的。

表2—22　高校体育教师职业生态满意度人群分布（N＝584）

感知等级	满意	基本满意	一般	不太满意	不满意
人数	96	279	128	60	21
比例（%）	16.4	47.8	21.9	10.3	3.6
累计（%）	16.4	64.2	86.1	96.4	100.0

（二）高校体育教师职业生态及其影响因素相关关系与分析

从理论的角度看，高校体育教师职业生态是体育教师在教书育人系统中对职业认同、工作环境、工作支持、职业氛围、职业期望、职业负荷及其综合效应感知的主观价值判断，因此，职业认同、工作环境、工作支持、职业氛围、职业期望、职业负荷理应是构成和影响职业生态的主要因素，它们彼此间的关系理应联系紧密。从表2—23的数据可以看出，广东省高校体育教师职业生态指数与职业认同、工作环境、工作支持、职业氛围、职业期望、职业负荷的相关系数分别为0.944、0.973、0.940、0.965、0.965、0.895，均达到"强"程度的线性相关关系，且具有统计学意义上的非常显著性，说明了职业生态与其影响因素存在显著的线性关系事实上是成立的，职业认同、工作环境、工作支持、职业氛围、职业期望、职业负荷对职业生态的影响都不容忽视、不可或缺。

表 2—23　高校体育教师职业生态及其影响因素相关关系

控制变量		职业生态	职业认同	工作环境	工作支持	组织氛围	职业期望	职业负荷
区域	职业生态	—						
	职业认同	0.944**	—					
	工作环境	.973**	.900**	—				
	工作支持	0.940**	0.836**	0.899**	—			
	组织氛围	0.965**	0.870**	0.944**	0.913**	—		
	职业期望	0.965**	0.87**	0.931**	0.906**	0.926**	—	
	职业负荷	0.895**	0.891**	0.840**	0.777**	0.809**	0.842**	—

注：** 为 $p < 0.01$。

进一步从微观的层面探究，究竟有哪些具体因子对职业生态产生主要的不良影响，为下一步精准施策提供科学参考，则需要通过描述性统计方法发掘数据，找出评估得分小于等于 3.60 及以下的因子进行具体分析。从表 2—24 的数据可以看出，构成对高校体育教师职业生态重要影响的不良因子有 7 项，分别是学生参与、培训进修、绩效分配、职称评审、信息资源、平等沟通、权益维护等。首先学生参与体育教学和课余活动积极性不高成为体育教师反映最强烈的事项，其次反映比较尖锐的问题是学校没有为体育教师提供相对充足的进修培训机会，最后反映比较突出的是老生常谈的学校绩效奖金分配不科学合理问题，等等。结果表明，上述 7 项因子是侵蚀和削弱广东省高校体育教师职业生态感知的主要因子，理应是当下和未来一个时期内改进和完善高校体育教师职业生态的切入点和重要抓手，更是学校生态治理的着力点。

表 2—24　影响高校体育教师职业生态的不良因子

序号	因子	N	最小值	最大值	均值	标准差
1	学生积极参与体育教学与课余活动	584	1	5	2.46	1.098
2	学校提供足够的教育培训与进修机会	584	1	5	3.46	1.062
3	学校的绩效奖金分配科学合理	584	1	5	3.48	1.078
4	我对职称评审感到满意	584	1	5	3.53	1.064
5	体育理论教学信息化资源丰富	584	1	5	3.55	1.013
6	学校领导与体育教师进行平等有效的沟通	584	1	5	3.55	1.038
7	学校重视维护体育教师的权益	584	1	5	3.55	1.048

（三）高校体育教师职业生态主要影响因素的预测与分析

采用回归分析和结构方程模型等方法对主要影响高校教师职业生态的各种因素所起的作用进行建模预测，结果发现：一是理论设想的影响高校教师职业生态的 6 个因素均进入结构方程，所建构模型调整后 R^2 的系数为 1.00，拟合度检验非常显著，说明结构方程的拟合度比较理想，因变量职业生态与其他 6 个自变量之间的线性关系完全成立，六个自变量能够恰当解释因变量职业生态；二是根据回归系数的显著性检验结果（详见表 2-25），职业认同、工作环境、工作支持、组织氛围、职业期望、职业负荷能够有效解释职业生态的线性关系，对职业生态的预测贡献分别为 0.154、0.126、0.210、0.137、0.241、0.185，因此可建立下线性回归方程"职业生态＝-1.070＋0.241×职业期望＋0.210×工作支持＋0.185 职业负荷＋0.154×职业认同＋0.137×组织氛围＋0.126×工作环境"。建模表明：每提高 0.241 职业期望指数、0.210 工作支持指数、0.185 职业负荷指数、0.154 职业认同指数、0.137 组织氛围指数、0.126 工作环境指数，能够综合提升 1 职业生态满意度水平。反之，每提升 1 职业生态指数，能够同时提高 6 个因素不同程度的正向感知水平。结果表明：主要影响因素对职业生态均有正向的预测作用，职业期望正向预测作用最大，工作支持次之，再次是职业负荷，最后依次是职业认同、组织氛围和工作环境。

表 2-25　高校体育教师职业生态影响因素的贡献系数

模型		未标准化系数		标准系数	T	显著性
		B	标准误	Beta		
1	常量	-1.070	0.282		-3.796	0.000
	职业认同	0.158	0.009	0.154	17.785	0.000
	工作环境	0.112	0.010	0.126	11.086	0.000
	工作支持	0.223	0.009	0.210	25.338	0.000
	组织氛围	0.117	0.009	0.137	12.664	0.000
	职业期望	0.212	0.009	0.241	23.946	0.000
	职业负荷	0.188	0.007	0.185	25.961	0.000

注：a. 因变量：职业生态。

四、结论与建议

（一）结论

（1）高校体育教师整体职业生态评估指数为 74.96，处在"比较满意"的水平，说明了目前广东省高校体育教师职业生态是比较友好和谐的，但是还有一定的改善和提升空间。

（2）大部分高校体育教师对职业生态感知是比较满意的，仅有少部分体育教师对职业生态感知是不太满意及以下的。一方面说明了高校生态总体上是友好和谐的，另一方面也说明了高校生态仍然在某些方面或因素存在短板和弱项。

（3）广东省高校体育教师职业生态与其影响因素存在显著的关系，职业认同、工作环境、工作支持、职业氛围、职业期望、职业负荷对职业生态的影响都不容忽视、不可或缺。

（4）构成对高校体育教师职业生态重要影响的不良因子有 7 项，分别是学生参与、培训进修、绩效分配、职称评审、信息资源、平等沟通、权益维护等。

（5）建模结果表明，主要影响因素对职业生态均有正向的预测作用，其中职业期望正向预测作用最大，其次是工作支持，再次是职业负荷，最后依次是职业认同、组织氛围和工作环境。

（二）建议

友好和谐的职业生态是高校体育教师教书育人的基础和保障，也是立德树人得以实现的根本保证。教育治理视角下的体育教师职业生态改进应在政府的主导下，形成以体育教师发展为本、积极回应内外环境变化、促进学校体育自主发展的教育生态。

（1）理念建构，提高认识。基于教育治理视角下树立大学校体育观和职业生态观。教育治理视角下的体育教师职业生态建构，是校长、教师、学生、家长等多主体参与，体育价值、规划和体育文化等多要素整合，政府、学校、社会等多层次推进的过程，并借此构建治理平台，形成协同解决方案，实现整体提升的有效策略。

（2）做好"加法"，提高学校治理能力。在搭建具有广东特色的赋能职业生态综合平台的基础上统筹协调职业生态的多样化和包容性建设。基于数字化、网络化和信息化赋能，充分利用"5G＋互联网"重塑高校体育教育外部和内部生态，开发基于"5G＋技术"的高校教师的综合信息和管理平台，为高校体育教师的专业化和高质量发展嵌入丰富的社会资源、先进手段、先进方法和智慧技术，为高校体育教师专业发展的可持续诊断和改进提供支撑。

（3）以问题为导向，做好"减法"，补短板强弱项。针对广东实际问题，基于共同影响作用的负面因子做好"减法"，补上短板加强弱项，提升体育教师对学校治理的满意度感知，激发内生动力，尤其要对学生学习行为的不足、培训进修体系建设的不完善以及绩效分配的不科学不公正等核心因子加大专项治理力度，奠定整体改善和提升职业生态的基础。

（4）以师为本，搭建促进体育教师专业发展和提升核心素养水平的体系化协同平台，尤其要加强体育教师专业发展体系及其支持体系的建设。基于职业认同、工作环境、工作支持、组织氛围、职业期望、职业负荷等因素对职业生态的正向预测的积极作用，多管齐下，在学生参与、培训进修、绩效分配、职称评审、信息资源、平等沟通、权益维护等方面定向赋能，整体上提高学校体育治理水平和质量，涵养友好和谐的职业生态，激发生态的活力和内在潜力，生成可持续的良性循环局面，有利于打造和形成一支有情怀、强技术、强能力、有温度的体育教师队伍。

第四节　高校体育教师职业生态与职业发展、工作满意度、职业幸福感响应关系的实证研究

一、研究目的

职业生态是高校体育教师在教育生态中生存和发展的可持续状态及其与环境之间相互作用关系的总和。职业生态包括职业认同、职业期望、职业环境、政府保障、学校治理、职业负荷等核心要素，具有系统性、整体性、协同性、共生性、动态平衡等鲜明的特点。职业生态既是职业幸福的基础，也是职业发展和工作满意度的基础，职业发展和工作满意度是职业生态演绎和生发的中间产物，它们与职业生态一起演绎和生发终极产物——职业幸福。职业幸福反过来也能够作用于职业发展和工作满意度，影响对它们的感知，进而影响对职业生态的感知，影响职业生态。可见，良好的职业生态能够直接有效提高职业发展和工作满意度水平，进而提升职业幸福感，而较高的职业幸福感反过来能够提高职业发展和工作满意度感

知，进而有利于提升职业生态感知，涵养友好型职业生态，形成良性循环之势。反之，不良的职业生态直接侵蚀职业发展和工作满意度，继而侵蚀职业幸福感，而不佳的职业幸福感也会削弱职业发展和工作满意度感知，不利于职业生态的可持续演进，导致恶性循环。这就是职业生态、职业发展、工作满意度和职业幸福感之间内在联系的基本逻辑，也是本研究的理论设想。

本研究据此提出三个假设：一是职业生态与体育教师的身心健康、专业化发展、教育情怀、职业情感、事业成功等息息相关，理应是体育教师职业发展、工作满意度、职业幸福感的关键性影响因素；二是它们之间是相互影响、相互响应的，很大程度上可能存有共同起作用的共生因子；三是它们之间是相辅相成的共生关系，较好的职业发展、较高的工作满意度和职业幸福感是反哺和促进形成良好职业生态的重要因素，对职业生态起着正向预测的积极作用。

因此，本研究试图引入顾客满意度理论，在借鉴前人研究成果的基础上改编或自编高校体育教师职业生态、职业发展、工作满意度和职业幸福感等4个量表，并整合成一份综合量表，进而运用要素总和评价法对高校体育教师职业生态等进行指数测量，为科学研判体育教师职业生态等状况提供事实依据，然后运用相关分析、回归分析和科学模型建构等方法揭示它们之间的响应关系，为进一步整体建构高校体育教师良好的职业生态提供科学策略。

二、研究方法

（一）研究对象

本研究采用简单随机抽样和分层抽样等方法，在广东省范围内的高校选取本科院校20所、高职院校20所的专职体育教师为研究对象。本次调查通过"问卷星"系统在线上实施，共计发放问卷620份，回收问卷597份，回收率为96.3%，其中有效填答问卷584份，有效回收率为94.2%。调查样本的人口学特征等详见表2—26。

表2—26 调查样本人口学特征（$N=584$）

变量		人数	比例（%）	变量		人数	比例（%）
区域	大湾区九市	357	61.1	职称	初级	155	26.5
	粤东西北地区	227	38.9		中级	295	50.5
类型	普通本科	284	48.6		副高级	106	18.2
	高职院校	300	51.4		正高级	28	4.8
性别	男	411	70.4	教龄	0~5年	130	22.3
	女	173	29.6		6~15年	209	35.8
学历	本科	457	78.3		16~25年	141	24.1
	硕士	117	20.0		>25年	104	17.8
	博士	10	1.7				

（二）测试工具

引入顾客满意度理论，借鉴周明、段建华、周思远、武向荣等研制量表的成果，运用要素总和评价法编制高校体育教师职业生态、职业幸福感、职业发展、工作满意度4个量表，并整合为一份综合测量表。其中，职业生态量表包括职业期望、职业负荷、政府保障、学校治理和职业氛围感知5个维度，职业幸福感量表包括成就感、成长感、归属感、负荷感4个维度，职业发展量表包括职业认同、职业期望、工作环境、工作支持、组织氛围五个维度，工作满意度量表包括教育期望、职业认同、学校支持、政府保障4个维度。综合量表共设44个条目，采用不满意、不太满意、一般、满意、非常满意五级评分制，单题最低分为1分，最高分为5分，综合得分越高，评估指数越高，满意度感知越高。量表经SPSS27.0统计软件检验，信度系数为0.981，分半信度系数为0.964，结构性效度系数为0.983，说明量表信度好、结构效度好，符合科学要求。

（三）数据处理

调查问卷填答的数据通过网络直接自动录入"问卷星"系统，并生成XLSX工作表，然后在计算机上通过人工方法转录入SPSS27.0软件系统生成数据集，在甄别和剔除不合格问卷的基础上进行有关的统计学处理。

三、结果与分析

（一）高校体育教师职业生态、职业发展、工作满意度、职业幸福感评估与分析

采用要素总和评价法对高校体育教师职业生态、职业发展、工作满意度和职业幸福感等进行测量和指数评估，并对4项内容的满意度人群分布情况进行了占比统计。结果发现（详见表2-27）：一是评估指数按从高到低排列，依次为职业幸福感（75.86）、工作满意度（75.37）、职业生态（74.96）、职业发展（74.48），说明了高校体育教师对职业生态、职业发展、工作满意度和职业幸福感知均处在"比较满意"的同等水平；二是四项内容的满意度人群分布（占比）情况呈现出基本一致的态势，没有非常明显的显著性差异，说明了高校体育教师在职业生态、职业发展、工作满意度和职业幸福感方面的结构性感知评价比较一致，它们之间存在比较紧密的内在联系。

表2-27 高校体育教师职业生态、职业发展、工作满意度、职业幸福感指数及分布（N=584）

项目	职业生态		职业发展		工作满意度		职业幸福感	
指数	74.96 ± 13.94		74.48 ± 13.92		75.37 ± 14.67		75.86 ± 14.30	
排序	3		4		2		1	
人群分布	人数	%	人数	%	人数	%	人数	%
满意	96	16.4	93	15.9	102	17.5	102	17.5
基本满意	279	47.8	279	47.8	274	46.9	284	48.6
一般	128	21.9	130	22.3	127	21.7	130	22.3
不太满意	60	10.3	59	10.1	58	9.9	48	8.2
不满意	21	3.6	23	3.9	23	3.9	20	3.4

（二）高校体育教师职业生态与职业发展、工作满意度、职业幸福感的关系分析

运用偏相关分析对职业生态与职业发展、工作满意度、职业幸福感的相关关系紧密与否

进行研判，结果发现（详见表 3－28）：职业生态与职业发展、工作满意度、职业幸福感的偏相关系数分别为 0.996、0.996 和 0.992，表明两变量之间具有很强的正向线性关系，说明它们之间存在显著的正相关关系。

表 2－28　高校体育教师职业生态与职业发展、工作满意度、职业幸福感相关关系

控制变量		职业生态	职业发展	工作满意度	职业幸福感
性别	职业生态	1.000	0.996＊＊	0.996＊＊	0.992＊＊
	职业发展	0.996＊＊	1.000	0.992＊＊	0.989＊＊
	工作满意度	0.996＊＊	0.992＊＊	1.000	0.986＊＊
	职业幸福感	0.992＊＊	0.989＊＊	0.986＊＊	1.000

注：＊＊为 p＜0.01。

运用统计方法挖掘共性因子研判共同影响职业生态、职业发展、工作满意度和职业幸福感的具体因素，考察它们之间的联系。结果发现（详见表 3－29）：一是共同对它们起到良好作用的友好因子有 6 项，按贡献的大小排列依次是职责明确、职业价值、学生培养、身体健康、优秀学生、心态积极；二是有三项不良因子具有共同的负面影响，尤其需要关注和重视学习行为、培训进修、绩效分配，其中感知最差的是学生参与体育教学与课余活动的积极性问题，平均得分仅为 2.46 分，处在"不满意"的严重状态，其次差的是学校提供的教育培训与进修机会不能满足教师需求的问题，处在"不太满意"的状态；三是学校的绩效奖金分配不够科学和不够合理的问题，也是老师们比较诟病的老问题之一，也是处在"不太满意"的状态。

表 2－29　高校体育教师职业生态与职业发展、工作满意度、职业幸福感共同响应因子

分类		N	最小值	最大值	均值	标准差
友好因子	了解且明晰自己的职责所在	584	1	5	4.24	0.727
	我的职业是有价值、有意义的	584	1	5	4.20	0.807
	为培养出来的学生感到自豪	584	1	5	4.19	0.776
	我的身体健康有活力	584	1	5	4.18	0.805
	渴望培养更多的优秀体育专长生	584	1	5	4.12	0.817
	我的心态轻松积极	584	1	5	4.06	0.796
不良因子	学生积极参与体育教学与课余活动	584	1	5	2.46	1.098
	学校提供足够的教育培训与进修机会	584	1	5	3.46	1.062
	学校的绩效奖金分配科学合理	584	1	5	3.48	1.078

综上所述，高校体育教师职业生态与职业发展、工作满意度、职业幸福感之间存在显著的正相关关系。在影响它们感知的所有因素中，职责明确、职业价值、学生培养、身体健康、优秀学生、心态积极 6 项因子具有共同友好因子的响应作用，学习行为、培训进修、绩效分配 3 项不良因子具有共同的负面影响，是下一步学校治理的重点和难点。

（三）高校体育教师职业生态对职业发展、工作满意度、职业幸福感影响预测分析

本研究采用 SPSS27.0 软件建立职业发展、工作满意度、职业幸福感的结构方程模型，

采用验证性因子分析构建潜变量和测量指标之间的测量模型再建立潜变量间的结构模型,通过极大似然法估计参数。结果发现(详见表 2-30):职业生态对职业发展、工作满意度、职业幸福感一阶三维度结构模型路径系数的显著性检验发现,3 个维度的路径系数 T 值均大于 0.01 的显著性水平,拟合指数达到 0.997,模型拟合程度较为理想,与最初的理论假设几乎一致,可以建立回归方程。据此采用:职业生态=1.652+0.380×职业发展+0.444×工作满意度+0.177×职业幸福感。结果预测:每提升职业生态 1 个指数,能够同时增进0.380 个职业发展指数、0.444 个工作满意度指数和 0.177 个职业幸福感指数。实证表明:职业生态对职业发展、工作满意度、职业幸福感均有正向的贡献作用。同理可以推断,职业发展、工作满意度、职业幸福感对职业生态也具有正向的促进作用。

表 2-30　高校体育教师职业生态对职业发展、工作满意度、职业幸福感贡献系数

模型		未标准化系数		标准系数	T	显著性
		B	标准误	Beta		
1	常量	1.652	0.179		9.225	0.000
	职业发展	0.381	0.021	0.380	18.364	0.000
	工作满意度	0.422	0.018	0.444	23.977	0.000
	职业幸福感	0.173	0.016	0.177	10.851	0.000

注:a. 因变量:职业生态。

四、结论与建议

(一)结论

(1)高校体育教师对职业生态、职业发展、工作满意度和职业幸福感知均处在"比较满意"的同等水平,它们之间的结构性感知评价比较一致,表明它们之间存在比较紧密的内在联系。

(2)高校体育教师职业生态与职业发展、工作满意度、职业幸福感之间的相关系数均大于 0.90,呈现出很强的正向线性相关关系。在影响它们的所有因素中,职责明确、职业价值、学生培养、身体健康、优秀学生、心态积极 6 项因子具有共同友好因子的响应作用,学习行为、培训进修、绩效分配 3 项不良因子具有共同的负面影响。

(3)实证表明:职业生态对职业发展、工作满意度、职业幸福感均有正向贡献的积极作用。同理可以推断,职业发展、工作满意度、职业幸福感对职业生态也具有正向预测的积极作用。

(二)建议

基于生态学和教育生态学理论的新视角,以生态学所倡导的共生、和谐、规范等理念,结合高校体育自身的层次性、整体性、系统性、协同性和共生性等特性,系统地关注整个学校体育职业生态,构建基于"5G+互联网"的一体化治理平台,形成协同的解决方案,为进一步整体建构高校体育教师良好的职业生态提供科学策略。

(1)基于新思想的生发,意识到基于职业生态的内核基因和全要素链条打造一个可持续型职业生态的重要性。职业生态犹如一片森林,森林上有天空,下有大地,空间、

土地、养分、空气、雨水的影响无时不在、无处不在，形成一个具有自我调节功能的动态平衡的生存生长的状态。体育教师则犹如森林中生长的各种树木，在经营者的精心养护，以及土地、肥料、雨水、大气的共同涵养下，在这个森林生态中呈现出整体的、多样的、平衡的、有层次的、适应的和内生的丰富样态，或苗壮成长，或正常成长，抑或缓慢成长，乃至枯萎夭折……都遵循一定的规律，各呈其态，多彩多姿，各有具象，一片生机盎然。因此，职业生态犹如绿水青山，友好型职业生态就是金山银山，蕴藏教师发展的福祉，能够使教师安心、专心、舒心地潜心教书育人，对教师的职业发展和成长成才具有不可或缺的重要意义和作用。

（2）基于共同起响应作用的负面因子做好"减法"，补上短板，提升体育教师对学校治理的满意度感知，激发内生动力。尤其要对学生学习行为的不足、培训进修体系建设的不完善以及绩效分配的不科学不公正等核心因子加大专项治理力度，奠定整体改善和提升职业生态的基础。

（3）基于职业生态、职业发展、工作满意度和职业幸福感之间的正向预测的积极作用，三管齐下，赋能提质，通过提升职业发展的水平、提高工作满意度和提升职业幸福感，涵养良好的职业生态，生成可持续的良性循环局面。

（4）基于数字化、网络化和信息化赋能，充分利用"5G＋互联网"重塑高校体育教育外部和内部生态，开发基于"5G＋技术"的高校教师的综合信息和管理平台，为高校体育教师的专业化和高质量发展嵌入丰富的社会资源、先进手段、先进方法和智慧技术，为高校体育教师专业发展的可持续诊断和改进提供支撑。

第三章　新时代体育教师职业发展研究

第一节中小学体育教师职业发展满意度调查评估

一、提出问题

教师职业发展是指有具体意蕴的教师"专业化＋"的职业生涯发展进程。教师职业发展满意度是指教师作为专业人员，对自身专业理想、专业知识、专业能力和自我形成等专业化发展过程与当下结果的综合感知的主观评价。职业发展满意度指数就是根据教师采样计算出来的统计数据，是衡量教师专业发展水平的一种量化。

随着我国教育发展进入一个高质量发展的新时代，教师职业发展也迈入一个新时期。2018年1月，中共中央、国务院印发了《关于全面深化新时代教师队伍建设改革的意见》，就"培养造就数以百万计的骨干教师、数以十万计的卓越教师、数以万计的教育家型教师"进行了全面的战略性部署。2022年4月，教育部等八部门关于印发《新时代基础教育强师计划》，明确要求"着力推动教师教育振兴发展，努力造就新时代高素质专业化创新型中小学教师队伍"，切切实实推动教师发展也进入了一个高质量发展的新时期。新时代体育教师发展也不例外，学校体育作为教育的主要组成部分，走高质量发展之路是大势所趋，而且体育教师作为学校体育高质量发展的底盘和支柱，如何落实落地其高质量发展已经成为教育部门的重要实践课题，也成为全面深化新时代学校体育改革的重要课题。

考察文献发现，国外早在20世纪60年代末，在美国学者福勒（Full，1969）等的引领下揭开对教师职业发展理论研究，主要围绕教师职业发展阶段、专家型教师、教师反思研究等内容进行，成果为世界各国教育界所普遍关注；国内学者对教师职业发展的相关研究起步晚，处在初步发展阶段，主要围绕教师职业发展现状、影响因素、教师专业化、教师培训、师资队伍建设、高原现象、职业倦怠、促进策略等问题进行探讨，取得了一定成果。但无论是国内还是国外，专门就体育教师职业发展的研究论文著作几乎是空白的，只发现2015年路明云刊发的《影响体育舞蹈教师职业发展因素之探析》一文。可见，目前极其缺乏对体育教师职业发展领域的相关研究。在全面深化新时代体育教师队伍建设的背景下，极其有必要对影响体育教师职业发展的主要因素进行系统研究，更加需要从现代教育治理与服务的角度对体育教师职业发展水平进行全面的考察和评估，进而建构预测体育教师职业发展的科学模型，寻求提升体育职业发展高质量的路径和有效策略，为我国新时代新师资的培养和培训改革提供建设性的研究成果和参考。

二、研究方法

（一）研究对象

本研究采用简单随机抽样与分层抽样相结合的方法，根据广东省各级各类学校地域分布、办学类型、发展水平等，在粤港澳大湾区九市和粤东西北地区随机抽取120余所学校的967名体育教师为研究对象。通过"问卷星"系统按设定的时效内在线上实施问卷调查，共发放问卷1060份，回收991份，其中有效问卷967份。问卷的回收率为93.5%，有效率为91.2%。调查样本的人口学特征等详见表3—1。

表3—1　调查样本人口学特征（$N=967$）

变量		人数	比例（%）	变量		人数	比例（%）
区域	大湾区九市	369	38.2	性别	男	805	83.2
	粤东西北地区	598	61.8		女	162	16.8
身份	小学	456	47.2	学历	大专	108	11.2
	初中	301	31.1		本科	831	85.9
	高中	210	21.7		研究生	28	2.9
职称	初级	343	35.5	教龄	0～5年	216	22.3
	中级	528	54.6		6～15年	309	32.0
	副高级	96	9.9		16～25年	295	30.5
	正高级	0	0		25年以上	147	15.2

（二）测评工具

根据理论模型编制体育教师职业发展满意度测量表，测量表由一阶五维构成，分别由职业环境7个题项、工作支持7个题项、组织承诺5个题项、专业成长6个题项和职业成就5个题项合计30个条目组成，采用五级评价。问卷经过SPSS27.0统计软件检验，综合信度为0.971、分半信度为0.941，综合结构效度为0.982，量表的信度好、结构效度好，可以进行有效的数据分析。

（三）数据处理

使用SPSS27.0软件在计算机上自动导入问卷星系统生成的XLSX工作表中的所有数据，然后按照数理统计要求对初始数据集进行整理、甄别和完善，剔除异常数据，最终生成能够有效进行数据分析的数据集，并运用使用SPSS27.0软件进行统计学的处理与分析。

三、结果与分析

（一）广东省基础教育体育教师职业发展满意度调查评估结果与分析

统计结果显示（详见表3—2），总体上广东省基础教育体育教师职业发展满意度指数为 7.21，达到了"比较满意"的程度，体育教师职业发展总体上处在良好水平，但是仍然有进一步改善和提升的空间。从具体构成职业发展的 5 个维度看，职业环境、职业成就、组织承诺、专业成长 4 个维度评估指数分别为 7.47、7.43、7.09 和 7.07，均达到"比较满意"的感知程度，都处在良好水平，但是工作支持维度评估指数为6.97，只达到"一般"的感知程度，处在一般水平，是 5 个维度中的弱项，也是职业发展的短板，是下一步提升体育教师职业发展满意度首要用力之处。总的来看，目前广东省中小学学校体育生态整体良好，有利于促进体育教师高质量专业化发展，为进一步提升其职业发展水平，打造一支新时代理念新、师德优、技能强、有温度的体育教师队伍奠定了良好基础。

表 3-2 基础教育体育教师职业发展满意度评估指数

项目	职业发展	职业环境	工作支持	组织承诺	专业成长	职业成就
平均值	7.21	7.47	6.97	7.09	7.07	7.43
个案数	967	967	967	967	967	967
标准差	1.38	1.42	1.48	1.55	1.51	1.36

根据"指数≥9.0 评定为'满意'、8.9～8.0 为'比较满意'、7.9～6.0 为'一般'、5.9～5.0 为'不太满意'、<5.0 为'不满意'"的标准进行界定和分类，统计结果显示（详见表4-3）：体育教师感知"满意"的260人占比26.9%，"比较满意"的 296 人占比 30.6%，"一般"的 245 人占比 25.3%，"不太满意"的 115 人占比11.9%，"不满意"的 51 人占比 5.3%。从体育教师职业发展满意度人群分布的情况判断，接近 6 成的体育教师对自身职业发展感到比较满意及以上，不足 2 成的体育教师对职业发展不太满意或不满意，另有 2 成多的体育教师呈现感知中性状态。结果显示，提升体育教师职业发展满意度的确还有改进和提升的空间，也表明了学校内部现代治理体系和教师专业发展支持体系还存在一些明显的问题和矛盾，距离建成一支高质量体育教师队伍还有比较大的差距。

表 3-3 基础教育体育教师职业发展满意度人群分布情况

分类	满意	比较满意	一般	不太满意	不满意
人数	260	296	245	115	51
百分比（%）	26.9	30.6	25.3	11.9	5.3
累计百分比（%）	26.9	57.5	82.8	94.7	100.0

（二）广东省基础教育体育教师职业发展满意度基本特征与分析

统计结果显示，基础教育体育教师职业发展满意度呈现以下几个方面的显著特征。

一是区域性差异，大湾区九市体育教师职业发展满意度指数（7.59）远高于粤东西北地区体育教师（6.97），且差异具有统计学意义上的非常显著性，说明了大湾区九市体育教师职业发展的氛围、基础、条件和平台都要优于粤东西北地区。

二是职称差异，体育教师对职业发展满意度具有两头高中间低的特征，即具有初级及以下职称的体育教师和具有高级职称的体育教师对自身职业发展的满意度较高，而具有中级职称的体育教师对自身职业发展的满意度相对低一些，且差异具有统计学意义上的显著性。

三是教龄差异，体育教师对自身职业发展满意度有随着教龄增长而有所降低的趋势，呈现出入职期职业幸福感高、发展期随之下降、平台期进一步下降、退坡期有所回升的趋势，且差异具有统计学意义上的非常显著性（详见表3－4）。

此外，没有发现性别、身份和学历等负面的明显差异，说明性别、身份和学历对体育教师职业发展满意度没有明显的影响作用，深度原因有待深入挖掘和发现。

表 3－4　基础教育体育教师职业发展满意度基本特征

项目		人数	平均值	标准差	ANOVA	
					F	Sig.
区域	大湾区九市	369	7.59	1.29	48.068	0.000
	粤东西北地区	598	6.97	1.38		
性别	男	805	7.20	1.41	0.241	0.624
	女	162	7.25	1.21		
身份	小学	456	7.25	1.36	2.278	0.103
	初中	301	7.07	1.40		
	高中	210	7.31	1.35		
学历	大专	108	7.20	1.48	0.088	0.916
	本科	831	7.20	1.37		
	研究生	28	7.31	1.09		
职称	初级	343	7.31	1.45	4.324	0.013
	中级	528	7.09	1.32		
	副高级	96	7.45	1.35		
教龄	0～5 年	216	7.45	1.42	3.683	0.012
	6～15 年	309	7.11	1.38		
	16～25 年	295	7.09	1.38		
	25 年以上	147	7.27	1.24		

（三）影响基础教育体育教师职业发展满意度的主要因素与作用预测分析

文章的理论模型假设为工作支持、专业成长、职业成就对职业发展满意度产生直接影响，职业环境、组织承诺作为中介变量，间接影响教师职业发展满意度感知，组织承诺还能够以职业环境、工作支持作为中介变量间接影响教师职业发展满意度。统计结果显示（详见表3－5）：职业发展满意度指数与工作支持、职业环境、专业成长、组织承诺、职业成就指数的相关关系系数分别为0.962、0.946、0.940、0.928和0.883，均超过0.8，都具有统计学意义上非常显著性，呈现出高度相关的线性关系。

实证表明职业发展与职业环境、工作支持、组织承诺、专业成长、职业成就等具有内在的紧密联系，均是职业发展的主要影响因素无疑。此结果与理论假设模型高度一致，也实证了理论假设模型是严谨和正确的，能够进一步对影响因素进行有效的建模预测。

表 3-5　职业发展满意度与主要影响因素的相关关系矩阵

控制变量		职业发展	职业环境	工作支持	组织承诺	专业成长	职业成就
区域	职业发展	1.000					
	职业环境	0.946**	1.000				
	工作支持	0.962**	0.893**	1.000			
	组织承诺	0.928**	0.858**	0.853**	1.000		
	专业成长	0.940**	0.854**	0.899**	0.833**	1.000	
	职业成就	0.883**	0.777**	0.814**	0.802**	0.785**	1.000

注：＊＊为 $p < 0.01$。

基于影响职业发展满意度主要因素的明晰和确立，有必要对影响职业发展的主要不良因子进行挖掘和梳理分析，将有助于在制定提升体育教师职业发展满意度的对策和举措精准发力。统计结果显示（详见表 3-6）：绩效奖金分配、职称职务晋升、工作付出与收入感知、工资待遇、系统培训进修、场地设施器材条件、学校重视维护教师的权益 7 个因子，是影响体育教师职业发展满意度的负面因子。这些负面因子，理应是目前政府支持保障和学校内部现代治理亟待发力的微观之处。

表 3-6　影响职业发展满意度的主要不良因子

排序	因子	N	Min.	Max.	M	SD
1	学校绩效奖金分配科学合理	967	1	5	3.11	1.140
2	我对职称职务晋升满意	967	1	5	3.11	1.194
3	我的工作付出与收入是相称的	967	1	5	3.27	1.037
4	我对工资待遇感到满意	967	1	5	3.28	1.044
5	我参加系统的教育培训与进修	967	1	5	3.28	1.056
6	体育场地、器材、设施能够满足教学需求	967	1	5	3.40	1.015
7	学校重视维护体育教师的权益	967	1	5	3.43	1.004

在实证职业环境、工作支持、组织承诺、专业成长、职业成就与职业发展满意度具有高度相关的线性关系的基础上，拟采用回归分析和结构方程建模等方法对主要影响体育教师职业发展满意度的 5 种因素所起的作用的大小进行建模预测，结果发现：一是理论设想的影响体育教师职业发展满意度的 5 个变量均进入结构方程，所建构模型的调整后 R^2 的系数为 1.00，说明结构方程的拟合度比较理想，可以比较理想地建立多元线性方程；二是对线性方程的拟合度进行检验，残差为零，检验结果非常显著，说明结构方程中因变量专业合作与其他 5 个自变量之间的线性关系完全成立，能够恰当解释因变量；三是根据方程中回归系数的显著性检验结果显示（详见表 3-7），职业环

境、工作支持、组织承诺、专业成长、职业成就等对职业发展满意度贡献的非标准化系数分别为0.233、0.233、0.167、0.200、0.167，标准化系数则分别是0.241、0.252、0.188、0.220、0.165，建模显示在其他因素不变的情况下，职业环境、工作支持、组织承诺、专业成长、职业成就等自变量每变化一个单位对因变量的作用分别达到23.3%、23.3%、16.7%、20.0%、16.7%。四是在回归模型中，工作支持对因变量职业发展满意度所起的作用最大，其解释度为25.2%，其他因素按作用大小排列依次是职业环境（24.1%）、专业成长（22.0%）、组织承诺（18.8%）、职业成就（16.5%）。结果表明：工作支持、职业环境、组织承诺、专业成长、职业成就5个自变量均对职业发展满意度起到积极的正向影响作用。

表3-7 职业发展满意度模型中主要影响因素预测贡献系数

模型		未标准化系数		标准化系数	t	显著性
		B	标准误	Beta		
1	（常量）	1.332E-15	0.000		.	.
	职业环境	0.233	0.000	0.241	.	.
	工作支持	0.233	0.000	0.252	.	.
	组织承诺	0.167	0.000	0.188	.	.
	专业成长	0.200	0.000	0.220	.	.
	职业成就	0.167	0.000	0.165	.	.

注：a. 因变量：职业发展满意度指数。

四、结论与建议

（一）结论

（1）总体上广东省基础教育体育教师职业发展满意度指数为7.21，达到了"比较满意"的程度，体育教师职业发展处在良好水平，同时从感知程度人群分布的情况判断，体育教师职业发展满意度水平的确还有进一步改进和挖掘提升的空间。

（2）体育教师职业发展满意度呈现出区域性差异、职称差异和教龄差异三大特征，没有发现性别、身份、学历等的差异。

（3）职业环境、工作支持、组织承诺、专业成长、职业成就等维度均为职业发展满意度的主要影响因素，可以进一步对影响因素进行有效的建模预测。同时发现，绩效奖金分配、职称职务晋升、工作付出与收入感知、工资待遇、系统培训进修、场地设施器材条件、学校重视维护教师的权益7个因子，是影响体育教师职业发展满意度的负面因子。

（4）职业环境、工作支持、组织承诺、专业成长、职业成就等因素均对职业发展满意度起到积极的正向影响作用，其中，工作支持所起的作用最大，其解释度为25.2%，其他因素按作用大小排列依次是职业环境（24.1%）、专业成长（22.0%）、组织承诺（18.8%）、职业成就（16.5%）。

（二）建议

提升体育教师职业发展水平，需要宏观、中观和微观"三观"同时发力，实现专业化、获得感、幸福感融合发展，助力体育教师高质量发展，支撑新时代学校体育的高质量发展。

（1）规范职业教育，提高认知。依托地方教师发展中心，建立入职、职中有机衔接的教师职业教育体系，实现常态化职业教育活动，帮助教师认识到做出完善的职业发展规划的重要性和必要性。

（2）搭建教师职业发展咨询和指导体系。做好入职期体育教师进行生涯发展测量、评估和反馈，建立教师职业发展个人档案，实施信息化管服，做好体育教师职中常态化职业晋升指导，并在组织层面给予专业性帮助。

（3）搭建专业化支持和保障体系。加强工作支持这项体育教师职业发展短板的支撑强度和力度，消除各种形式主义为体育教师切实减负减压除障，使体育教师能够专心教学、专心训练和专心教研。

（4）搭建高质量的专业化发展平台，配套友好制度和经费投入机制。尤其要重点改革和完善职称评审体系，围绕师德师风、教学发展、学生培养、教研贡献、健康状况等板块，建立教师职业发展常态化综合评价制度，主要根据评价结果评定教师职称晋升和聘用，激发教师职业奋斗动力，保持有温度的奋斗精神。

（5）关注区域的现实差异，从提高粤东西北地区体育教师职业发展满意度发力。特别要从关注和发力于粤东西北地区做起，实施政策、资金、平台、机制、理念等领域的重点和倾斜帮扶，尽快缩小与大湾区九市的差距，为实现更高水平的体育教师职业发展奠定基础。

第二节　高校体育教师职业发展现状调查评估

一、提出问题

当前，我国教育发展进入了一个高质量发展的新时代。2020年11月，中共中央出台了《关于制定国民经济和社会发展第十四个五年规划和二〇三五年远景目标的建议》，第一次明确提出"建设高质量教育体系"，这是新时代教育发展的新主题、新目标，教师发展也随之进入了一个高质量发展的新时期。2012年1月，教育部等六部门印发了《关于加强新时代高校教师队伍建设改革的指导意见》，明确提出"建设一支政治素质过硬、业务能力精湛、育人水平高超的高素质专业化创新型高校教师队伍"的目标任务。显然，高质量教师是高质量教育发展的中坚力量，切实推动建设一支高素质专业化创新型教师队伍已经成为国家的战略，赋予教师更高的政治地位、社会地位、职业地位，彰显了教师在教育优先发展中第一资源和第一动力的突出位置。因此，如何落实落地教师的高质量发展已经成为当下教育改革的焦点话题。

"教师职业发展"，是指一个人在从事教师这一职业后所经历的与教师工作紧密相关的职业素养、能力、品德等方面的发展进程。教师职业发展满意度是指教师作为专业人员，对自身专业理想、专业知识、专业能力和自我形成等生涯发展进程与现实结果综合感知的主观评价。教师职业发展指数就是教师对自身基于专业发展的发展主观评价的一种量化，是研判教师职业发展水平的重要指标和评价依据，也是研判教师高质量发展的重要指标和评价依据。因此，重视测量和评价体育教师职业发展指数已经成为全面深化新时代体育教师队伍建设改革的重要课题，也是高校推动教师高质量发展必须摆上议事日程的优先课题。

考察文献发现，关于教师职业发展，国外的研究比较深入。早在 20 世纪 60 年代，国外学者福勒（Full，1969）便揭开对教师职业发展的理论研究，并取得了比较丰富和有价值的结论；国内的研究比较晚，开始于 21 世纪初，主要围绕教师职业发展现状、影响因素、高原现象、职业倦怠、促进策略等问题进行探讨，取得了一定成果，但缺乏对教师职业发展影响因素的系统研究，更缺乏从现代教育治理与服务的角度对教师职业发展水平进行全面的考察和评估，专门就体育教师职业发展的研究论文著作几乎是空白的。

综上所述，在全面深化新时代体育教师队伍建设的背景下，很有必要基于理论模型假设系统分析和验证教师职业发展的影响因素，对高校体育职业发展水平进行调查评估，研判目前体育教师职业发展的状况，进而建构预测高校体育教师教师职业发展的科学模型，寻求提升高校体育教师职业发展高质量的路径和有效策略，为我国新时代新师资的培养和培训改革提供建设性的研究成果和参考。

二、研究方法

（一）研究对象

本研究采用简单随机抽样与分层抽样相结合的方法，根据广东省高校地域分布、办学类型、发展水平等，在粤港澳大湾区九市和粤东西北地区随机抽取 20 余所学校的 584 名体育教师为研究对象。通过"问卷星"系统按设定的时效在线上实施问卷调查，共发放问卷 630 份，回收 601 份，其中有效问卷 584 份。问卷的回收率为 95.4%，有效率为 92.7%。调查样本的人口学特征等详见表 3—8。

表 3—8　调查样本人口学特征（$N = 584$）

变量		人数	比例（%）	变量		人数	比例（%）
区域	大湾区九市	357	61.1	职称	初级	155	26.5
	粤东西北地区	227	38.9		中级	295	50.5
身份	高职体育教师	300	51.4		副高级	106	18.2
	本科体育教师	284	48.6		正高级	28	4.8
性别	男	412	70.5	教龄	0～5 年	130	22.3
	女	172	29.5		6～15 年	209	35.8
学历	本科	458	78.4		16～25 年	141	24.1
	硕士研究生	116	19.9		25 年以上	104	17.8
	博士研究生	10	1.7		—	—	—

（二）模型构建

体育教师职业发展满意度的理论假设模型设定为工作支持、专业成长、职业成就对职业发展满意度产生直接影响，职业环境、组织承诺作为中介变量，间接影响教师职业发展满意度感知，组织承诺还能够以职业环境、工作支持作为中介变量间接影响教师职业发展满意度。

首先采用 AMOS27.0 软件建立职业环境、工作支持、组织承诺、专业成长、职业成就一阶五维的结构方程模型，进而采用基于线性结构关系的 AMOS27.0 软件来验证体育教师职业发展满意度模型。初始模型的分析结果显示，对体育教师职业发展满意度一阶五维度结构模型路径系数的显著性检验发现，30 个题目的路径系数 T 值均大于 0.01 的显著性水平。总体来看，模型拟合程度较好，不需要进行修正。进一步观测变量因子载荷的显著性检验显示，所有变量的载荷均为正值并且都在 0.001 水平上显著，与最初的理论设想一致。

（三）测评工具

根据研究提出的理论模型编制体育教师职业发展满意度测量表。调查问卷根据一阶五维的思想和基本结构，最终确定由职业环境 7 个题项、工作支持 7 个题项、组织承诺 5 个题项、专业成长 6 个题项和职业成就 5 个题项，合计 30 个条目构成，采用"不同意、不太同意、不确定、基本同意、同意"五个等级进行感知评价，对应评分分别为 1、2、3、4、5 分。职业发展满意度指数采用 10 分制表示，综合指数≥9.0 评定为"满意"、8.9～8.0 为"比较满意"、7.9～6.0 为"一般"、5.9～5.0 为"不太满意"、小于 5.0 为"不满意"。问卷经过 SPSS27.0 统计软件检验，综合信度为 0.974、分半信度为 0.944，综合结构效度为 0.979，量表的信度好、结构效度好，可以进行有效的数据分析。

（四）数据处理

在问卷星系统自动生成 XLSX 工作表的基础上，使用 SPSS27.0 软件在计算机上自动导入所有的调查数据，初步生成新的数据集。然后按照数理统计要求对新数据集进行整理、甄别和完善，剔除异常问卷，形成可以有效进行数据分析的高校体育教师职业发展满意度数据集，然后使用 SPSS27.0 软件与 AMOS27.0 软件进行统计学处理与分析。

三、结果与分析

（一）广东省高校体育教师职业发展满意度调查评估结果与分析

调查结果显示（详见表 3－9），总体上广东省高校体育教师职业发展满意度指数为 7.32，达到了"比较满意"的程度，体育教师职业发展处在良好水平，但是仍有进一步改进和挖掘提升的空间。从具体构成职业发展的 5 个维度看，职业成就、职业环境、组织承诺、专业成长 4 个维度评估指数分别为 7.72、7.51、7.33 和 7.32，均达到"比较满意"的感知程度，都处在良好水平，但是工作支持维度评估指数为 6.84，只达到"一般"的感知程度，仅处在一般水平，是 5 个维度中的弱项，也是职业发展的短板，是下一步提升体育教师职业发展满意度首先着力之处。总的来看，目前广东省高校学校体育生态整体良好，有利于促进体育教师高质量专业化发展，为进一步提升其职业发展水平，打造一支新时代理念新、师德优、技能强、有温度的体育教师队伍奠定了良好基础。

根据"指数≥9.0 评定为'满意'、8.9～8.0 为'比较满意'、7.9～6.0 为'一般'、5.9～5.0 为'不太满意'、＜5.0 以下为'不满意'"的标准进行界定和分类，结果显示（详见表 4－10）：体育教师感知"满意"的 178 人占比 30.5%，"比较满意"的 173 人占比 29.6%，"一般"的 143 人占比 24.5%，"不太满意"的 57 人占比 9.8%，"不满意"的 33 人占比 5.7%。从体育教师职业发展满意度人群分布的情况判断，超过 6 成的体育教师对自身职业发展感到比较满意或满意，只有 15.5% 的体育教师对职业发展不太满意或不满意，另有 24.5% 的体育教师呈现感知中性状态。结果显示，提升体育教师职业发展满意度的确还有改进和提升的空间，也表明了学校内部现代治理体系和教师专业发展支持体系还存在一些明显的问题和矛盾，其建设仍然任重而道远。

表 3-9　高校体育教师职业发展满意度评估指数

项目	职业发展	职业环境	工作支持	组织承诺	专业成长	职业成就
平均值	7.32	7.51	6.84	7.33	7.32	7.72
个案数	584	584	584	584	584	584
标准差	1.45	1.60	1.34	1.69	1.60	1.43

表 3-10　高校体育教师职业发展满意度人群分布情况

分类	满意	比较满意	一般	不太满意	不满意
人数	178	173	143	57	33
百分比（%）	30.5	29.6	24.5	9.8	5.7
累计百分比（%）	30.5	60.1	84.6	94.3	100

（二）广东省高校体育教师职业发展满意度基本特征与分析

调查统计的结果显示，高校体育教师职业发展满意度呈现以下几个方面的显著特征。

一是性别差异，男性体育教师职业发展满意度指数（7.42）远高于女性体育教师职业发展满意度（7.09），且差异具有统计学意义上显著性，说明了男性体育教师职业发展水平高于女性体育教师职业发展水平。

二是职称差异，高校体育教师对职业发展满意度具有两头高中间低的"U"形特征，即具有初级及以下职称的体育教师和具有正高级职称的体育教师对自身职业发展的满意度较高，而具有中级和副高级职称的体育教师对自身职业发展的满意度相对低一些，且差异具有统计学意义上的显著性。

三是教龄差异，高校体育教师对自身职业发展满意度有随着教龄增加逐步下降的趋势，表现出入职期职业幸福感高，发展期随之下降，平台期进一步下降，退坡期回升明显的趋势，且差异具有统计学意义上的非常显著性。

此外，没有发现区域、身份和学历等的明显差异。说明区域、身份和学历高校对体育教师职业发展满意度没有显著性的影响作用，其原因有待深入挖掘和发现（详见表 3-11）。

表 3-11　高校体育教师职业发展满意度基本特征

项目		人数	平均值	标准差	ANOVA	
					F	Sig.
区域	大湾区九市	357	7.30	1.39	0.132	0.717
	粤东西北地区	227	7.35	1.55		
身份	高职	300	7.26	1.45	0.980	0.323
	高校	284	7.38	1.46		
性别	男	412	7.42	1.46	6.122	0.014
	女	172	7.09	1.41		
学历	本科	458	7.36	1.47	1.019	0.362
	硕士研究生	116	7.18	1.30		
	博士研究生	10	7.31	2.28		

续表

项目		人数	平均值	标准差	ANOVA	
					F	Sig.
职称	初级	155	7.66	1.57	4.660	0.003
	中级	295	7.18	1.41		
	副高级	106	7.15	1.23		
	正高级	28	7.56	1.70		
教龄	0～5 年	130	7.76	1.50	7.943	0.000
	6～15 年	209	7.38	1.41		
	16～25 年	141	7.10	1.40		
	25 年以上	104	6.93	1.42		

（三）影响高校体育教师职业发展满意度的主要因素与作用预测分析

本研究的理论模型假设为工作支持、专业成长、职业成就对职业发展满意度产生直接影响，职业环境、组织承诺作为中介变量，间接影响教师职业发展满意度感知，组织承诺还能够以职业环境、工作支持作为中介变量间接影响教师职业发展满意度。统计结果显示（详见表4—12）：职业发展满意度指数与职业环境、工作支持、组织承诺、专业成长、职业成就指数的相关关系系数分别为 0.971、0.946、0.960、0.965 和 0.922，均超过 0.90，且均具有统计学意义上的非常显著性，呈现出高度相关的线性关系。实证表明，职业发展与职业环境、工作支持、组织承诺、专业成长、职业成就等具有内在的紧密联系，均是职业发展的主要影响因素。此结果与理论假设模型高度一致，也证实了理论假设模型是严谨和正确的，能够进一步对影响因素进行有效的建模预测。

基于影响职业发展满意度主要因素的明晰和确立，有必要对影响教师职业发展的主要不良因子进行挖掘和梳理分析，将有助于在制定提升体育教师职业发展满意度的对策和举措精准发力。统计结果显示（详见表3—13）：学生参与、培训进修、绩效奖金分配、职称职务晋升等因子，是负面影响体育教师职业发展满意度的不良因子。对此，进一步提高学生参与体育教学活动的积极性、提升学校绩效奖金分配的科学性和合理性、保障教师职后系统的进修培训、改革和完善职称评审体系等，是政府支持保障和学校内部现代治理亟待发力的微观之道。

在实证职业环境、工作支持、组织承诺、专业成长、职业成就与职业发展满意度具有高度相关的线性关系的基础上，拟采用回归分析和结构方程建模等方法对主要影响体育教师职业发展满意度的五种因素所起的作用的大小进行建模预测，结果发现：一是理论设想的影响体育教师职业发展满意度的 5 个变量均进入结构方程，所建构模型的调整后 R^2 的系数为 1.00，说明结构方程的拟合度比较理想，可以比较理想地建立多元线性方程；二是对线性方程的拟合度进行检验，残差为零，检验结果非常显著，说明结构方程中因变量专业合作与其他 5 个自变量之间的线性关系完全成立，能够恰当解释因变量；三是根据方程中回归系数的显著性检验结果显示（详见表3—14），职业环境、工作支持、组织承诺、专业成长、职业成就等对职业发展满意度贡献的非标准化系数分别为 0.233、0.233、0.167、0.200、

0.167，标准化系数则分别是 0.256、0.214、0.194、0.220、0.163，建模显示在其他因素不变的情况下，职业环境、工作支持、组织承诺、专业成长、职业成就等自变量每变化一个单位对因变量的作用分别达到 23.3%、23.3%、16.7%、20.0%、16.7%；四是在回归模型中，职业环境对因变量职业发展满意度所起的作用最大，其解释度为 25.6%，其他因素按作用大小排列依次是专业成长（22.0%）、工作支持（21.4%）、组织承诺（19.4%）、职业成就（16.3%）。结果表明：职业环境、工作支持、组织承诺、专业成长、职业成就 5 个自变量均对职业发展满意度起到积极的正向影响作用。

表 3—12　职业发展满意度与主要影响因素的相关关系矩阵

控制变量		职业发展	职业环境	工作支持	组织承诺	专业成长	职业成就
区域	职业发展	1.000					
	职业环境	0.971**	1.000				
	工作支持	0.946**	0.898**	1.000			
	组织承诺	0.960**	0.911**	0.879**	1.000		
	专业成长	0.965**	0.919**	0.899**	0.910**	1.000	
	职业成就	0.922**	0.873**	0.820**	0.872**	0.865**	1.000

注：** 为 $p < 0.01$。

表 3—13　影响职业发展满意度的主要不良因子

排序	因子	N	Min.	Max.	M	SD
1	学生积极参与体育教学活动	584	1	5	2.46	1.098
2	我参加系统的教育培训与进修	584	1	5	3.46	1.062
3	学校绩效奖金分配科学合理	584	1	5	3.48	1.078
4	我对职称职务晋升满意	584	1	5	3.53	1.064

表 3—14　职业发展满意度模型中主要影响因素预测贡献系数

模型		未标准化系数		标准化系数	T	显著性
		B	标准误	Beta		
1	常量	−2.776E−14	0.000		.	.
	职业环境	0.233	0.000	0.256	.	.
	工作支持	0.233	0.000	0.214	.	.
	组织承诺	0.167	0.000	0.194	.	.
	专业成长	0.200	0.000	0.220	.	.
	职业成就	0.167	0.000	0.163	.	.

注：a. 因变量：职业发展满意度指数。

四、结论与建议

（一）结论

（1）总体上广东省高校体育教师职业发展满意度指数为 7.32，达到了"比较满意"的程度，体育教师职业发展处在良好水平，同时从感知程度人群分布的情况判断，高校体育教师职业发展满意度水平的确还有进一步改进和挖掘提升的空间。

（2）体育教师职业发展满意度呈现出性别差异、职称差异和教龄差异三大特征，没有发现区域、身份、学历等的差异。

（3）职业环境、工作支持、组织承诺、专业成长、职业成就等维度均为职业发展满意度的主要影响因素，可以进一步对影响因素进行有效的建模预测。同时发现，学生体育参与、培训进修、绩效奖金分配、职称职务晋升等是负面影响体育教师职业发展满意度的不良因子。

（4）职业环境、工作支持、组织承诺、专业成长、职业成就等因素均对职业发展满意度起到积极的正向影响作用，其中，职业环境所起的作用最大，其解释度为 25.6%，其他因素按作用大小排列依次是专业成长（22.0%）、工作支持（21.4%）、组织承诺（19.4%）、职业成就（16.3%）。

（二）建议

（1）一校一策，优化制度供给。建立教师职业发展支持体系，建立多维度、多层级的人才评价体系，优化职业环境，强化工作支持，提升组织承诺力度，提升专业成长感，提升职业成就感，实现"五维"融合，打造高校体育教师基于专业化发展的优良职业生态。

（2）一人一策，精准做好教师生涯规划。依托教师发展中心，做好教师职业发展个性化生涯规划，尤其要强化职后进阶式培训进修的规划、实施、评价和督查，实施教师职业发展规划的动态化管理服务。

（3）搭建教师职业发展信息化综合服务管理平台，提高治理水平。一是加大工作支持力度，补上教师职业发展短板，尤其要加强信息化技术赋能建设，确保教师信息化技能运用跟上新时代的发展和要求。二是通过治理效能的提升为教师职业发展减压减障，避免形式主义、官僚主义侵害教师教学科研的积极性和主体性。三是加强人文关怀，厚植教育文化，尊重教师，信任教师，减少教师民生领域的堵点和痛点，以归属感的增强提高教师职业发展满意度。

（4）完善岗位评价机制，提升教师的获得感。根据岗位职责、工作业绩、实际贡献等，合理确定人才收入水平，发挥评价应有的激励作用，激发有真才实学者的积极性，让人才发挥更好作用，提升教师获得的适切感。

第三节　体育教师职业发展满意度调查评估

一、提出问题

当前，我国教育发展进入了一个高质量发展的新时代，教师发展也进入了一个高质量发展的新时期。2018 年 1 月 20 日，中共中央、国务院印发了《关于全面深化新时代教师队伍建设改革的意见》，就 "培养造就数以百万计的骨干教师、数以 10 万计的卓越教师、数以万计的教育家型教师" 进行了全面的和战略性部署，切实推动建设一支高素质专业化创新型教师队伍进入一个高质量发展的新时期，赋予教师更高的政治地位、社会地位、职业地位，彰显了教师在教育优先发展中第一资源和第一动力的突出位置。

教育的高质量发展无疑需要高质量的教师队伍，高质量教师队伍的培养和建设必须高度重视教师高质量的职业发展。唯有教师高质量的职业发展，才能够造就高质量的教师，才能够奠定打造一支高素质专业化创新型的教师队伍，推动教育的高质量发展。职业发展是指有具体意蕴的 "教师" 基于专业化发展的生涯发展。职业发展满意度是指教师作为专业人员，对自身专业理想、专业知识、专业能力和自我形成等生涯发展过程与当下结果综合感知的主观评价。职业发展指数就是教师对自身基于专业发展的发展主观评价的一种量化，是研判教师职业发展水平的重要指标和评价依据。学校体育高质量发展也不例外，在全面加强和改进新时代学校体育工作的大背景下，同样来源和依赖于高质量的体育教师。因此，重视体育教师的职业发展已经成为教育部门的重要实践课题，也成为全面深化新时代体育教师队伍建设改革的重要课题。

考察文献发现，国外早在 20 世纪 60 年代末，在美国学者福勒（Full，1969）以及后来者布朗（Brown，1975）等的引领下揭开对教师职业发展的理论研究，主要围绕教师职业发展阶段、专家型教师、教师反思研究等内容进行，这些研究取得了比较丰富和有价值的结论，为世界各国教育界所普遍关注；国内学者对教师职业发展的相关研究还处于起步阶段，且起步晚，公开的文献资料不多，除了对国外研究成果的引进、介绍，主要围绕教师职业发展现状、影响因素、教师专业化、教师培训、师资队伍建设、高原现象、职业倦怠、促进策略等问题进行探讨，取得了一定成果，但缺乏对教师职业发展影响因素的系统研究，更缺乏从现代教育治理与服务的角度对教师职业发展水平进行全面的考察和评估。进一步审视文献发现，无论是国内还是国外，专门就体育教师职业发展的研究论文著作几乎是空白的，只可见 2015 年《影响体育舞蹈教师职业发展因素之探析》一文。

综上所述，在全面深化新时代体育教师队伍建设的背景下，很有必要基于理论模型假设系统分析和验证教师职业发展的影响因素，并对体育职业发展水平进行调查评估，研判目前体育教师职业发展的实况，进而建构预测体育教师教师职业发展的科学模型，寻求提升体育教师职业发展高质量的路径和有效策略，为我国新时代新师资的培养和培训改革提供建设性的研究成果和参考。

二、研究方法

（一）研究对象

本研究采用简单随机抽样与分层抽样相结合的方法，根据广东省各级各类学校地域分布、办学类型、发展水平等，在粤港澳大湾区九市和粤东西北地区随机抽取 100 余所学校的 1551 名体育教师为研究对象。通过 "问卷星" 系统按设定的时效在线上实施问卷调查，共发放问卷 1680 份，回收 1572 份，其中有效问卷 1551 份。问卷的回收率为 93.6％，有效率为 92.3％。调查样本的人口学特征等详见表 3—15。

表 3—15 调查样本人口学特征（$N=1551$）

变量		人数	比例（％）	变量		人数	比例（％）
区域	大湾区九市	726	46.8	性别	男	1217	78.5
	粤东西北地区	825	53.2		女	334	21.5
学段	小学	456	29.4	职称	初级	498	32.1
	初中	301	19.4		中级	823	53.1
	高中	210	13.5		副高级	202	13.0
	高职	300	19.3		正高级	28	1.8
	本科	284	18.3	教龄	0～5 年	346	22.3
学历	大专	108	7.0		6～15 年	518	33.4
	本科	1289	83.1		16～25 年	436	28.1
	硕士研究生	144	9.3		25 年以上	251	16.2
	博士研究生	10	0.6				

（二）模型构建

体育教师职业发展满意度的理论假设模型设定为：工作支持、专业成长、职业成就对职业发展满意度产生直接影响；职业环境、组织承诺作为中介变量，间接影响教师职业发展满意度感知，组织承诺还能够以职业环境、工作支持作为中介变量间接影响教师职业发展满意度。

首先采用 AMOS27.0 软件建立职业环境、工作支持、组织承诺、专业成长、职业成就一阶五维的结构方程模型，进而采用基于线性结构关系的 AMOS27.0 软件来验证体育教师职业发展满意度模型。初始模型的分析结果显示，对体育教师职业发展满意度一阶五维度结构模型路径系数的显著性检验发现，30 个题目的路径系数 T 值均大于 0.01 的显著性水平。总体来看，模型拟合程度较好，不需要进行修正。进一步观测变量因子载荷的显著性检验显示，所有变量的载荷均为正值并且都在 0.001 水平上显著，与最初的理论设想一致。

（三）测评工具

根据研究提出的理论模型编制体育教师职业发展满意度测量表。调查问卷根据一阶五维的思想和基本结构，最终确定由职业环境 7 个题项、工作支持 7 个题项、组织承诺 5 个题项、专业成长 6 个题项和职业成就 5 个题项，合计 30 个条目构成，采用"不同意、不太同意、不确定、基本同意、同意"5 个等级进行感知评价，对应评分分别为 1、2、3、4、5 分。职业发展满意度指数采用 10 分制表示，综合指数 ≥9.0 评定为"满意"、8.9～8.0 为"比较满意"、7.9～6.0 为"一般"、5.9～5.0 为"不太满意"、小于 5.0 为"不满意"。问卷经过 SPSS27.0 统计软件检验，综合信度为 0.971，分半信度为 0.941，综合结构效度为 0.982，量表的信度好、结构效度好，可以进行有效的数据分析。体育教师职业发展满意度测量表信度效度检验情况见表 3—16。

表 3—16　体育教师职业发展满意度测量表信度效度检验

维度	职业环境	工作支持	组织承诺	专业成长	职业成就	总体
人数	1551	1551	1551	1551	1551	1551
信度	0.916	0.834	0.886	0.900	0.808	0.971
分半信度	0.815	0.760	0.836	0.888	0.735	0.941
效度	0.922	0.910	0.869	0.896	0.941	0.982

（四）数据处理

在问卷星系统自动生成 XLSX 工作表的基础上，使用 SPSS27.0 软件在计算机上自动导入所有的调查数据，初步生成新的数据集。然后按照数理统计要求对新数据集进行整理、甄别和完善，剔除异常问卷，形成可以有效进行数据分析的体育教师职业发展满意度数据集，然后使用 SPSS27.0 软件与 AMOS27.0 软件进行统计学处理与分析。

三、结果与分析

（一）广东省体育教师职业发展满意度调查评估结果与分析

调查统计的结果显示（详见表 3—17），总体上广东省体育教师职业发展满意度指数为 7.23，达到了"比较满意"的程度，体育教师职业发展处在良好水平，但仍然有进一步改进和挖掘提升的空间。从具体构成职业发展的 5 个维度看，职业成就、职业环境、组织承诺、专业成长 4 个维度评估指数分别为 7.54、7.48、7.18 和 7.17，均达到"比较满意"的感知程度，都处在良好水平，但是工作支持维度评估指数为 6.92，只达到"一般"的感知程度，仅处在一般水平，是 5 个维度中的弱项，也是职业发展的短板，是下一步提升体育教师职业发展满意度首先着力之处。总的来看，目前广东省学校体育生态整体良好，有利于促进体育教师高质量专业化发展，为进一步提升其职业发展水平，打造一支新时代理念新、师德优、技能强、有温度的体育教师队伍奠定了良好基础。

表 3—17　体育教师职业发展满意度评估指数

项目	职业发展	职业环境	工作支持	组织承诺	专业成长	职业成就
平均值	7.23	7.48	6.92	7.18	7.17	7.54
个案数	1551	1551	1551	1551	1551	1551
标准差	1.41	1.49	1.43	1.61	1.55	1.39

根据"指数≥9.0 评定为'满意'、8.9～8.0 为'比较满意'、7.9～6.0 为'一般'、5.9～5.0 为'不太满意'、＜5.0 为'不满意'"的标准进行界定和分类，统计结果显示（详见表 3—18）：体育教师感知"满意"的 438 人占比 28.2％，"比较满意"的 469 人占比 30.2％，"一般"的 388 人占比 25.0％，"不太满意"的 172 人占比 11.1％，"不满意"的 84 人占比 5.4％。从体育教师职业发展满意度人群分布的情况判断，超过 5 成的体育教师对自身职业发展感到比较满意或满意，只有不到 2 成的体育教师对职业发展不太满意或不满意，

另有2成多的体育教师呈现感知中性状态。结果显示，提升体育教师职业发展满意度的确还有改进和提升的空间，也表明了学校内部现代治理体系和教师专业发展支持体系还存在一些明显的问题和矛盾，其建设仍然任重而道远。

表 3—18　体育教师职业发展满意度人群分布情况

分类	满意	比较满意	一般	不太满意	不满意
人数	438	469	388	172	84
百分比（%）	28.2	30.2	25.0	11.1	5.4
累计百分比（%）	28.2	58.5	83.5	94.6	100

（二）广东省体育教师职业发展满意度基本特征与分析

调查统计的结果显示，体育教师职业发展满意度呈现以下几个方面的显著特征。

一是区域性差异，大湾区九市体育教师职业发展满意度指数（7.45）远高于粤东西北地区体育教师（7.07），且差异具有统计学意义上非常显著性，说明了大湾区九市体育教师职业发展的氛围、基础、条件和平台都要优于粤东西北地区。可见，要进一步提升广东省体育教师职业发展整体水平，必须从关注和发力于粤东西北地区做起。

二是职称差异，体育教师对职业发展满意度具有两头高中间低的特征，即具有初级及以下职称的体育教师和具有正高级职称的体育教师对自身职业发展的满意度较高，而具有中级和副高级职称的体育教师对自身职业发展的满意度相对低一些，且差异具有统计学意义上的显著性。对此，我们认为，在全面加强体育教师专业发展支持体系建设的同时，要进一步改革体育教师综合评价体制机制，打通体育教师职称晋升的自然通道，减压除障，公平公正，有情有理，提升体育教师职业发展满意度的真正内涵。

三是教龄差异，体育教师对自身职业发展满意度有随着教龄增长而有所降低的趋势，呈现出入职期职业幸福感高，发展期随之下降，平台期进一步下降，退坡期有所回升的趋势，且差异具有统计学意义上的非常显著性。对此，我们认为，在全面加强体育教师专业发展支持体系中，全面嵌入针对不同时期教师职业发展的个性化支持、指导咨询和关心关怀体系，实现体育教师全职业生涯的均衡满意度。

此外，没有发现性别、身份和学历等方面的明显差异，说明性别、身份和学历对体育教师职业发展满意度没有明显的影响作用，深度原因有待深入挖掘和发现（详见表3—19）。

表 3—19　体育教师职业发展满意度基本特征

项目		人数	平均值	标准差	ANOVA	
					F	Sig.
区域	大湾区九市	726	7.45	1.34	27.631	0.000
	粤东西北地区	825	7.07	1.44		

项目		人数	平均值	标准差	ANOVA	
					F	Sig.
性别	男	1217	7.27	1.43	1.337	0.248
	女	334	7.17	1.32		
身份	小学	456	7.25	1.36	1.959	0.098
	初中	301	7.07	1.40		
	高中	210	7.31	1.35		
	高职	300	7.26	1.45		
	本科	284	7.38	1.46		
学历	大专	108	7.20	1.48	1.337	0.248
	本科	1289	7.26	1.41		
	硕士研究生	144	7.18	1.26		
	博士研究生	10	7.31	2.28		
职称	初级	498	7.42	1.49	5.252	0.001
	中级	823	7.12	1.36		
	副高级	202	7.29	1.29		
	正高级	28	7.56	1.70		
教龄	0～5 年	346	7.57	1.46	8.510	0.000
	6～15 年	518	7.22	1.40		
	16～25 年	436	7.09	1.39		
	25 年以上	251	7.13	1.33		

（三）影响体育教师职业发展满意度的主要因素与作用预测分析

文章的理论模型假设为工作支持、专业成长、职业成就对职业发展满意度产生直接影响，职业环境、组织承诺作为中介变量，间接影响教师职业发展满意度感知，组织承诺还能够以职业环境、工作支持作为中介变量间接影响教师职业发展满意度。统计结果显示（详见表3－20）：职业发展满意度指数与职业环境、工作支持、组织承诺、专业成长、职业成就指数的相关关系系数分别为0.956、0.950、0.941、0.951和0.898，均超过0.8，且均具有统计学意义上非常显著性，呈现出高度相关的线性关系。实证表明：职业发展与职业环境、工作支持、组织承诺、专业成长、职业成就等具有内在的紧密联系，均是职业发展的主要影响因素。此结果与理论假设模型高度一致，也实证了理论假设模型是严谨和正确的，能够进一步对影响因素进行有效的建模预测。

表3-20　职业发展满意度与主要影响因素的相关关系矩阵

控制变量		职业发展	职业环境	工作支持	组织承诺	专业成长	职业成就
区域	职业发展	1.000					
	职业环境	0.956**	1.000				
	工作支持	0.950**	0.889**	1.000			
	组织承诺	0.941**	0.884**	0.854**	1.000		
	专业成长	0.951**	0.881**	0.891**	0.867**	1.000	
	职业成就	0.898**	0.816**	0.807**	0.833**	0.820**	1.000

注：＊＊为 $p < 0.01$。

　　基于影响职业发展满意度主要因素的明晰和确立，有必要对影响职业发展的主要不良因子进行挖掘和梳理分析，将有助于在制定提升体育教师职业发展满意度的对策和举措精准发力。统计结果显示（详见表3-21）：绩效奖金分配、职称职务晋升、系统培训进修、学生积极参与、工资待遇、工作付出与收入心理感知等因子，是负面影响体育教师职业发展满意度的不良因子。对此，进一步提高教师的工资待遇、提升学校绩效奖金分配的科学性和合理性、改革和完善职称评审体系、保障教师职后系统的进修培训、关注教师整体工作量与收入的适度均衡等，是政府支持保障和学校内部现代治理亟待发力的微观之道。

表3-21　影响职业发展满意度的主要不良因子

排序	因子	N	Min.	Max.	M	SD
1	学校绩效奖金分配科学合理	1551	1	5	3.25	1.132
2	我对职称评审和职务晋升满意	1551	1	5	3.26	1.164
3	我参加系统的教育培训与进修	1551	1	5	3.35	1.061
4	学生积极参与体育教学活动	1551	1	5	3.36	1.152
5	我对工资待遇感到满意	1551	1	5	3.39	1.035
6	工作付出与收入是相称的	1551	1	5	3.40	1.044

　　在实证职业环境、工作支持、组织承诺、专业成长、职业成就与职业发展满意度具有高度相关的线性关系的基础上，拟采用回归分析和结构方程建模等方法对主要影响体育教师职业发展满意度的5种因素所起的作用的大小进行建模预测，结果发现：一是理论设想的影响体育教师职业发展满意度的5个变量均进入结构方程，所建构模型的调整后 R^2 的系数为1.00，说明结构方程的拟合度比较理想，可以比较理想地建立多元线性方程；二是对线性方程的拟合度进行检验，残差为零，检验结果非常显著，说明结构方程中因变量专业合作与其他5个自变量之间的线性关系完全成立，能够恰当解释因变量；三是根据方程中回归系数的显著性检验结果显示（详见表3-22），职业环境、工作支持、组织承诺、专业成长、职业成就等对职业发展满意度贡献的非标准化系数分别为0.233、0.233、0.167、0.200、0.167，标准化系数则分别是0.247、0.237、0.191、0.220、0.165，建模显示在其他因素不变的情况下，职业环境、工作支持、组织承诺、专业成长、职业成就等自变量每变化一个

单位对因变量的作用分别达到 23.3%、23.3%、16.7%、20.0%、16.7%；四是在回归模型中，职业环境对因变量职业发展满意度所起的作用最大，其解释度为 24.7%，其他因素按作用大小排列依次是工作支持（23.7%）、专业成长（22.0%）、组织承诺（19.1%）、职业成就（16.5%）。结果表明：职业环境、工作支持、组织承诺、专业成长、职业成就等五个自变量均对职业发展满意度起到积极的正向影响作用。

表 3-22　职业发展满意度模型中主要影响因素预测贡献系数

模型		未标准化系数		标准化系数	t	显著性
		B	标准误	Beta		
1	常量	5.107E-14	0.000	.	.	.
	职业环境	0.233	0.000	0.247	.	.
	工作支持	0.233	0.000	0.237	.	.
	组织承诺	0.167	0.000	0.191	.	.
	专业成长	0.200	0.000	0.220	.	.
	职业成就	0.167	0.000	0.165	.	.

注：a. 因变量：职业发展满意度指数。

四、结论与建议

（一）结论

（1）总体上广东省体育教师职业发展满意度指数为 7.23，达到了"比较满意"的程度，体育教师职业发展处在良好水平，同时从感知程度人群分布的情况判断，体育教师职业发展满意度水平的确还有进一步改进和挖掘提升的空间。

（2）体育教师职业发展满意度呈现出区域性差异、职称差异和教龄差异三大特征，没有发现性别、身份、学历等的差异。

（3）职业环境、工作支持、组织承诺、专业成长、职业成就等维度均为职业发展满意度的主要影响因素，可以进一步对影响因素进行有效的建模预测。同时发现，绩效奖金分配、职称职务晋升、系统培训进修、学生积极参与、工资待遇、工作付出与收入心理感知等是负面影响体育教师职业发展满意度的不良因子。

（4）职业环境、工作支持、组织承诺、专业成长、职业成就等因素均对职业发展满意度起到积极的正向影响作用，其中，职业环境所起的作用最大，其解释度为 24.7%，其他因素按作用大小排列依次是工作支持（23.7%）、专业成长（22.0%）、组织承诺（19.1%）、职业成就（16.5%）。

（二）建议

职业发展事关教师的获得感、安全感和幸福感，事关教师队伍和教育的高质量发展。进一步提升体育教师职业发展满意度感知，需要宏观、中观和微观"三观"同时发力，实现专业化、获得感、幸福感融合发展，需要在加强学校内部现代治理体系建设的同时，健全以高素质专业化为标准的教师发展体系，嵌入基于教师专业发展的生涯支持保障体系，助力教师高质量发展，打造一支新时代理念新、师德优、技能强、有温度的体育教师队伍，支撑新时代学校体育的高质量发展。

（1）规范职业教育。建立职前、入职、职中有机衔接的教师职业教育体系，实现常态化职业教育活动，在每一个职业发展阶段或时期阐明职业发展的阶梯及相应的资格条件，帮助教师建立职业发展的心理预期。职业教育要起到帮助教师认清职业发展形势，认识到做出完善的职业发展规划的重要性和必要性的作用。

（2）搭建教师职业发展咨询和指导体系，做好一对一的个性化职业发展生涯规划。一是依托教师发展中心搭建教师职业发展咨询队伍，建立教师职业发展个人档案，实施信息化管服；二是对刚入职的体育教师进行生涯发展测量、评估和反馈，在此基础上开展教师生涯高阶发展的刚要性规划和初级发展规划实施方案，并对发展规划跟踪评估和实时调适；三是在职中实施常态化职业晋升指导，实施一对一的个性化的职业晋升引导和指导，并在每一个职业晋升节点进行精准评估和适时反馈，并在组织层面给予专业性帮助。

（3）搭建专业化支持和保障体系，建立体育教师职后培训、综合评价体系、工资待遇保障、身心关怀、业绩激励等一体化支持和保障体系。调查结果显示，尤其要加强工作支持这项体育教师职业发展的短板的支撑强度和力度，大强度进行学校体育场地、设施、器材标准化、数字化建设，制定科学合理的绩效奖金分配制度，关注教师整体工作量与收入的适度均衡感，在大服务概念下激发和调动学生全面参与"学练赛"体育教学活动的积极性，消除各种形式主义为体育教师切实减负减压除障，使体育教师能够专心教学、专心训练和专心教研。

（4）搭建高质量的专业化发展平台，配套友好制度和经费投入机制。一是搭建教师职后系统的阶梯式进修培训体系，确保教师职业发展每个阶段的不同需求得到满足，确保教师核心素养与时俱进；二是搭建先进的教研教改交流和展示平台，实施省、市、县、校教育科研项目和经费支持机制，提升教师教育科研能力和成果转化效益；三是全面改革和完善职称评审体系，根据师德师风、教学发展、学生培养、教研贡献、健康状况等板块，建立教师职业发展常态化综合评价制度，主要根据评价结果评定教师职称晋升和聘用，激发教师职业奋斗动力，保持有温度的奋斗精神。

（5）关注区域的现实差异，从提高粤东西北地区体育教师职业发展满意度发力。调查结果提示，大湾区九市体育教师职业发展满意度指数（7.45）远高于粤东西北地区体育教师（7.07）。因此，要实现从整体上有效提升广东省体育教师职业发展满意度和整体水平，必须从关注和发力于粤东西北地区做起，实施政策、资金、平台、机制、理念等领域的重点和倾斜帮扶，尽快缩小与大湾区九市的差距，为实现更高水平的体育教师职业发展奠定基础。

第四节　中职体育教师职业发展现状调查与分析

一、问题的提出

体育教育作为中职教育的重要组成部分，在职业教育培养什么人、怎样培养人、为谁培养人这一根本问题上占有不可或缺的重要地位。而中职体育教师是中职学校体育的实践者和价值观的守护者，承担培养中职学生健康认知、运动参与、健康生活方式养成以及培养健全人格等的重任，其职业发展深刻影响体育教师立德树人根本任务的实现，掌握中职体育教师职业发展现状，是当前中职体育教育的一个重要任务。

因此，精准把握中职体育教师职业发展的现状，全面梳理和精准捕捉当前中职体育教师职业发展中存在的问题和不足，积极探索适合中职体育教师职业发展实际的育人路径，科学建构现代中职体育教师专业发展育人体系，势在必行、迫在眉睫。

二、研究方法

（一）研究对象

广东省 21 个地级市的 67 所中等职业学校体育教师参与调查，参与调查的学校数量具有代表性。粤港澳大湾区和粤东西北学校数量分别为 38 所、29 所。本次调查共回收体育教师问卷 312 份，有效问卷 296 份，有效问卷回收率率 94.9%。有效问卷样本在区域分布（粤港澳大湾区和粤东西北地区）、学校属性（性质）、体育教师群体等方面比较合理，具有一定的代表性，详见表 3—23。

表 3—23　广东省中职体育教师样本及其特征构成

特征	区域		学历			职称			教龄				学校属性			合计
性别	大湾区九市	粤东西北	本科	硕士	博士	初级	中级	高级	0～5年	6～15年	16～25年	25年以上	省属	市属	民办	
男	130	76	151	26	3	51	87	42	42	51	55	32	43	115	22	206
女	50	40	106	9	1	32	64	20	24	45	32	15	28	73	15	90
小计	180	116	157	35	4	83	151	62	66	96	87	47	71	188	37	296

（二）研究工具

课题组结合"职教二十条"等最新政策文件精神要求，以体育教师职业发展为根本，编制了调查问卷，以增强问卷的针对性和时效性，更好地反映中职学校体育教师职业发展感知最真实的状况。总体上，广东省中职体育教师职业发展定稿问卷包括职业认同、职业环境、工作支持、组织保障、职业期望、职业负荷和总体满意度 7 个维度。共由 44 个题目构成，职业认同为 9 道题，职业环境为 8 道题，工作支持为 8 道题，组织保障为 7 道题，职业期望为 7 道题，职业负荷为 5 道题，职业发展总体满意度为上述 6 个维度的综合。问卷采用 5 级量表，单题最低分为 1 分，最高分为 5 分。

问卷运用 SPSS25.0 软件进行检验，整体可靠性 α 值为 0.984，分半信度为 0.965，有效性为 0.914，问卷设计符合科学要求。

（三）数据处理

本调查综合采用 SPSS25.0 和 Excel2016 等实证分析软件对调查数据进行数理处理和统计分析。

三、结果与分析

(一) 中职体育教师职业发展总体满意度情况

根据总体满意度指数得分测算结果（详见表 3—24），中职体育教师职业发展总体满意度得分为 55.31，处于一般满意状态。其中男性体育教师得分为 56.69，高于女性体育教师的 52.14。具体到职业认同、职业环境、工作支持、组织保障、职业期望、职业负荷等 6 个方面，职业认同指数得分第一，为 58.15；第二是职业负荷，为 57.72；第三是职业环境，为 55.63；第四是组织保障，为 54.23；第五是职业期望，为 53.73；工作支持指数得分第六，为 52.42。结果表明，目前中职体育教师对自身职业发展并不是很满意，说明还有比较大的改进和提升空间。在这种现实的情况下，工作支持、职业期望、组织保障得分低，满意度更低，更值得有关部门和学校管理者关注和重视，统筹和谋划做好对症的举措。

表 3—24　中职体育教师职业发展总体满意度情况

性别		职业认同	职业环境	工作支持	组织保障	职业期望	职业负荷	总体满意度
男	均值	59.57	57.05	53.56	55.76	55.09	59.13	56.69
	N	206	206	206	206	206	206	206
	标准差	13.30	13.91	16.39	15.95	15.25	13.10	13.89
女	均值	54.89	52.36	49.81	50.73	50.54	54.49	52.14
	N	90	90	90	90	90	90	90
	标准差	15.69	16.63	16.98	17.54	16.61	15.85	15.80
总计	均值	58.15	55.63	52.42	54.23	53.73	57.72	55.31
	N	296	296	296	296	296	296	296
	标准差	14.21	14.91	16.64	16.58	15.79	14.13	14.63
排序		1	3	6	4	5	2	

(二) 中职体育教师职业发展总体满意度的基本特征

进一步分析中职体育教师对自身职业发展总体满意度一般的情况发现，呈现出一些基本特征，为科学性做好改进和提升工作提供有益的参考（详见表 3—25）。

一是发现了性别差异，男性体育教师的总体满意度（56.69 分）高于女性的总体满意度（52.14 分），并且具有统计学上的显著性差异。

二是发现了学校属性的差异，省属公办体育教师的总体满意度（50.50 分）低于市属公办体育教师的总体满意度（56.25 分），并且具有统计学上的非常显著性差异。

三是发现了职称方面初级与中级之间的差异，具有初级职称的体育教师的总体满意度（59.64 分）高于具有中级职称的体育教师的总体满意度（52.53 分），并且具有统计学上的非常显著性差异。

此外，并没有发现中职体育教师的总体满意度在区域、学历、教龄、职称除初级、中级外的统计学上的显著性差异。

表 3—25　中职体育教师职业发展总体满意度基本特征

满意度		N	均值	标准差	t	df	Sig.
区域	粤港澳大湾区	180	56.22	14.13	1.313	231.052	0.190
	粤东西北地区	116	53.89	15.32			
学校属性	省属公办	71	50.50	15.80	−2.718	110.391	0.008
	市属公办	188	56.25	13.44			
性别	男	206	56.69	13.89	2.487	294	0.013
	女	90	52.14	15.80			
学历	本科/硕士	257	55.48	14.47	0.198	290	0.843
		35	54.97	12.69			
	本科/博士	257	55.48	14.47	0.470	3.016	0.670
		4	47.18	35.27			
	硕士/博士	35	54.97	12.69	0.438	3.089	0.690
		4	47.18	35.27			
职称	初级/中级	83	59.64	15.39	3.637	232	0.000
		151	52.53	13.68			
	初级/高级	83	59.64	15.39	1.340	143	0.182
		62	56.26	14.50			
	中级/高级	151	52.53	13.68	−1.778	211	0.077
		62	56.26	14.50			
教龄	0~5 年/6~15 年	66	58.52	13.38	1.229	160	0.221
		96	55.78	14.27			
	6~15 年/16~25 年	96	55.78	14.27	1.278	181	0.203
		87	53.10	14.08			
	16~25 年/25 年以上	87	53.10	14.08	−0.290	132	0.772
		47	53.90	17.37			

（三）中职体育教师对职业发展最不满意的事项

从中职体育教师对职业发展最不满意的前几项事项看（详见表 3—26），最不满意排序第一的是工作付出与收入不够相称，得分仅为 48.31 分；最不满意排序第二的是与之相关的工资待遇不够高，得分为 48.92 分；排序第三的是没有为体育教师搭建先进的科研平台助力教师专业发展；排序第四的有两项，分别是不重视维护体育教师的合法权益和认为职称评审有违公平公正；排序第五的是上级或学校领导与体育教师的沟通存在问题；排序第六的是培训进修的机制不完善，机会较少。

结果表明，体育教师的关注和体验几乎是全方位的，既有职业认同因素的工资待遇和职称评审事宜，有职业环境因素的工作付出与收入的感知，有工作支持因素的教师权益维护与先进科研平台的搭建，有组织保障因素的领导与教师的有效沟通，也有职业期望因素的培训进修的需求。

表 3-26　中职体育教师职业发展最不满意的事项

性别		付出收入	工资待遇	科研平台	权益维护	职称评审	领导沟通	培训进修
男	均值	46.60	48.54	48.64	48.16	48.25	48.35	49.61
	N	206	206	206	206	206	206	206
	标准差	20.32	19.97	20.56	21.36	21.27	21.10	20.88
女	均值	52.22	49.78	52.44	53.78	53.56	53.78	52.67
	N	90	90	90	90	90	90	90
	标准差	21.14	19.02	20.68	21.34	21.16	21.96	19.99
总计	均值	48.31	48.92	49.80	49.86	49.86	50.00	50.54
	N	296	296	296	296	296	296	296
	标准差	20.70	19.66	20.63	21.47	21.34	21.47	20.63
排序		1	2	3	4	4	5	6

（四）中职体育教师对职业发展最满意的事项

从中职体育教师对职业发展最满意的前几项事项看（详见表 4-27），最满意排序第一、第四、第六的是职业认同因素中"我为培养出来的学生感到自豪"、"我的职业是有价值、有意义的"、"我与其他体育教师的合作顺畅、相处融洽"，得分分别为 64.73 分、63.99 分、61.89 分，排序第二的是职业环境因素中的"了解且明晰自己的职责所在"，得分 64.05 分，排序第三的是职业期望因素中"渴望培养更多的优秀体育专长生"，得分 64.59 分，排序第五的是职业负荷因素中"我的身体健康有活力"，得分 63.38 分。

结果表明，目前中职体育教师对职业发展最为满意的事项主要落在职业认同，以及主责（工作职责）主业（人才培养）和主体（身体健康）上。

表 3-27　中职体育教师职业发展最满意的事项

性别		学生培养	明晰职责	培养愿景	职业价值	健康活力	教师合作
男	均值	66.31	64.95	65.92	65.15	65.15	63.30
	N	206	206	206	206	206	206
	标准差	15.21	15.83	13.75	15.76	15.00	15.83
女	均值	61.11	62.00	61.56	61.33	59.33	58.67
	N	90	90	90	90	90	90
	标准差	19.74	18.49	18.78	19.84	20.43	19.61

性别		学生培养	明晰职责	培养愿景	职业价值	健康活力	教师合作
总计	均值	64.73	64.05	64.59	63.99	63.38	61.89
	N	296	296	296	296	296	296
	标准差	16.85	16.71	15.55	17.16	17.02	17.17
排序		1	2	3	4	5	6

（五）中职体育教师职业发展满意度影响因素与分析

采用进入法对影响中职体育教师职业发展满意度的6种因素进行线性回归方程分析，结果发现，基于职业负荷、组织保障、职业认同、职业期望、工作支持、职业环境和常量的回归方程R的系数为1.0，残差为0，表明该方程的拟合度比较理想，完全适宜做线性回归方程分析。分析结果进一步发现（详见表3—28），6种因素均对中职体育教师职业发展的总体满意度产生影响。影响最大的是工作支持因素，其标准贡献度达到0.190；其次依次为组织保障（0.189）、职业期望（0.180）、职业环境（0.170）、职业认同（0.162）；影响最小的是职业负荷，其标准贡献度也达到0.161。这种情况表明，6种因素均能够对中职体育教师职业发展的总体满意度产生重要影响，无论哪一个因素出现或存在问题都必须加以重视和认真应对。

表3—28　影响中职体育教师职业发展因素的响应情况

模型		非标准化系数		标准系数	t	Sig.
		B	标准 误差			
1	常量	$-2.416E-14$	0.000		.	.
	职业认同	0.167	0.000	0.162	.	.
	职业环境	0.167	0.000	0.170	.	.
	工作支持	0.167	0.000	0.190	.	.
	组织保障	0.167	0.000	0.189	.	.
	职业期望	0.167	0.000	0.180	.	.
	职业负荷	0.167	0.000	0.161	.	.

注：因变量：满意度。

四、结论与建议

（一）结论

（1）中职体育教师职业发展总体满意度得分为55.31分，处于一般满意状态。同时还存在性别、学校属性和职称方面初级与中级之间等的差异。

（2）中职体育教师对职业发展的关注和体验几乎是全方位的，既有职业认同因素的工资待遇和职称评审事宜，有职业环境因素的工作付出与收入的感知，有工作支持因素的教师权益维护与先进科研平台的搭建，有组织保障因素的领导与教师的有效沟通，也有职业期望因素的培训进修的需求。

（3）目前中职体育教师对职业发展最为满意的事项主要落在职业认同，以及主责（工作职责）、主业（人才培养）和主体（身体健康）上。

（4）6种因素均对中职体育教师职业发展的总体满意度产生影响。影响最大的是工作支持因素，其标准贡献度达到0.190；其次依次为组织保障（0.189）、职业期望（0.180）、职业环境（0.170）、职业认同（0.162）；影响最小的是职业负荷，其标准贡献度也达到0.161。

（二）建议

（1）政府发力，针对工作支持、职业期望、组织保障等因素，加强中职学校体育公共产品供给，支撑和保障体育教师专业化发展。

一是政府、学校和社会要联合建立全面覆盖、多维贯通、职责明确、分工合理、互动有序的体育教师专业发展联动机制，进一步改进和完善收入待遇、职称评审、科研平台搭建、培训进修等体育教师极为关注的公共服务供给，奠定体育教师职业发展的基础和必要条件。

二是职能部门要建立中职体育教师职业发展的长效调研机制，采取长期追踪，结合时间和空间双重维度进行数据的深入挖掘，选取典型案例在广东省范围内进行推广，增加体育教师职业发展工作卓有成效的学校和教师的经验交流和宣传。

三是积极构建"互联网＋"的职业生涯发展和追踪平台，实现教师、学校、政府协同联动、多主体紧密对接、高效配合的防范中职体育教师过早产生职业倦怠的工作机制。

（2）学校发力，构建更加健全的中职体育教师在职培养体系，补齐学校体育发展短板，强化深度合作和统筹推动，形成中职学校体育良好的职业发展生态环境。

一是以各个中职学校为主体，构建更加健全的中职体育教师在职培养体系，对症教研能力、基于"互联网＋"的新课程开发能力、信息资源的课堂运用能力等，增强中职体育教师的教育教学职业能力。

二是以学校为主体构建中职教师生涯教育系统，设立"教师发展中心"，加强教师职业生涯发展规划和职业精神素养教育，提升体育教师职业生涯发展规划的水平和实施能力，提升体育教师全职业周期的生命力。

三是在体育教师职业认同满意度较高的有利条件下，以学校为担负主体，建立顺畅、便捷、多元的沟通交流机制或平台，切实提高体育教师的权益维护感知、有效沟通感知以及工作付出与收入平衡感知，增强体育教师的归属感和认同感。

四是学校要进一步优化教学环境、改善管理方式和增强服务能力，建立一线教师的关心机制，完善包括体育教师在内的健康发展预警及处置机制。

第四章 新时代体育教师职业心理研究

第一节 中小学体育教师职业压力状况调查研究

一、研究目的

在进一步深化教育教学改革的大背景下，职业压力是目前我国教师群体的普遍问题，体育教师也不例外。中小学体育教师职业压力是由学校体育工作负担过重、要求过高、责任过大等迫使体育教师作出偏离常态机能的改变时身心应激引起的一类压力。适度的压力是一种有益和强大的职业发展促进力，过大过重的压力则是一个影响工作效能和身心健康的有害的消极因素。现有的研究表明，所有疾病的 $50\%\sim80\%$ 是由压力因素造成的，过大的职业压力不仅容易造成个体生理上的疾病，也会使个体产生诸多的心理问题。在广东持续推进实施全面提升学生体质健康水平攻坚行动的背景下，作为学校体育第一资源的中小学体育教师队伍所承受的职业压力现状备受关注，这既事关学校体育促进学生健康素养和身体素质提升的成效，又事关体育教师的身心健康，是持续深化学校体育改革必须破解的难题之一。因此，探讨中小学体育教师职业压力问题无疑有着很强的现实意义。为此，我们通过进一步的深入调查，真实地呈现中小学体育教师职业压力及其基本特征，分析引发职业压力的内、外源性因素及其关系，预测其影响，为体育教师职业压力问题的科学评估和有效治理提供事实依据和参考。

二、研究方法

（一）研究对象

以在编在岗的中小学体育教师为对象，采取整群分层随机取样的方式，分别在广东省 4 个发达地区和 4 个欠发达地区选取被试。共发放问卷 860 份，回收 786 份，其中有效问卷 722 份。问卷的回收率为 91.4%，有效率为 84.0%。722 名被试的人口学、社会学特征见表 4—1。

表 4-1　中小学体育教师的人口学、社会学特征

教师类别	性别	类型		学历			职称			教龄（年）			
		发达	欠发达	大专	本科	研究生	初级	中级	高级	0～5	6～15	16～25	＞25
小学	男	156	120	74	195	7	62	200	14	71	103	73	29
	女	57	58	42	68	5	43	66	6	30	48	31	6
中学	男	99	141	43	189	8	35	176	29	43	97	61	39
	女	51	40	22	65	4	23	66	2	19	40	26	6
合计	男	255	261	117	384	15	97	376	43	114	200	134	68
	女	108	98	64	133	9	66	132	8	49	88	57	12
	合计	363	359	181	517	24	163	508	51	163	288	191	80

（二）研究方法

主要采用文献资料、问卷调查、数理统计和逻辑分析等方法。

1. 测量工具

在借鉴比较成熟的"教师职业压力测量表"的基础上，结合体育教师实际和具体特征，重新编设"中小学体育教师职业压力测量表"。新编测量表共 41 个条目、7 个维度，采用五级评分制，得分越高，压力越大。经 SPSS 统计软件检验，新编量表的综合信度为 0.927、综合效度为 0.902，均比较理想，具体数据见表 4-2。

表 4-2　量表信度和效度系数

项目	N of Cases	N of Items	Alpha	KMO
学生因素	722	5	0.695	0.756**
家长因素	722	3	0.587	0.633**
工作压力	722	10	0.799	0.813**
成绩压力	722	5	0.711	0.751**
职业期望	722	6	0.712	0.782**
组织气氛	722	5	0.575	0.629**
自我发展需要	722	7	0.647	0.684**
合计	722	41	0.927	0.902**

注：＊＊为 $p < 0.01$。

2. 数据管理

问卷调查于 2019 年 11-12 月进行，由专门人员统一施测和回收。数据统计使用 SPSS25.0 软件在计算机上进行录入和统计学处理，并甄别和剔除不合格问卷。

三、结果与分析

（一）中小学体育教师职业压力的测量与评定

被试职业压力测量后的指数评定情况见表 4-3。整体上看，被试职业压力指数平均值为 51.89，超过临界值 50，显示中小学体育教师目前普遍承受比较大的职业压力，这一结果

与目前教师普遍反映和实际体验较一致。过大、过重的持续的职业压力并不有利于体育教师的身心健康、专业发展和深入推进学校体育教学改革，反倒会造成体育教师身心的持续紧张、疲惫，导致压抑、焦虑、精神障碍，以及教育和教学行为的退缩，挫伤体育教师工作的主动性、积极性和创造性，损害教学和育人质量，危害极大。由此提示，各级教育部门和学校方面必须引起高度重视，务必结合"四有"教师的培养，科学且精准地为体育教师减负减压乃至"赋能"等举措理应提到学校体育的议事日程上来，给予切实解决，为持续深入推进学校体育教学改革奠定基础。

进一步解构数据发现，构成中小学体育教师职业压力的七大因素中，根据其得分均值由高到低排列依次为家长因素、工作压力、自我发展需要、成绩压力、职业期望、学生因素、组织气氛。结果显示，家长因素超越工作压力已经成为构成广大体育教师职业压力的最重要的影响因素，令人感到意外的是，这种意外的结果背后所隐藏的本质问题及其现象必须引起教育部门和学者的高度重视，有待进一步揭示。

表4-3　广东省中小学体育教师职业压力评估情况

分类	职业压力	工作压力	发展需要	组织气氛	职业期望	学生因素	家长因素	成绩压力
平均值	51.8911	2.7454	2.7054	2.3820	2.4940	2.4158	2.7461	2.5587
N	722	722	722	722	722	722	722	722
标准差	11.60601	0.70022	0.63265	0.71641	0.78161	0.71219	0.85549	0.76055
排名		2	3	7	5	6	1	4

（二）中小学体育教师职业压力呈现的基本特征

被试的职业压力情况呈现出来的基本特征见表4-4。一是中学体育教师承受的职业压力（53.91）较小学体育教师大（50.18），具有统计学上的非常显著性差异；二是男性体育教师承受的职业压力（52.43）较女性体育教师大（50.55），具有统计学上的显著性差异；三是欠发达地区体育教师承受的职业压力（52.92）较发达地区体育教师大（50.87），具有统计学上的显著性差异；四是不同学历的体育教师承受的职业压力本科最大（52.26），大专次之（51.69），研究生最小（45.36），但是经过检验，它们之间均不具有统计学上的显著性差异；五是不同职称的体育教师承受的职业压力高级最大（53.17），中级次之（52.38），初级最小（49.97），呈现出职称越高承受的职业压力越大的特点，但是经过检验，它们之间只有中级与初级之间具有统计学上的显著性差异，初级与高级、中级与高级之间均不具有统计学上的显著性差异；六是不同教龄的体育教师承受的职业压力25年以上最大（55.43），其次16~25年（52.68）、6~15年（51.46），0~5年最小（49.98），呈现出教龄越大承受的职业压力越大的特点，但是经过检验，它们之间只有0~5年与16~25年以及25年以上与0~5年、6~15年之间具有统计学上的显著性差异，0~5年与6~15年、6~15年与16~25年、16~25年与25年以上之间均不具有统计学上的显著性差异。

结果显示，中小学体育教师职业压力呈现出一些鲜明的特征：中学体育教师职业压力比小学体育教师大、男性比女性大、欠发达地区比发达地区大。除此之外，职业压力与不同学历、不同职称、不同教龄等呈现出来的特征并不相同等，均有待进一步探讨。

表 4—4　中小学体育教师职业压力基本特征

类别		N	M	SD	t	df	Sig.
类别	小学	391	50.18	10.76	−4.352	720	0.000
	中学	331	53.91	12.24			
性别	男	516	52.43	11.91	1.970	720	0.049
	女	206	50.55	10.72			
类型	发达	363	50.87	11.33	−2.388	720	0.017
	欠发达	359	52.92	11.81			
学历	大专	181	51.69	9.68	−0.645	382.134	0.519
	本科	517	52.26	11.86			
	大专	181	51.69	9.68	1.789	25.023	0.086
	研究生	24	45.36	16.96			
	本科	517	52.26	11.86	1.971	24.055	0.060
	研究生	24	45.37	16.96			
职称	初级	163	49.97	9.95	−2.563	322.462	0.011
	中级	508	52.38	11.87			
	初级	163	49.97	9.95	−1.590	68.493	0.116
	高级	51	53.17	13.26			
	中级	508	52.38	11.87	−0.449	557	0.654
	高级	51	53.17	13.26			
教龄（年）	0～5	163	49.98	10.07	−1.394	387.324	0.164
	6～15	288	51.46	12.05			
	0～5	163	49.98	10.07	−2.268	351.386	0.024
	16～25	191	52.68	12.31			
	0～5	163	49.98	10.07	−3.924	241	0.000
	＞25	80	55.43	10.34			
	6～15	288	51.46	12.05	−1.075	477	0.283
	16～25	191	52.68	12.31			
	6～15	288	51.46	12.05	−2.680	366	0.008
	＞25	80	55.43	10.34			
	16～25	191	52.68	12.31	−1.751	269	0.081
	＞25	80	55.43	10.34			

（三）中小学体育教师职业压力与影响因素的相关分析

被试职业压力与内、外因的各种响应因素的相关关系（见表4—5）。整体上看，职业压力与内因的纯净关系为0.979，与外因的纯净关系为0.912，均达到很高的程度。说明中小学体育教师职业压力与内、外因均有密切的关系。内因是主因，起主导作用；外因是次因，起促进作用。其中，内因主要包括工作压力、自我发展需要、职业期望、成绩压力等，与职业压力的相关关系自大到小排序依次是工作压力（0.878）、职业期望（0.854）、自我发展需要（0.800）、成绩压力（0.762）。外因主要包括组织气氛、学生因素、家长因素等，与职业压力的相关关系自大到小依次是学生因素（0.787）、组织气氛（0.751）、家长因素（0.727）。

进一步深入41项影响因子分析发现（见表4—6），对中小学体育教师职业压力影响较大的具体因子，即所谓的热点、难点甚至痛点、沉疴问题，五级评分平均得分达到或超过2.74分的有5类11项，指向内因的有4类10项，占绝大多数，分别是工作压力6项、职业期望2项、自我发展需要1项、成绩压力1项，指向外因的只有"家长因素"1类1项。其中，"担心在体育课上发生伤害事故"、"体育教师职称评定要求较高，晋升困难"和"家长只重视孩子文化知识的学习，对孩子的体育学习不够重视"成为体育教师最为关注和担忧的3个事项。其次是"参加学术会议和研究的机会太少、学校领导对运动队成绩要求较高、学校缺乏上体育课所需的场地、学校对运动队投入的经费不足、体育教师缺乏成就感"等事项。

分析显示，中小学体育教师职业压力的来源是多重的，既有内在因素，也交织外在因素，各种因素对职业压力的影响程度由大到小排序依次为工作压力、职业期望、自我发展需要、学生因素、成绩压力、组织气氛、家长因素，7种因素均达到较高的相关程度。从微观层面看，安全责任、职称晋升难、家长不重视、缺乏教研、竞赛要求高、场地不足、经费不足、缺乏成就感、器材不足、考试成绩责任重、上级检查多等热点、难点甚至痛点、沉疴问题对体育教师职业压力的影响比较突出和严重。

表4—5　中小学体育教师职业压力响应因素偏的相关关系

控制变量		职业压力	内因	外因	工作压力	发展需要	职业期望	成绩压力	组织气氛	学生因素
地区类型	职业压力	—								
	内因	0.979**	—							
	外因	0.912**	0.819**	—						
	工作压力	0.878**	0.870**	0.714**						
	自我发展需要	0.800**	0.803**	0.689**	0.628**	—				
	职业期望	0.854**	0.872**	0.716**	0.734**	0.579**	—			
	成绩压力	0.762**	0.816**	0.638**	0.573**	0.550**	0.589**	—		
	组织气氛	0.751**	0.674**	0.790**	0.529**	0.621**	0.584**	0.541**	—	
	学生因素	0.787**	0.702**	0.856**	0.602**	0.524**	0.643**	0.581**	0.579**	—
	家长因素	0.727**	0.656**	0.831**	0.629**	0.561**	0.556**	0.471**	0.420**	0.575**

注：**在0.01水平（双侧上）显著相关。

表4-6　对中小学体育教师职业压力影响较大的因子

序	因子	N	平均值	标准差	排名
1	担心在体育课上发生伤害事故	722	3.19	1.27	1
2	体育教师职称评定要求较高，晋升困难	722	3.05	1.17	2
3	家长只重视孩子文化知识的学习，对孩子的体育学习不够重视	722	2.90	1.21	3
4	参加学术会议和研究的机会太少	722	2.85	1.10	4
5	学校领导对运动队成绩要求较高	722	2.84	1.16	5
6	学校缺乏上体育课所需的场地	722	2.84	1.22	5
7	学校对运动队投入的经费不足	722	2.82	1.14	6
8	体育教师缺乏成就感	722	2.81	1.23	7
9	学校缺乏体育课所需的器材	722	2.77	1.11	8
10	学校认为体育教师必须对学生的体育考试成绩负责	722	2.74	1.09	9
11	上级各种正式与非正式的检查太多	722	2.74	1.18	9

（四）内、外源因素对职业压力的影响预测

采用向后筛选策略，建立各种因素对中小学体育教师职业压力影响的线性回归模型，以及对回归方程的显著性检验、对回归系数显著性的检验等分别见表4-7至表4-9。

表4-7表明，基于被试样本数据建立的模型拟合优度达到1.000，估计标准误差为零，回归方程高度拟合，具备最佳解释效果；表4-8表明，解释变量7种因素与被解释变量职业压力存在显著的线性关系，选择线性模型是合理的；表4-9表明，7种因素都能够解释因变量职业压力，且线性关系显著，均应保留在线性方程中。其中，内因对职业压力的解释度为0.710，外因对职业压力的解释度为0.333，内因对职业压力的影响远大于外因。

综上所述，可以建立一个最佳的多元线性回归方程，实现多元因素对职业压力影响的预测，即职业压力$=-9.948E-14+0.294\times$工作压力$+0.186\times$发展需要$+0.151\times$组织气氛$+0.197\times$职业期望$+0.150\times$学生因素$+0.108\times$家长因素$+0.160\times$成绩压力。从线性回归方程可以看到，工作压力对职业压力影响最大（0.294），其次依次是职业期望（0.197）、发展需要（0.186）、成绩压力（0.160）、组织气氛（0.151）、学生因素（0.150）、家长因素（0.108）。这与前面所做的职业压力与影响因素的相关分析的结果是一致的。

从预测的结果揭示，对于中小学体育教师职业压力问题的解决，内因、外因均不可或缺，但要更加重视并重点关注工作压力等内因问题，尤其要对症安全责任、职称晋升难、家长不重视、缺乏教研等热点、难点问题，才能做到真正为体育教师减负、赋能、解忧，促进体育教师健康成长、健康育人。

表4-7　内、外因素对中小学体育教师职业压力影响的回归模型

模型	R	R方	调整R方	标准估计的误差
1	1.000[a]	1.000	1.000	0.00000

注：a. 预测变量：（常量），成绩压力，家长因素，组织气氛，学生因素，发展需要，职业期望，工作压力。

表4-8 回归方程的显著性检验结果

模型		平方和	自由度	均方	F	显著性
1	回归	97118.270	7	13874.039	.	.b
	残差	000	714	0.000		
	总计	97118.270	721			

注：a. 因变量：职业压力。b. 预测变量：（常量），成绩压力，家长因素，组织气氛，学生因素，发展需要，职业期望，工作压力。

表4-9 回归系数显著性的检验结果

模型		未标准化系数		标准化系数	t	Sig.
		B	标准错误	Beta		
1	常量	−9.948E−14	0.000	.	.	.
	工作压力	4.878	0.000	0.294	.	.
	发展需要	3.415	0.000	0.186	.	.
	组织气氛	2.439	0.000	0.151	.	.
	职业期望	2.927	0.000	0.197	.	.
	学生因素	2.439	0.000	0.150	.	.
	家长因素	1.463	0.000	0.108	.	.
	成绩压力	2.439	0.000	0.160	.	.

注：a. 因变量：职业压力。

四、讨论

综上分析可知，目前中小学体育教师之所以承受着比较大且多重的职业压力，这与内外因素的交织作用有关，体育教师既要在工作、职业期望、自我发展需要等方面承压，又要在组织气氛、学生因素、家长因素、成绩压力等外在因素方面承压，同时还要叠加时下全国各地如火如荼持续深入推进的学校体育教学改革的机遇和挑战，如此导致体育教师面临一系列的挑战和压力，造成愈发明显的身心困扰和伤害。因此，如何为体育教师减负减压、提高身心健康水平、提升教学育人质量，是摆在教育部门和各个学校的重大课题。研究认为，有必要对症做好以下4个方面的工作。

一是营造友好环境。基于"教好""管好""办好"的新要求，全社会要合力营造一个"社区、学校、家庭"三位一体的健康第一的大学校体育生态环境，形成学校、教师、学生、家长的共生关系，形成学校体育在育时代健康新人的重要性、现实性和不可或缺作用的共识．改变社会对学校体育的偏见，改变学生对体育学习的态度，提高体育教师的社会地位和形象，增强体育教师的职业认同感和归属感，奠定夯实职业自信心的土壤，做大推动学校体育改革和发展的最大公约数。

二是做好职业压力的"减法"。职业压力归根结底主要来自工作压力，首先，学校体育要聚焦主业，聚焦课堂教学和课余体育锻炼，务必为体育教师减少不必要的检查、评比和考核，减少不必要的陪会、陪学和陪管，减除不合理的学生人身安全责任和伤害事故的责任承担等压力；其次，学校要充分尊重体育教师及其工作，减少人为障碍，尤其要杜绝违背科学规律和常识的体质测试、竞赛成绩和竞赛名次的硬性要求。

三是全方位做好职业"赋能"的"加法"。所谓"赋能"，是指通过组织手段和多重举措，增加教育惩戒权，提高体育教师"立德树人"的能力、驾驭新课程教学的能力、心理防御和调适的能力。"赋能"之要义，首先要赋予体育教师适度的教育惩戒权，确保课堂教学秩序有序顺畅有效适度增加体育教师合理的教育惩戒权，使得体育教师在教学活动中有合理惩戒违反课堂纪律学生的手段和权力，这是维护和保证课堂教学顺利进行的必要措施，也是维护教师教学权威和尊严的重要保证。"赋能"之前提和条件，是要通过深度的学习、思考和实践，树立体育教师立德树人的强烈使命感和价值观，增强体育教师育时代健康新人的责任和担当意识，促进体育教师工作的主动性、积极性和创造性，提高教学效能。"赋能"之关键，就是要通过社会化系统的进修和培训，提高体育教师实施"互联网＋体育""体育教研＋""学术交流＋"等应因新时代要求的新兴能力和水平，为体育教师驾驭新课程教学奠定坚实的基础。"赋能"之核心，就是要实施常态化的人文关怀工作，使体育教师防御职业倦怠的能力的关口前移。从心理学的视角看，人文关怀承载强大的心灵抚慰功能，是提高心理耐受力事半功倍的心灵鸡汤。因此，强化人文关怀是增加正能量、缓解或消解职业倦怠的良方和良药，不可小觑。对学校而言，首先是人文关怀的机制要顺畅通达，管理者的教师情怀要入心入脑，工作要常态化、人性化，让教师感到真诚、真心、暖心，以便转化压力为动力，减少焦虑，防止心理衰竭。"赋能"之根本，就是要提高体育教师自我调适的能力，掌握科学有效的方法和手段，从容应对心理危机的挑战。第一，适度降低要求，合理化看待体育课程教学的时代性变化，降低不必要的担忧和紧张。第二，让自己在有价值体现的课堂教学、指导学生课余锻炼和参与学校体育管理中充实和忙碌起来。第三，与同行倾诉交流，得到心理上的安抚和鼓励，消解内心的忧虑和不安。第四，不断暗示自己，告诉自己其实我从事的体育教学工作是很有意义和价值的，也是社会发展所需要的，是不需要担忧和焦虑的。第五，不断提升自己，发挥爱好兴趣和特长，让自己变得更好更优秀，增强自信心。第六，掌握科学减压方法，通过心理补偿、运动减压、冥想减压、饮食减压、按摩减压、宣泄减压等方法，提高受压阈值，提高承压能力。

四是基于人文关怀优先做好"解忧"工作。所谓"解忧"，是指通过组织和手段方法深化学校人事、绩效等改革，回应体育教师在风险责任、职称晋升、待遇绩效等感受最深、反映最强烈的心头之痛和后顾之忧，以难题的解决或缓解来整体增强体育教师的愿景、信心和保持工作热情。第一，解风险责任之忧。体育教学活动的规律告诉我们，学生在运动技术的练习中、在各种运动技能的训练中、在各种体育竞赛中，肢体的磕磕碰碰乃至运动损伤都是在所难免的，最完美的防护也做不到绝对的安全。解体育教师风险责任之忧，首先是科学的先进制度先行，其次是完善处置机制，再次是学校层面做好各种预案，最后是依法保障。第二，解职称晋升之痛。从最现实的视角考量，提高应有的待遇，是目前大部分体育教师的心头之痛、职业之殇，甚至羞以言表。特别是高级职称，对体育教师的重要性不言而喻。建议实施单列评审，根据体育教师所从事工作的特点、内容和业绩成果制定文件，实施阳光评审，或者大幅降低职称在绩效工资分配中的所占比重，减少差距。第三，解待遇绩效歧见之忧。不同学校的绩效分配不同程度地掺杂了对体育教师工作的不公平、不合理乃至歧视性的评价，致使体育教师的绩效大大少于主科教师，极大挫伤了体育教师的积极性。问题解决之道在于四个字：公平公正。

五、结论与建议

（一）结论

（1）中小学体育教师目前普遍承受比较大且多重的职业压力，家长因素超越工作压力成为体育教师感受压力最大的响应因素，压力较大的其他响应因素还有自我发展需要、成绩压力等。同时呈现出一些鲜明的特征，如中学体育教师职业压力比小学体育教师大、男性比女性大、欠发达地区比发达地区大。

（2）各种因素对职业压力的影响程度由大到小依次排序为工作压力、职业期望、自我发展需要、学生因素、成绩压力、组织气氛、家长因素，均达到较高的相关程度。从微观层面看，安全责任、职称晋升难、家长不重视、缺乏教研、竞赛要求高、场地不足、经费不足、缺乏成就感、器材不足、体育成绩责任重、上级检查多等热点、难点甚至痛点、沉疴问题对体育教师职业压力的影响尤其显著。

（3）根据回归方程预测的结果显示，工作压力、职业期望、自我发展需要、学生因素、成绩压力、组织气氛、家长因素均对职业压力造成显著影响，对于中小学体育教师职业压力问题的解决，内外因均不可或缺，但要更加重视并重点关注工作压力等内因问题，尤其要对症安全责任、职称晋升难、家长不重视、缺乏教研等热点、难点问题，才能做到真正为体育教师减负、赋能、解忧，促进体育教师健康成长、健康育人。

（二）建议

针对体育教师职业压力问题的科学管控和有效治理，提出以下建议。

（1）建设友好环境。全社会要合力营造一个"社区、学校、家庭"三位一体的健康第一的大学校体育生态环境，形成学校、教师、学生、家长的共生关系，促进学校体育不可或缺、不可替代作用的共识入耳入脑入心，改变社会对学校体育的偏见，改变学生对体育学习的怠慢，提高体育教师的社会地位和形象，增强体育教师的职业认同感和归属感，奠定夯实职业自信心的土壤，做大推动学校体育改革和发展的最大公约数。

（2）加快教师心理健康维护与促进体系建设，提高体育教师对冲压力的水平。一是提高认识，加强顶层设计，把教师心理健康维护与促进纳入教育部门和学校教学日常事务管理，形成常态化的长效工作机制；二是加强平台建设，以县区为单位，加快建设教师心理健康信息与管理综合平台，配套并完善相关的制度，便利教师线上线下能够随时随地沟通和倾诉交流，畅通问题出口，奠定教师心理健康维护与促进的基础保障；三是加强预警建设，实施"省－市－县－校"四方联动，构建常态化监测、评估和预警三位一体的长效工作机制，定期对体育教师职业压力进行分析和研判，奠定"赋能"举措的科学性、精准性和有效性；四是加强心理危机干预，基于监测情况及时筛查职业压力问题教师，建档立卡，无缝对接心理健康咨询机构，及时化解问题、矛盾和风险，确保体育教师健康教学、健康发展。（3）基于友好环境建设实施可持续"赋能"工程，增强体育教师承压力和抗压力。一是作为基础，重视"生态赋能"体系建设，切实为体育教师减负减障，切实基于人文关怀持续做好"解忧"工作，营造友好的学校体育生态；二是作为根本，重视"专业赋能"体系建设，要结合"四有"教师的培养，采取自我赋能、组织赋能、同伴赋能有机结合的方法，夯实体育教师专业素养、专业技能和教研水平，提高成就感，增强职业认同感和自信心，提高承压力；三是作为核心，重视"心理赋能"体系建设，教会教师运用补偿、运动、冥想、饮食、按摩、宣泄等减压方法，提升自我调适的水平，激发更大的内生动力，提高抗压阈值，提高抗压力，提升心理健康水平。

第二节 广东省两类地区中小学体育教师职业压力比较研究

一、研究目的

在广东省持续推进实施全面提升学生体质健康水平攻坚行动的背景下，由于深受区域发展不平衡的扰动和影响，作为学校体育第一资源的中小学体育教师队伍所承受的职业压力状况备受关注，成为新时代全面深化新时代教师队伍建设改革的焦点之一。因此，深入比较广东省不同发展水平区域中小学体育教师职业压力的状况，探寻全面提升学生体质健康水平攻坚行动下的师源性影响之因，具有重要的现实意义。本研究基于横向比较逻辑，在实施问卷调查和测量评估的基础上，区分广东省发达与欠发达两类地区，展开针对两类地区中小学体育教师职业压力的多重比较与分析，继而科学预测内、外因素对两类地区中小学体育教师职业压力影响的异同，揭示其结果背后的两类地区学校体育"教、办、管"存在的亟须着手解决的人心、制度、物质三维整合的现实问题，有助于顶层统筹设计，分类治理，科学减负赋能，不仅能有效提高不同发展水平地区体育教师的身心健康水平，同时还能够很好地提升学校体育"文明其精神，野蛮其体魄"的教学效能和育人水平。

二、研究方法

（一）研究对象

以广东省 8 个地级市的中小学体育教师为研究对象，有效样本为 722 份。其中欠发达地区 359 份，占比 49.7%；发达地区 363 份，占比 50.2%。

（二）研究方法

采用了比较、文献资料、逻辑推理、问卷调查和数理统计等研究方法，所有数据均使用 SPSS25.0 软件在计算机上进行录入和统计学处理。

在借鉴比较成熟的"教师职业压力测量表"的基础上，结合体育教师实际和具体特征，重新编设"广东省中小学体育教师职业压力测量表"。新编测量表共 41 个条目、7 个维度，采用五级评分制，得分越高，压力越大。经 SPSS25.0 统计软件检验，新编量表的综合信度为 0.927、综合效度为 0.902，均比较理想。

问卷调查于 2019 年 11—12 月进行，采取整群分层随机取样的方式，分别在广东省 4 个发达地区和 4 个欠发达地区选取被试。共发放问卷 860 份，回收 786 份，其中有效问卷 722 份。问卷的回收率为 91.4%，有效率为 84.0%。

三、结果与分析

(一) 两类地区体育教师职业压力整体状况的比较

从表4-10的数据可以看出，总体上，欠发达地区体育教师职业压力指数（52.92）大于发达地区体育教师职业压力指数（50.86），具有统计学上的显著性差异水平。结果显示，一是两类地区体育教师均承受着比较大的职业压力，职业压力指数均超过50的临界值，这是值得关注和进一步探究的现象；二是欠发达地区由于受到经济发展、社会氛围、教学条件、学校支持等不利因素的更多制约，学校体育发展水平相对落后或滞后，导致体育教师普遍承受的职业压力要大于发达地区体育教师所承受的职业压力。结果显示，一是有必要就两类地区体育教师均承受着比较大的职业压力的背后原因进行挖掘和厘清，找出共性原因，为体育教师减压减负提供正确策略；二是有必要就欠发达地区体育教师承受的更大职业压力的背后原因进行区分和细分，有利于靶向施策，精准破解。

表4-10　发达地区和欠发达地区体育教师职业压力的比较

类型	N	M	SD	独立样本检验		
				t	df	Sig.（双尾）
发达地区	363	50.86	11.33	−2.388	720	0.017
欠发达地区	359	52.92	11.81			

(二) 两类地区体育教师职业压力影响因素内外因的比较

影响体育教师职业压力的因素在理论上可以分为内因和外因两大因素，内因主要表现在工作压力、自我发展需要、考核压力、职业期望4个方面，外因主要表现在学生因素、家长因素、考试压力和组织气氛4个方面，下面分别进行比较（详见表4-11和表4-12）。

首先是内因的比较。从表4-11的数据可以看出，总体上，影响欠发达地区体育教师职业压力的内因指数为2.71，大于发达地区的2.52，具有统计学上的非常显著性的差异水平。结果显示，对欠发达地区体育教师职业压力而言，内因的影响比发达地区的影响大。进一步细分发现，在影响两类地区体育教师职业压力的多种内因中，除考核压力不相上下、没有显著性差异外，工作压力、自我发展需要、职业期望等均呈现出显著性差异，欠发达地区体育教师所测压力内因指数明显大于发达地区。结果表明，工作压力、自我发展需要、职业期望等内因对欠发达地区体育教师职业压力影响的程度更大一些，考核压力对两类地区体育教师职业压力的影响几乎一致。

表4-11　影响体育教师职业压力的内在因素的比较

类型		N	M	SD	独立样本检验		
					t	df	Sig.（双尾）
内因	发达地区	363	2.52	0.59	−4.265	720	0.000
	欠发达地区	359	2.71	0.59			
工作压力	发达地区	363	2.6121	0.69	−5.237	720	0.000
	欠发达地区	359	2.8802	0.68			

续表

类型		N	M	SD	独立样本检验		
					t	df	Sig.（双尾）
自我发展需要	发达地区	363	2.6061	0.62	−4.293	720	0.000
	欠发达地区	359	2.8058	0.63			
考核压力	发达地区	363	2.5515	0.71	−0.256	703.527	0.798
	欠发达地区	359	2.5660	0.81			
职业期望	发达地区	363	2.4022	0.70	−3.190	693.473	0.001
	欠发达地区	359	2.5868	0.85			

其次是外因的比较。从表4—12的数据可以看出，总体上，影响欠发达地区体育教师职业压力的外因指数平均值为2.51，发达地区的为2.59，基本相当，不具有统计学上的显著性的差异水平。结果显示，外因对两类地区体育教师职业压力的影响几乎一致，没有明显的差异。进一步细分区分发现，在影响两类地区体育教师职业压力的各种外因中，考试压力、组织气氛两类因素的影响几乎一致，没有明显差异；学生因素对发达地区体育教师职业压力的影响比欠发达地区的影响更加显著，具有统计学上的显著性差异；家长因素则对欠发达地区体育教师职业压力的影响比发达地区的影响更加显著，呈现出统计学上的显著性差异。结果表明，整体上，外因对两类地区体育教师职业压力的影响是一致的，但是，其中的学生因素对发达地区体育教师职业压力的影响更大一些，家长因素对欠发达地区体育教师职业压力的影响更大一些，这种现象值得进一步分析和探究。

表4—12　影响体育教师职业压力的外在因素的比较

类型		N	M	SD	独立样本检验		
					t	df	Sig.（双尾）
外因	发达地区	363	2.5870	0.59859	1.704	720	0.089
	欠发达地区	359	2.5065	0.66859			
学生因素	发达地区	363	2.5647	0.67412	5.776	720	0.000
	欠发达地区	359	2.2652	0.71885			
家长因素	发达地区	363	2.6832	0.81746	−1.989	713.605	0.047
	欠发达地区	359	2.8097	0.88892			
考试压力	发达地区	363	2.5515	0.70520	−0.256	703.527	0.798
	欠发达地区	359	2.5660	0.81362			
组织气氛	发达地区	363	2.3747	0.68	−0.277	720	0.782
	欠发达地区	359	2.3894	0.75			

（三）两类地区体育教师职业压力十大影响因子的比较

基于上述整体不同、内外有别的基本特点，进一步挖掘和细分体育教师职业压力的十大影响因子，通过表4—13数据比对发现以下情况。

一是不约而同，无论发达或欠发达地区，体育教师最关切最忧虑的头等大事是"担心在体育课上发生伤害事故"，其次是"体育教师职称评定要求较高，晋升困难"。显而易见，这两大因子都是目前体育教师"教有不安""教有不甘"最现实的写照，也是最大的压力来源。此外，两类地区共享的因子还有"家长只重视孩子文化知识的学习，对孩子的体育学习不够重视""学校各种形式主义的活动太多，疲于应付""学校领导对运动队的成绩要求较高"3个因子。可见，在影响体育教师职业压力的十大因子中，有5个因子是体育教师共同关注和关切的痛点或难点，压力源主要落在工作压力、自我发展需要、家长因素3个方面。

二是两类地区影响体育教师职业压力的大因子存在一定的差异，发达地区体育教师在对"知识时代日新月异，自己有些跟不上形势""学校对运动队投入的经费不足""学生在体育课堂上不守纪律""体育教师缺乏成就感""家长不能理解体育教师的工作"5个方面更为关切，压力源主要落在自我发展需要、工作压力、学生因素、职业期望和家长因素5个方面。而欠发达地区体育教师在对"参加学术会议和研究的机会太少""缺少进修和接受继续教育的机会""学校对体育教师的评价与奖赏不够合理""学校缺乏上体育课所需的场地""学校认为体育教师必须对学生的体育考试成绩负责"5个方面更为忧心，压力源主要落在自我发展需要、工作压力、组织气氛、成绩压力4个方面。

比较结果提示，在影响体育教师职业压力的十大因子中，除两类地区体育教师共同感受的压力来源外，学生因素之"学生在体育课堂上不守纪律"因子是发达地区体育教师职业压力主要不同的来源，组织气氛之"学校对体育教师的评价与奖赏不够合理"和成绩压力之"学校认为体育教师必须对学生的体育考试成绩负责"等2个因子是欠发达地区体育教师职业压力主要不同的来源，显示出一定程度的差异和特点。

表4—13　两类地区体育教师职业压力的十大影响因子的比较

排序	发达地区				欠发达地区			
	因子	均值	N	标准差	因子	均值	N	标准差
1	担心在体育课上发生伤害事故	3.0413	363	1.14956	担心在体育课上发生伤害事故	3.3454	359	1.35899
2	体育教师职称评定要求较高，晋升困难	2.7906	363	1.01656	体育教师职称评定要求较高，晋升困难	3.3092	359	1.24698
3	知识时代日新月异，自己有些跟不上形势	2.7713	363	1.24601	参加学术会议和研究的机会太少	3.1950	359	1.11158
4	学校各种形式主义的活动太多，疲于应付	2.7686	363	1.33851	缺少进修和接受继续教育的机会	3.1393	359	1.11158
5	学校对运动队投入的经费不足	2.7410	363	1.13903	学校对体育教师的评价与奖赏不够合理	3.1253	359	1.20176

续表

排序	发达地区				欠发达地区			
	因子	均值	N	标准差	因子	均值	N	标准差
6	家长只重视孩子文化知识的学习，对孩子的体育学习不够重视	2.7328	363	1.09630	家长只重视孩子文化知识的学习，对孩子的体育学习不够重视	3.0696	359	1.24101
7	学生在体育课堂上不守纪律	2.7328	363	0.93885	学校缺乏上体育课所需的场地	3.0446	359	1.28516
8	学校领导对运动队的成绩要求较高	2.7245	363	1.13025	学校领导对运动队的成绩要求较高	2.9638	359	1.18242
9	体育教师缺乏成就感	2.7080	363	1.20891	学校认为体育教师必须对学生的体育考试成绩负责	2.9331	359	1.19402
10	家长不能理解体育教师的工作	2.6667	363	1.05990	上级各种正式与非正式的检查太多，疲于应付	2.9220	359	1.31155

（四）两类地区体育教师职业压力内外因影响程度的预测与比较

综合表4—14至表4—16的数据可以看出，基于内、外因两种因素，能够建立比较理想的两类地区体育教师职业压力影响程度的预测模型，分别为：职业压力（发达地区体育教师）＝3.197E—14＋0.715×内因＋0.335×外因；职业压力（欠发达地区体育教师）＝2.665E—14＋0.683×内因＋0.359×外因。可见，相比较而言，内因（工作压力、自我发展需要、考核压力、职业期望）对发达地区体育教师职业压力的影响程度更大一些，为0.715，对欠发达地区则小一些，为0.683；外因（学生因素、家长因素、考试压力和组织气氛）对欠发达地区体育教师职业压力的影响程度更大一些，为0.359，对发达地区则小一些，为0.335。结果显示，内因是两类地区体育教师职业压力共同的根本性影响因素，外因是次要的影响因素。相比较而言，内因对发达地区体育教师职业压力所起的作用更大一些，对欠发达地区则相对小一些；外因对欠发达地区体育教师职业压力所起的作用更大一些，对发达地区则相对小一些，存在一定程度的区域差异。

表4—14　回归模型

模型	R	R^2	调整后的 R^2	标准估计的误差
发达地区	1.000[a]	1.000	1.000	0.000
欠发达地区	1.000[a]	1.000	1.000	0.000

注：a.预测变量：（常量），外因，内因。

表 45—15　回归方程显著性的检验结果

模型		平方和	自由度	均方	F	显著性
发达地区	回归	46439.819	2	23219.909	.	.ᶜ
	残差	0.000	360	0.000		
	总计	46439.819	362			
欠发达地区	回归	49915.465	2	24957.733	.	.ᶜ
	残差	0.000	356	0.000		
	总计	49915.465	358			

注：a. 因变量：压力指数；C. 预测变量：（常量），外因，内因。

表 4—16　回归系数显著性的检验结果

模型		未标准化系数		标准化系数	t	Sig.
		B	标准误差	Beta		
发达地区	（常量）	3.197E—14	0.000		.	.
	职业外因	6.341	0.000	0.335	.	.
	职业内因	13.659	0.000	0.715	.	.
欠发达地区	（常量）	2.665E—14	0.000		0.000	1.000
	职业外因	6.341	0.000	0.359	111426651.458	0.000
	职业内因	13.659	0.000	0.683	212105060.046	0.000

注：a. 因变量：职业压力。

四、结论与建议

（一）结论

（1）两类地区的中小学体育教师均承受着比较大的职业压力，尤其是欠发达地区，体育教师普遍承受着更大的职业压力。其中，工作压力、自我发展需要、职业期望3种内因对欠发达地区体育教师职业压力的影响程度更大一些，考核压力对两类地区体育教师职业压力的影响几乎一致，没有差异；外因对两类地区体育教师职业压力的影响呈现一致的态势，没有明显的差异。进一步细分发现，在影响体育教师职业压力的十大因子中，两类地区体育教师职业压力的共源因子有五个，其中"担心在体育课上发生伤害事故"和"体育教师职称评定要求较高，晋升困难"是目前两类地区体育教师"教有不安""教有不甘"共性最强的最大压力来源；学生因素之"学生在体育课堂上不守纪律"因子是发达地区体育教师职业压力主要不同的来源，组织气氛之"学校对体育教师的评价与奖赏不够合理"和成绩压力之"学校认为体育教师必须对学生的体育考试成绩负责"两个因子是欠发达地区体育教师职业压力主要不同的来源。

（2）科学建模显示：内因是两类地区体育教师职业压力共同的根本性影响因素，外因是次要的影响因素。相比较而言，内因对发达地区体育教师职业压力所起的作用更大一些，对欠发达地区则相对小一些；外因对欠发达地区体育教师职业压力所起的作用更大一些，对发达地区则相对小一些，存在一定程度的具体差异。

（二）建议

针对两类地区中小学体育教师职业压力的异同和影响预测，提出下列治理对策。

（1）是科学治理减压。聚焦"管好"，学校是责无旁贷的学校体育实施主体，无论是发达地区抑或是欠发达地区均要树立人本理念，开展深度治理，对准校园体育安全风险防控、课内外意外伤害处置、职称评审难评审不公、形式主义盛行等体育教师的心头大忧之事，优先做好制度设计和建立问题解决高效工作机制，最大限度减少教师的心理负担，让广大体育教师安心教学。此外，对欠发达地区来说，开齐开足体育课，建设标准的教学场地设施，不唯学生体育考试成绩分数为唯一的评价标准，建立起"结果评价＋过程评价＋增值评价＋综合评价"合一的科学评价体系及其配套的奖赏机制，无疑是激发体育教师主动性、积极性的良策。对发达地区来说，学生纪律治理是一个容易引发矛盾、纠纷乃至伤害的两难问题，必须引起高度重视，必须在依法治理的基础上，建立家校联动、师生联动的机制，辅助人文治理，取得家长的配合和支持，取得实效。

（2）是综合赋能抗压。聚焦"教好"，无论是发达地区抑或是欠发达地区，社会、教育部门、学校要联动优化体育教学环境，对标"享受乐趣、增强体质、健全人格、锤炼意志"教学要求，针对课堂教学"健康知识＋基本运动技术＋运动项目"等一体化核心素养培养，精准开展"教好＋勤练＋常赛"教学活动，基于"互联网＋教育"信息化数字化平台的建立和运用，构筑教师"学习-教学-教研"一体化的专业发展"立交桥"，提供教师专业化发展的个性化定制服务，提升体育教师深度学习的能力，让广大教师舒心教学，提高抵御压力的能力和水平。此外，对发达地区来说，还要重点在高端培训、加大运动队经费投入等下好功夫。对欠发达地区来说，有必要整体提高体育教师的教研水平。

（3）是增强获得感消压。聚焦"办好"，政府和教育职能部门是责无旁贷的学校体育管理实施主体，无论是发达地区抑或是欠发达地区均要增强政府高效、优质保障水平，尤其是工资待遇、人身安全、职称评审、专业发展、社会权益等，建立教师态势综合感应平台，畅通"上诉下达"渠道，提高制度保障力和政策执行力，增强体育教师的获得感和幸福感，让广大教师放心教学，消除不必要的压力。

第三节　河源市中小学体育教师职业压力调查分析

一、研究目的

在推进健康中国建设的大背景下，在"健康第一、全面发展"教育理念的指引下，河源市中小学校正在深入推进学校体育教学改革，学校体育聚焦"教会、勤练、常赛"新要求，对体育教师提出了引领、指导和帮助学生通过学校体育和体育锻炼"享受乐趣、增强体质、健全人格、锤炼意志"更高的教育教学目标，这既给体育教师提供了新的发展机遇，同时也对体育教师提出了更高的要求，带来了新的挑战和压力，而体育教师队伍的状况，尤其职业压力状况对教师的身心健康和教学行为有明显的导向和预测作用，事关学校体育教学改革的成效，事关"四有"教师的培养。因此，加强对体育教师职业压力状况的调查、分析和研判显得尤为必要，具有很强的现实意义。

二、研究对象与方法

（一）被试

采用整群分层（中学和小学）取样的方式在河源市5个县2个区选取被试，共发放问卷320份，回收306份，其中有效问卷279份。问卷回收率为92.7%，有效率为91.2%。279名被试的人口学、社会学基本特征见表4—17。

表4—17 被试的人口学、社会学基本特征

类型	性别		类型		学历			职称			教龄（年）			
	男	女	城镇	乡村	大专	本科	研究生	初级	中级	高级	0～5	6～15	16～25	＞25
小学	100	38	78	60	44	93	1	42	93	3	44	53	35	6
中学	109	32	60	81	30	107	4	27	105	9	32	52	38	19
合计	209	70	138	141	74	200	5	69	198	12	76	105	73	25

（二）研究工具

运用改编"中小学体育教师职业压力测量表"对被试进行测量。测量表是在借鉴他人研究成果的基础上，基于体育教师职业压力的学生因素、家长因素、成绩压力、工作压力、职业期望、学校组织气氛和自我发展需要7个维度，采用封闭式形式，有针对性地重新设计和编写而成。问卷共41个条目，采用五级评分制，得分越高，压力越大。自编问卷的信度为0.909，分半信度为0.852，效度为0.821。

（三）数据管理

问卷调查于2019年11-12月进行。问卷统一回收后，将测量的数据录入计算机，并用SPSS25.0软件对数据进行管理和统计学处理。

三、结果与分析

（一）中小学体育教师职业压力的测量与评估

从表4—18的数据可以看出，中小学体育教师整体承受较大的职业压力，以指数100为上限，达到了52.96。中小学体育教师职业压力的响应由内外两大因素构成，包括七大因素，工作压力影响最大，五级评分为2.88分，受压程度接近中等，其次是发展需要（2.80分）、家长因素（2.78分）、成绩压力（2.61分）、职业期望（2.59分），组织气氛和学生因素的影响相对较小或不明显，分别只有2.37分和2.28分。据此，初步认为：一是目前河源市中小学体育教师整体承受着较大的职业压力；二是影响职业压力的响应因素从大到小分别是工作压力、自我发展需要、家长因素、成绩压力、职业期望、组织气氛和学生因素。

表 4—18　河源市中小学体育教师职业压力评估情况

项目	职业压力	工作压力	自我发展需要	家长因素	考试压力	职业期望	组织气氛	学生因素
均值	52.96	2.88	2.80	2.78	2.61	2.59	2.37	2.28
N	279	279	279	279	279	279	279	279
标准差	10.97	0.66	0.64	0.87	0.77	0.82	0.75	0.71
排名		1	2	3	4	5	6	7

（二）中小学体育教师职业压力呈现的基本特征

从表 4—19 的数据可以看出，体育教师职业压力在人口学、地理学和社会学方面呈现出如下特征。一是中学体育教师承受的职业压力（55.26）远大于小学体育教师（50.60），统计学上具有非常显著性的差异。二是男性体育教师承受的职业压力（53.34）略大于女性体育教师（51.82），但是统计学上不具有显著性差异。三是城镇学校的体育教师承受的职业压力（53.52）略大于乡村学校体育教师（52.41），但是统计学上不具有显著性差异。四是具有本科学历的体育教师承受的职业压力大，压力指数达到 53.79；其次为大专层次的体育教师（51.81）；研究生层次的体育教师承受的压力非常小，压力指数仅为 36.78，介于没有压力与轻微压力之间。统计学检验表明：本科学历体育教师与大专层次体育教师的职业压力不具有显著性差异，大专学历、本科学历体育教师均与研究生学历体育教师职业压力具有非常显著性的差异。五是具有高级职称的体育教师承受的职业压力大，压力指数达到惊人的 62.48，其次为中级职称的体育教师，压力指数为 53.19；初级职称的体育教师承受的压力略小，压力指数为 50.64，三者之间均具有统计学上显著性以上的差异。六是 25 年以上教龄的体育教师承受的职业压力大，压力指数达到很高的 61.33；其次为 16～25 年教龄的体育教师压力指数为 54.49；再次为 6～15 年教龄的体育教师压力指数为 52.16；0～5 年教龄的体育教师承受的职业压力较小，压力指数仅为 49.83。从统计学意义上看，只有 0～5 年教龄与 6～15 年教龄、6～15 年教龄与 16～25 年教龄的体育教师的职业压力不具备显著性差异，其他均有显著性以上的差异。综上初步认为：一是教授较高学段的体育教师的职业压力大，具有研究生学历的体育教师的职业压力小，职称越高职业压力越大，教龄越长职业压力越大；二是职业压力与性别、任教学校的类型没有显著性差异，特征不明显。

表 4—19　河源市中小学体育教师职业压力的基本特征

项目		N	均值	标准差	t	df	Sig.（双侧）
学段	小学	138	50.60	9.73	−3.625	277	0.000
	中学	141	55.26	11.65			
性别	男	209	53.34	11.79	1.207	174.435	0.229
	女	70	51.82	8.03			
类型	乡村	141	52.41	11.67	−0.842	277	0.400
	城镇	138	53.52	10.24			

项目		N	均值	标准差	t	df	Sig.（双侧）
学历	大专	74	51.81	8.31	−1.565	181.011	0.119
	本科	200	53.79	11.57			
	大专	74	51.81	8.31	3.914	77	0.000
	研究生	5	36.78	8.24			
	本科	200	53.79	11.57	3.263	203	0.001
	研究生	5	36.78	8.24			
职称	初级	69	50.64	7.72	−2.047	179.537	0.042
	中级	198	53.19	11.64			
	初级	69	50.64	7.72	−4.622	79	0.000
	高级	12	62.48	10.63			
	中级	198	53.19	11.64	−2.696	208	0.008
	高级	12	62.48	10.63			
教龄	0～5 年	76	49.83	8.17	−1.623	178.955	0.106
	6～15 年	105	52.16	11.13			
	0～5 年	76	49.83	8.17	−2.706	124.409	0.008
	16～25 年	73	54.49	12.32			
	0～5 年	76	49.83	8.17	−5.954	99	0.000
	＞25 年	25	61.37	8.97			
	6～15 年	105	52.16	11.13	−1.311	176	0.191
	16～25 年	73	54.49	12.32			
	6～15 年	105	52.16	11.13	−3.828	128	0.000
	＞25 年	25	61.33	8.97			
	16～25 年	73	54.49	12.32	−2.551	96	0.012
	＞25 年	25	61.33	8.97			

（三）影响中小学体育教师职业压力的因素与分析

影响中小学体育教师的职业压力既有外因作用的推动结果，更有内因作用的根本结果，内因方面主要包括工作压力、自我发展需要、职业期望三大因素，外因主要包括组织气氛、学生因素、家长因素、成绩压力四大因素。具体响应分析如下。

1. 内在因素对中小学体育教师职业压力的影响分析

从表 4—20 可以看出，整体上，中小学体育教师的职业压力与内在因素的纯净关系（偏相关关系）达到 0.968 之高，说明内在因素对职业压力的影响起主要的、根本性的作用。其中自我发展需要、成绩压力、职业期望、工作压力等对职业压力的响应依次增大，相关关系依次为 0.683、0.745、0.799 和 0.855。

表 4—20　河源市中小学体育教师内在因素与职业压力的相关关系

控制变量		职业压力	内因	工作压力	自我发展需要	职业期望	成绩压力
性别	职业压力	—					
	内因	0.968**	—				
	工作压力	0.855**	0.862**	—			
	自我发展需要	0.683**	0.680**	0.457**	—		
	职业期望	0.799**	0.825**	0.697**	0.354**	—	
	成绩压力	0.745**	0.809**	0.599**	0.438**	0.510**	—

注：＊＊在 0.01 水平（双侧上）显著相关。

2. 外在因素对中小学体育教师职业压力的影响分析

从表 4—21 可以看出，整体上，中小学体育教师的职业压力与外在因素的纯净关系（偏相关关系）达到 0.884，说明外在因素对职业压力的影响起重要的促进性作用。其中组织气氛、学生因素、家长因素等对职业压力的响应依次增大，相关程度介于强和弱之间，相关关系依次为 0.675、0.726 和 0.754。

表 4—21　河源市中小学体育教师外在因素对职业压力的影响

控制变量		职业压力	外因	组织气氛	学生因素	家长因素
性别	职业压力	—				
	外因	0.884**	—			
	组织气氛	0.675**	0.752**	—		
	学生因素	0.726**	0.838**	0.456**	—	
	家长因素	0.754**	0.851**	0.409**	0.617**	—

注：＊＊在 0.01 水平（双侧上）显著相关。

3. 影响中小学体育教师职业压力最大的 9 项因子分析

从表 4—22 可以看出，整体上，9 项因子的五级评分的均值均超过 3 分，对中小学体育教师职业压力的影响达到了严重的程度，是众多因子中影响最大、最深刻的因子，包括内在因素中工作压力、自我发展需要各 3 项因子、成绩压力 1 项因子，以及外在因素中组织气氛、家长因素各 1 项因子。

影响最大的 9 项因子有以下的特点：一是主要指向内在因素，有 7 项因子，占据绝大多数，涵括了排名第一到第四的项目，其中包括体育教师最为忧虑和关切的"担心在体育课上发生伤害事故""体育教师职称评定要求较高，晋升困难""参加学术会议和研究的机会太少"等，呈现出河源作为欠发达地区，体育教师在其中所忧所虑的典型特征和因素；二是外在因素主要指向家长因素和组织气氛，分别是"家长只重视孩子文化知识的学习，对体育学习不够重视"和"学校对体育教师的评价与奖赏不够"，呈现出学校体育在这 2 个方面典型的、普遍性的陈弊和缺陷。

表4－22　影响中小学体育教师职业压力最大的9项因子

序号	因子	均值	N	标准差	排名
1	担心在体育课上发生伤害事故	3.4086	279	1.39038	1
2	体育教师职称评定要求较高，晋升困难	3.2688	279	1.26781	2
3	参加学术会议和研究的机会太少	3.2115	279	1.14823	3
4	学校对体育教师的评价与奖赏不够合理	3.1828	279	1.24033	4
5	学校缺乏上体育课所需的场地	3.1828	279	1.31357	5
6	缺少进修和接受继续教育的机会	3.1398	279	1.27164	6
7	上级各种正式与非正式的检查太多	3.0609	279	1.27788	7
8	家长只重视孩子文化知识的学习，对体育学习不够重视	3.0538	279	1.31427	8
9	学校认为体育教师必须对学生的体育考试成绩完全负责	3.0108	279	1.20097	9

4. 各种因素对中小学体育教师职业压力影响的预测分析

为了更好地深入推进学校体育教学改革，服务体育教师的身心健康和专业发展，有必要对体育教师职业压力的影响因素进行科学的预测。首先进行建模。采用逐步筛选策略，依次得到了拟合度不同的7种回归方程模型。从拟合优度角度看，最后一个模型的拟合效果更佳（见表5－23）。建模结果说明，成绩压力、自我发展需要、学生因素、组织气氛、职业期望、家长因素、工作压力等因素均与职业压力的线性关系显著，均保留在模型中，与偏相关分析一致。

其次对最优模型的合理性进行检验（见表4－24）。残差分析表明，七元模型（第七个模型）的剩余平方和为0，其对应的概率P－值为0。显然，七元模型能够完全解释因变量与解释变量之间存在显著的线性关系。

最后是检验回归系数并建立回归方程。回归系数显著性检验的结果显示：七元模型的解释变量及其回归系数（见表4－25），其对应的概率P－值均为0。因此，可以建立最终的七元线性回归方程：职业压力＝6.688E－14＋0.295×工作压力＋0.198×自我发展需要＋0.166×组织气氛＋0.219×职业期望＋0.158×学生因素＋0.115×家长因素＋0.170×成绩压力。

由方程可以预测，工作压力对体育教师职业压力的影响程度最高，系数达到0.295，其次依次是职业期望（0.219）、自我发展需要（0.198）、成绩压力（0.170）、组织气氛（0.166）、学生因素（0.158）和家长因素（0.115）。结果显示，体育教师职业压力问题的解决，重点要对症内因，兼顾外因，尤其要对症工作压力、职业期望和自我发展需要问题，并多管齐下，方能有效。

表4－23　中小学体育教师职业压力回归方程模型

模型	R	R²	调整后的R²	标准估计的误差
7	1.000ᵃ	1.000	1.000	0.00000

注：a. 预测变量：（常量），成绩压力，自我发展需要，学生因素，组织气氛，职业期望，家长因素，工作压力。

表4－24　回归方程的显著性检验结果

模型		平方和	自由度	均方	F	Sig.
7	回归	33482.130	7	4783.161	.	.ᵃ
	残差	0.000	271	0.000		
	总计	33482.130	278			

注：a. 预测变量：常量，成绩压力，自我发展需要，学生因素，组织气氛，职业期望，家长因素，工作压力。b. 因变量：职业压力。

表4－25　回归系数显著性的检验结果一览表

模型		未标准化系数		标准化系数	t	Sig.
		B	标准错误	Beta		
7	常量	6.688E－14	0.000		.	.
	工作压力	4.878	0.000	0.295	.	.
	自我发展需要	3.415	0.000	0.198	.	.
	组织气氛	2.439	0.000	0.166	.	.
	职业期望	2.927	0.000	0.219	.	.
	学生因素	2.439	0.000	0.158	.	.
	家长因素	1.463	0.000	0.115	.	.
	成绩压力	2.439	0.000	0.170	.	.

注：因变量：职业压力。

四、结论与建议

（一）结论

（1）目前河源市中小学体育教师整体承受着较大的职业压力，影响职业压力的响应因素从大到小分别是工作压力、自我发展需要、家长因素、成绩压力、职业期望、组织气氛和学生因素。

（2）职业压力具有明显的人口学、社会学特征，教授较高学段的体育教师的职业压力大，具有研究生学历的体育教师的职业压力小，职称越高职业压力越大，教龄越长职业压力越大。但是，职业压力与性别、任教学校的类型没有显著性差异，特征不明显。

（3）整体上，中小学体育教师的职业压力与内在因素的纯净关系为0.968，与外在因素的纯净关系为0.884，说明内在因素对职业压力的影响起主要的根本性的作用，外在因素对职业压力的影响则起到重要的促进性作用。

（4）影响职业压力较大的9项因子主要集中指向内在因素，包括体育教师最为忧虑和关切的"担心在体育课上发生伤害事故""体育教师职称评定要求较高，晋升困难""参加学术会议和研究的机会太少"等，呈现出河源作为欠发达地区，体育教师在其中所忧所虑典型的特征和因素。

（5）通过建模预测分析显示，工作压力对体育教师职业压力的影响程度最高，系数达到

0.295，其次依次是职业期望（0.219）、自我发展需要（0.198）、成绩压力（0.170）、组织气氛（0.166）、学生因素（0.158）和家长因素（0.115）。

（二）建议

（1）提高认识，加强顶层设计，把包括体育教师心理健康维护与促进纳入教育部门和学校教育教学日常事务管理，形成常态化的长效工作机制。

（2）实施系统性减负工程，"市县校"三方联动，针对工作压力大、成绩压力大等因素，尤其要针对学生安全风险防控、意外伤害保险等教师最关切和担心的问题，切实减轻体育教师过重过大的身心负担。

（3）实施专业赋能工程。发挥好学校主体作用，结合体育教师职业期望、自我发展需要等反映强烈的问题，搭建"教研培修"立体平台，畅通体育教师专业发展的提升通道，做好"赋能"工作，提升体育教师幸福感和获得感。

（4）实施心理赋能工程。落实县（区）"办好"责任，"教办管"有机协作，防控结合，建立教师心理健康信息和管理平台，建档立卡，有计划实施心理赋能工程，提高体育教师自我调适能力，提高应对职业压力的能力。

（5）及时对问题教师实施心理干预。发挥心理健康咨询社会组织的行业力量，建立监测、评估、预警体系，加强对职业压力问题高危体育教师的动态管理，有针对性地实施个性化的心理健康教育干预，提高干预实效。

第四节　河源市基础教育体育教师 10 年职业压力的比较研究

一、研究目的

近年来，针对教师群体职业压力问题的研究是国内外学界的热点课题之一。职业压力是引发体育教师紧张、焦虑、压抑、厌倦、失眠乃至生成职业倦怠的核心问题，职业压力不当是导致体育教师教学效能下降、育人体验不佳、成就感降低、内生动力不足的重要原因。正因如此，目前职业压力问题的研究已经成为体育教师职业生存和发展的热点问题，事关教师身心健康，事关教学效能，事关立德树人。本研究基于 2009 年和 2019 年的问卷调查及其测量数据，对河源市中小学体育教师的职业压力状况进行了多层次的纵向比较和深入分析，探寻中小学体育教师职业压力 10 年间的变化及其背后的原因，发现其内在联系和演化规律，为解决中小学体育教师职业压力问题的科学施策提供依据和路径参考。

二、研究方法

（一）研究对象

研究对象为河源市在编在岗中小学一线体育教师。

（二）研究方法

1. 问卷调查

编设"中小学体育教师职业压力测量表"。测量表共 41 个条目、7 个维度，采用五级评分制，得分越高，压力越大。经 SPSS 统计软件检验，量表的综合信度为 0.927、综合效度为 0.902。问卷发放范围覆盖河源市 5 个县 1 个区中小学校，发放对象为一线体育教师。2009 年问卷调查共发放问卷 300 份，回收 283 份有效样本，有效回收率为 94.3%。2019 年共发放问卷 320 份，回收 306 份，其中有效问卷 279 份。问卷回收率为 92.6%，有效率为 91.2%。

2. 文献资料调研

运用互联网和权威数据库，查阅近 30 年来国内外有关中小学体育教师职业压力的相关研究，论著 10 余部，论文 150 多篇。

3. 数理统计

对 2009 年和 2019 年河源市中小学体育教师职业压力的调查数据进行整理和计算机录入，使用 SPSS25.0 软件对录入的数据进行统计整理。

4. 比较法

对数理统计结果进行多层次、多因素的比较分析，并作逻辑归纳。

三、结果与分析

（一）中小学体育教师职业压力宏观层面的变化与比较

1. 职业压力整体情况的变化与比较

从表 4—26 的数据可以看出，总体上，2019 年所测河源市中小学体育教师职业压力平均指数从 2009 年的 57.0577 回落到 52.9574，尽管还处在高位，但是降幅达到了 4.10 之大，统计显示具有非常显著性的差异，显示出河源市中小学体育教师职业压力得到明显的改善，整体上朝着"向好"端发展，说明了影响体育教师职业压力的内、外因素、条件、环境等在十年间均得了一定程度的改善。

表 4—26 2009-2019 年职业压力的整体情况与比较

测量时间	N	M	SD	F	显著性	t	自由度	Sig.（双尾）
2019	279	52.9574	10.97448	14.438	0.000	−3.915	537.234	0.000
2009	283	57.0577	13.72192					

2. 职业压力内因因素的变化与比较

从表 4—27 的数据可以看出，总体上，影响中小学体育教师职业压力的内因在 10 年间变化不明显，没有显示出统计学上的显著性差异，还处在比较高的压力态势。进一步解构分析发现，内因因素中的职业期望、工作压力均发生了统计学上的显著性变化，"向好"趋势明显；成绩压力则"趋恶"明显，具有统计学上的显著性差异；自我发展需要也有"趋恶"态势，但统计学上的差异不显著。

表 4—27 2009-2019 年职业压力内因因素的情况与比较

因素	测量时间	N	M	SD	F	显著性	t	自由度	Sig.（双尾）
内因	2019	279	2.7193	0.57414	10.815	0.001	−1.375	544.610	0.170
	2008	283	2.7929	0.69025					

续表

因素	测量时间	N	M	SD	F	显著性	t	自由度	Sig.（双尾）
工作压力	2019	279	2.8824	0.66447	14.832	0.000	−3.128	542.836	0.002
	2008	283	3.0774	0.80692					
自我发展需要	2019	279	2.8018	0.63578	1.705	0.192	1.615	560	0.107
	2008	283	2.7118	0.68559					
职业期望	2019	279	2.5866	0.82148	4.222	0.040	−4.967	555.892	0.000
	2008	283	2.9494	0.90832					
成绩压力	2019	279	2.6065	0.76513	3.105	0.079	2.562	560	0.011
	2008	283	2.4332	0.83600					

3. 职业压力外因因素的变化与比较

从表4－28 的数据可以看出，总体上，影响中小学体育教师职业压力的外因在十年间发生了极为明显的"向好"变化，统计学上也具有非常显著性的差异。进一步解构分析发现，外因因素中的家长因素、学生因素、组织气氛均得到了比较大的改善，均具有统计学上的非常显著性的差异，释放出在外部环境、条件持续改善的情况下，目前中小学体育教师职业压力主要来自内因因素，解决问题的重点和关注点也要落在内因上。

表4－28　2009-2019年职业压力外因因素的情况与比较

因素	测量时间	N	M	SD	F	显著性	t	自由度	Sig.（双尾）
外因	2019	279	2.4756	0.62976	13.537	0.000	−7.777	541.129	0.000
	2008	283	2.9374	0.77187					
组织气氛	2019	279	2.3692	0.74567	6.360	0.012	−5.190	550.466	0.000
	2008	283	2.7223	0.86354					
学生因素	2019	279	2.2774	0.71048	11.747	0.001	−6.970	547.570	0.000
	2008	283	2.7343	0.83898					
家长因素	2019	279	2.7802	0.86514	10.959	0.001	−7.236	548.486	0.000
	2008	283	3.3557	1.01558					

（二）中小学体育教师职业压力微观层面的变化与比较

1. 工作压力因子的变化与比较

从表4－29 的数据可以看出，10 年间，工作压力因子主要朝着"向好"的方向变化，器材、经费投入、场地、工作时间、承担教科研工作等改善最为明显，但是"学校缺乏上体育课所需的场地"还是处在高压力的处境，没有得到根本性的缓解。"担心在体育课上发生伤害事故"没有明显改变，仍然处在最突出的位置，"学校领导对运动队成绩要求较高""学校各种形式主义的活动太多"等还是压力较大，"上级各种正式与非正式的检查太多"显著"趋恶"，显然成为体育教师工作压力的新问题。

表4—29 工作压力因子的变化与比较

因子	2019 （M±SD）	2009 （M±SD）	t检验	变化量	排序
体育教师教学工作量大	2.6703±1.13427	2.6749±1.23784	−0.047	−0.004	8
体育教师平均日工作时间太长	2.7742±1.17034	3.1625±1.26115	−3.783**	−0.388	4
除了教学还要做大量的教科研工作	2.3835±1.18438	2.5724±1.06402	−1.988*	−0.188	5
学校各种形式主义的活动太多	2.7276±1.14631	2.7102±1.29407	0.168	0.017	9
上级各种正式与非正式的检查太多	3.0609±1.27788	2.3428±1.12948	7.056**	0.718	10
学校缺乏上体育课所需的场地	3.1828±1.31357	3.5760±1.35678	−3.490**	−0.393	3
学校缺乏上体育课所需的器材	2.9319±1.05549	3.7809±1.41223	−8.080**	−0.849	1
学校领导对运动队成绩要求较高	2.7921±1.17647	2.8269±1.16770	−0.352	−0.034	7
学校对运动队投入的经费不足	2.8925±1.17647	3.6148±1.33822	−6.799**	−0.722	2
担心在体育课上发生伤害事故	3.4086±1.39038	3.5124±1.23298	−0.936	−0.103	6

注：＊＊为p＜0.01。

2. 职业期望因子的变化与比较

从表4—30的数据可以看出，10年间，职业期望因子主要朝着"向好"端演化，首先改善最大的是"体育教师工作很难得到领导的认可"，其次是报酬与工作量不成比例问题，再次是职业地位不受尊重问题，最后是意外伤害事故的人身保险问题。但是，体育教师缺乏成就感问题没有得到有效的改善，甚至还有"趋恶"的倾向，要特别引起重视。

表5—30 职业期望因子的变化与比较

因子	2019 （M±SD）	2009 （M±SD）	t检验	变化量	排序
体育教师职业地位不受尊重	2.6559±1.24220	3.1767±1.37501	−4.713**	−0.520	3
体育教师报酬与工作量不成比例，有偏少的趋势	2.9427±1.22780	3.4770±1.28356	−5.042**	−0.534	2
由于身体的原因无法进行正常体育教学工作时，生活无保障	1.9319±1.17484	1.9470±1.11120	−0.157	−0.005	5
没有针对体育教师意外伤害事故的人身保险	2.5735±1.43221	3.0106±1.56079	−3.458**	−0.437	4
体育教师缺乏成就感	2.8889±1.30516	2.8410±1.33401	0.430	0.047	6
体育教师工作很难得到领导的认可	2.5269±1.17459	3.2438±1.38146	−6.631**	−0.716	1

注：＊＊为p＜0.01。

3. 自我发展需要因子的变化与比较

从表4—31的数据可以看出，10年间，自我发展需要因子既有朝着"向好"的变化因子，更多的是"趋恶"变化的因子，释放出需要辩证看待的信号。"向好"变化方面，主要是"体育教师担心随着年龄增大而不能胜任体育教学工作"得到了极大的缓解，另外"参加学术会议和研究的机会太少"也得到一定程度的缓解，但还处在高位态势，远远满足不了需求。"趋恶"方面，首先评职称难的问题更加突出，其次是愈发感到知识和学历不够，最后缺少职后继续教育机会等。

表4-31 自我发展需要因子的变化与比较

因子	2019（M±SD）	2009（M±SD）	t检验	变化量	排序
缺少进修和接受继续教育的机会	3.1398±1.27164	2.8728±1.34140	2.421*	0.267	5
知识时代日新月异，自己有些跟不上形势	2.4014±1.04750	2.3852±1.13146	0.177	0.016	3
参加学术会议和研究的机会太少	3.2115±1.14823	3.4382±1.33112	−2.163*	−0.226	2
体育教师职称评定要求较高，晋升困难	3.2688±1.26781	2.7491±1.24511	4.903**	0.519	7
自身业务素质有待提高	2.6989±1.09069	2.6360±0.99201	0.715	0.062	4
随着年龄增大，担心不能胜任体育教学工作	2.2616±1.18428	2.6219±1.30811	−3.424**	−0.360	1
感到自己知识和学历不够	2.6308±1.20098	2.2792±1.03989	3.709**	0.351	6

注：＊＊为 p＜0.01。

4. 成绩压力因子的变化与比较

从表4-32的数据可以看出，10年间，成绩压力的4个因子均发生了明显"趋恶"的变化，唯一有所改善的是体育教师对学校用体育考试与训练成绩挂钩奖金绩效的压力有所减轻，换句话说，就是成绩压力不是轻了而是更加沉重了。在目前大力提倡"减负减压"的背景下，这种"趋恶"的逆向变化值得进一步关切和探究。

表4-32 成绩压力因子的变化与比较

因子	2019年（M±SD）	2009年（M±SD）	t检验	变化量	排序
体育教师须对学生体育考试与训练成绩负全责	3.0108±1.20097	2.7279±1.19403	2.800**	0.282	4
学校用学生体育考试与训练成绩衡量教师的工作水平	2.8244±1.26433	2.6007±1.22022	2.134*	0.223	2
学生体育考试和训练成绩与体育教师职称评审挂钩	2.2975±1.01128	2.0495±1.07074	2.822**	0.248	3

续表

因子	2019 年（M±SD）	2009 年（M±SD）	t 检验	变化量	排序
学校用学生体育考试与训练成绩评定教师的奖金绩效	2.2222±1.12560	2.4311±1.37274	−1.974*	−0.208	1
担心所教学生体育考试与训练成绩不理想	2.6774±1.12680	2.3569±1.02617	3.527**	0.320	5

注：**为 $p < 0.01$。

5. 学生因子的变化与比较

从表 4−33 的数据可以看出，10 年间，学生因素的 5 个因子均发生了明显"向好"的变化。学生礼貌对待体育教师的情况进一步巩固，学生思想工作难做的情况得到明显的改善，学生身体素质差影响技术技能教学的情况也得到明显的改善，学生课堂上遵守纪律、服从管理方面也得到了改善，整体释放出学生因素已经不足以构成体育教师职业压力的问题的信号。

表 4−33　学生因素因子的变化与比较

因子	2019 年（M±SD）	2009 年（M±SD）	t 检验	变化量	排序
学生身体素质差，很难进行正常的技术技能教学	2.7634±1.13224	3.2085±1.31912	−4.294**	−0.445	3
学生对体育教师没有礼貌	1.7634±1.00070	2.4876±1.17707	−7.862**	−0.724	1
学生在体育课堂上不守纪律	2.3656±.95719	2.5866±1.14642	−2.482*	−0.221	5
学生在课堂上不服从老师的指令	1.9391±.98178	2.2792±1.09309	−3.881**	−0.340	4
学生受社会不良风气的影响，思想工作难以进行	2.5556±1.17051	3.1095±1.24286	−5.438**	−0.553	2

注：**为 $p < 0.01$。

6. 组织气氛因子的变化与比较

从表 4−34 的数据可以看出，10 年间，组织气氛的 5 个因子均发生了一定的变化，其中 3 个因子发生了明显"向好"的变化。支持体育工作的情况得到极大的改善，学校体育教师之间的凝聚力有所增强，学校对体育教师的工作评价与奖赏有一些改善。此外，同事之间还是保持着比较融洽的关系。不足的是，"缺乏发挥自身特长的机会"没有得到明显的改善。

表 4−34　组织气氛因子的变化与比较

因子	2019 年（M±SD）	2009 年（M±SD）	t 检验	变化量	排序
缺乏发挥自身特长的机会	2.6882±1.20232	2.8693±1.24650	−1.752	−0.181	4
学校对体育教师的评价与奖赏不够合理	3.1828±1.24033	3.4594±1.41707	−2.463*	−0.276	3

因子	2019 年(M±SD)	2009 年(M±SD)	t 检验	变化量	排序
学校体育教师之间的凝聚力不高	2.0645±1.19477	2.4735±1.26960	−3.932**	−0.409	2
学校领导不支持体育工作	2.2903±1.25447	3.0919±1.41623	−7.105**	−0.801	1
同事间关系不融洽	1.6201±1.05893	1.7173±0.99891	−1.120	−0.097	5

注：** 为 $p<0.01$。

7. 家长因素的变化与比较

从表 4—35 的数据可以看出，十年间，家长因素的三个因子均发生了明显"向好"的变化，情况得到了较大的改善，没有恶化项，释放出明显的信号，具体体现在：一是对待学生不良行为的问题上，基本上能够得到家长的支持与配合；二是家长对孩子体育学习的重视程度有明显改善，尽管程度还不够大；三是家长比较理解体育教师的工作，有利于减轻体育教师的压力。

表 4—35　家长因素因子的变化与比较

因子	2019 年(M±SD)	2009 年(M±SD)	t 检验	变化量	排序
在学生不良行为问题上，缺乏家长的支持与配合	2.6272±1.17717	3.3463±1.29656	−6.885**	−0.719	1
家长只重视孩子文化知识的学习，对孩子的体育学习不够重视	3.0538±1.31427	3.6996±1.28476	−5.891**	−0.645	2
家长不能理解体育教师的工作	2.6595±1.17628	3.0212±1.25177	−3.529**	−0.361	3

（三）内、外因素对职业压力影响预测的变化与比较

为了进一步了解内外因素对中小学体育教师职业压力影响的预测及其变化，精准掌握内外因所起的作用，通过建模发现，2019 年所测数据建立的回归方程为"职业压力＝1.044＋0.699×内因＋0.361×外因"，2009 年所测数据建立的回归方程为"职业压力＝0.203＋0.687×内因＋0.359×外因"。由此可以发现，比之 2009 年，2019 年影响中小学体育教师职业压力的内、外因因素的作用均有增加，而且内因的影响作用进一步加大。可见，内因对体育教师职业压力的响应是主导性的，外因是促进性的。

四、结论

（1）纵向比较发现，2009 年至 2019 年的 10 年间，河源市中小学体育教师职业压力得到明显的改善，整体上朝着"向好"端发展。其中，影响中小学体育教师职业压力的内因变

化不明显，没有显示出统计学上的显著性差异，还处在比较高的压力态势；影响中小学体育教师职业压力的外因发生了极为明显的"向好"变化，统计学上也具有非常显著性的差异。

（2）微观比较发现，内因中的工作压力、职业期望主要朝着"向好"的方向变化，自我发展需要、成绩压力主要朝着"趋恶"的方向，"担心在体育课上发生伤害事故"仍然是最突出的问题之一，形式主义、缺乏成就感、评职称难、职后教育培训少、教研难等有显著"趋恶"的态势；外因中学生因素、家长因素、组织气氛均朝着"向好"的方向变化，主要问题是"缺乏发挥自身特长的机会"没有得到明显的改善，家长对孩子体育学习的重视程度还有较大的提升空间。

（3）建模显示，比之 2009 年，2019 年影响中小学体育教师职业压力的内、外因因素的的作用均有增加，而且内因的影响作用进一步加大。可见，内因对体育教师职业压力的响应是主导性的，外因是促进性的。

（4）结合微观层面的解构分析显示，目前河源市中小学体育教师职业压力主要来自内因，重点解决形式主义严重、缺乏成就感、评职称难、职后教育培训少、教研难等教师反映和诉求的痛点和难点问题上，要把搭建教师专业发展的综合培养平台和创新体制机制摆在首位。

第五章　新时代体育教师专业合作研究

第一节　新时代体育教师专业合作指数评估

一、提出问题

　　新时代，国家赋予"学校体育是实现立德树人根本任务、提升学生综合素质的基础性工程"的新定位，明确锚定到 2035 年基本形成多样化、现代化、高质量的学校体育体系。面对学校体育的新方位、新征程、新使命，面对加速时代信息化、人工智能等新技术变革，体育教师队伍建设还不能完全适应，教师队伍规模、结构、素质能力等都难以满足高质量发展的要求，每一个体育教师都面临着新的机遇和重大挑战，面临高质量专业合作的必然要求。在这样的大背景下，打造一支匹配学校体育高质量发展的具有合作精神、合作意识和合作能力的体育教师队伍是时代的应然之举，也是时代的实然选择，是摆在各级政府、教育行政管理部门和学校的重要议事日程的实践课题。

　　何谓教师专业合作？教师专业合作一般是指教师在学校场域中基于共同目标和工作愿景，着眼于改进教育教学，促进学生学习，实现学校进步而开展的展示、互动、交流、分享、观察、反思等系列专业互动活动。体育教师专业合作是指教师基于立德树人共同目标和工作愿景，以学校体育"学练赛"一体化体系为载体，促进全体学生身心健康成长为旨意，着眼于五育融合、体教融合、育训一体等新育人方式的打造与建立，实现学校体育内涵提升和生态友好和谐而开展的一系列共建共享共担的专业交互活动。

　　合作才能共赢。考察文献，无论国内外，对教师专业合作的研究均取得了一定的成果共识，比较一致地认为：合作是教育改革的当务之急，合作取向的工作范式成为各类现存组织的运行准则，参与合作学习的教师工作满意度更高和自我效能感更强，同时也发现教师之间的孤立是促进自身专业发展和提高教学质量的最大障碍。近几十年的研究已经充分表明，专业合作是促进教师专业发展的关键路径和重要保障。因此，促进教师专业合作成为深化新时代教育改革与发展的必然趋势和关键选择，教师之间的专业合作也必将成为新时代教育高质量发展的重要议题，学校体育也不例外。

　　进一步查证文献发现，在学校体育领域，对体育教师专业合作的研究，较早的如 2007 年的《体育教师专业成长的途径：合作与反思》，文中强调"合作与反思是体育教师专业成长的必选策略"，2011 年的《合作学习：体育教师专业发展的有效途径》提出了"合作是教师专业素养的重要内涵"。近年来的相关研究，可查文献只有 2021 年丁小芬的 1 篇文章，提出了"小学教师教育联盟背景下小学体育教育专业人才开展高校和小学的 PDS 合作模式"。可见，目前体育学界对于体育教师专业合作的研究：一是尚处在起步探索阶段，可供参考的文献数量少质量不高；二是研究多局限于学理方面的探讨，方法单一，内容单薄，成果不足，缺乏创新；三是尚无对体育教师专业合作现状的较大规模的调查，尤其是指数评估；四是对影响体育教师专业合作的主要因素是见仁见智，没有形成广泛共识。正因如此，目前的研究尚不足以支撑体育教师专业化发展的新需求，也不足以为改进和提升政府和学校服务管理提供有益参考。

因此，随着我国新公共服务理论和以人民为中心发展思想等实践的深入推进，政府和学校公共部门以师生导向的现代管理和服务成为核心理念，要求站在师生的立场上供给优质公共产品和个性化服务，以追求师生满意为基本目标。尤其有必要从新公共服务理论和现代学校治理的视角，基于理论模型假设开展对体育教师专业合作进行更深入的探讨，揭示影响体育教师专业合作的主要因素，发掘其主要影响因素的作用，提出既科学又可行的提升策略和举措，进一步提升体育教师专业合作水平，促进专业化发展，为打造一支情怀深、技术精、技能强、活力足的体育教师队伍奠定基础。

二、研究方法

（一）研究对象

本研究采用简单随机抽样与分层抽样相结合的方法，根据广东省大中小学校地域分布、办学属性、办学类型、发展水平等，分别在粤港澳大湾区九市和粤东西北地区随机抽取 40 所学校的 1085 名体育教师为研究对象。通过"问卷星"系统按设定的时效内在线上实施问卷调查，共发放问卷 1180 份，回收 1139 份，其中有效问卷 1085 份。问卷的回收率为 96.5%，有效率为 95.3%。调查样本的人口学特征等详见表 5—1。

表 5—1　调查样本人口学特征（N=1085）

	变量	人数	比例（%）		变量	人数	比例（%）
区域	大湾区九市	544	50.1	学历	大专	145	13.36
	粤东西北地区	541	49.9		本科	796	73.36
类别	乡村学校	313	28.8		硕士研究生	104	9.59
	城镇学校	772	71.2		博士研究生	40	3.69
属性	公办	1000	92.2	职称	初级	366	33.7
	民办	85	7.8		中级	514	47.4
身份	小学体育教师	353	32.53		副高级	156	14.4
	初中体育教师	249	22.94		正高级	49	4.5
	高中体育教师	168	15.48		0～5 年	263	24.2
	高校体育教师	315	29.05	教龄	6～15 年	311	28.7
性别	男	817	75.3		16～25 年	317	29.2
	女	268	24.7		25 年以上	194	17.9

（二）模型构建

体育教师专业合作指数的理论假设模型设定为，合作认知、学校治理、理念认同、合作行为对专业合作产生直接影响，学校治理还能够以合作认知、理念认同、合作行为为中介变量间接影响教师专业合作。

首先采用 AMOS27.0 软件建立合作认知、理念认同、合作行为、学校治理的结构方程模型，进而采用基于线性结构关系的 AMOS27.0 软件来验证体育教师专业合作模型。初始模型的分析结果显示，对体育教师专业合作一阶四维度结构模型路径系数的显著性检验发现，28 个题目的路径系数 T 值均大于 0.01 的显著性水平。总体来看，模型拟合程度较好。进一步观测变量因子载荷的显著性检验显示，所有变量的载荷均为正值并且都在 0.001 水平上显著，与最初的理论设想一致。

（三）测评工具

在借鉴中小学教师专业合作问卷的设计思想和思路的基础上，根据理论模型编制体育教师专业合作测量表。调查问卷根据一阶（合作指数）四维（合作认知、学校治理、理念认同、合作行为）的思想和原理，最终确定由 28 个条目、4 个维度构成，感知程度采用"赞同-基本赞同-不确定-不太赞同-不赞同"五级评价，对应评分分别为 5、4、3、2、1 分。合作指数结果采用 10 分制表示，综合评分≥9.0 分评定为合作水平"高"、8.9～8.0 分为"比较高"、7.9～6.0 分为"一般"、5.9～5.0 分为"比较低"、小于 5.0 分为"低"。问卷经过 SPSS27.0 统计软件检验，综合信度为 0.933，分半信度为 0.889，综合结构效度为 0.946，量表的信度好、结构效度好，可以进行有效的数据分析。体育教师专业合作测量表信度效度检验情况见表 5—2。

表 5—2　"高职教师专业合作测量表"信度效度检验

结构	人数	信度	分半信度	效度
合作认知	1085	0.739	0.664	0.905
学校治理	1085	0.842	0.616	0.930
理念共享	1085	0.902	0.886	0.840
合作行为	1085	0.935	0.927	0.929
总体	1085	0.939	0.904	0.971

（四）数据处理

在问卷星系统自动生成 XLSX 工作表的基础上，使用 SPSS27.0 软件在计算机上自动导入所有的调查数据，初步生成新的数据集。按照数理统计要求对新数据集进行整理、甄别和完善，剔除异常问卷，形成可以有效进行数据分析的体育教师专业合作数据集，使用 SPSS27.0 软件与 AMOS27.0 软件进行统计学处理与分析。

三、结果与分析

（一）体育教师专业合作指数与感知情况分布

调查结果显示（见表 5—3）：总体上广东省体育教师专业合作指数为 8.44，达到了"比较高"的程度，体育教师专业合作处在比较好的优良水平，合作共赢的态势正在形成。说明了目前广东教育生态或学校体育生态对体育教师整体上是比较友好和谐的，有利于体育教师间专业合作的开展和推进，但是仍然存有一些改进和上升的空间。从具体构成体育教师专业合作的维度看，除学校治理维度只达到"一般"的水平外，合作认知、理念共享、合作行为3个维度均达到"比较高"的优良水平，且相对比较均衡，结果表明现代学校治理维度是目前体育教师专业合作的薄弱环节和短板，理应加以关注，这也是进一步提升体育教师专业合作的着力点之一。

表5—3 体育教师专业合作指数

项目	合作指数	合作认知	学校治理	理念共享	合作行为
平均值	8.44	8.75	7.67	8.56	8.78
人数	1085	1085	1085	1085	1085
标准差	1.18	1.06	1.21	1.62	1.54

进一步从体育教师专业合作感知人群分布的情况看（见表5—4）：体育教师专业合作水平"高"和"比较高"两项的人数合计为749人，占比达到69.0%；"一般"的人数为297人，占比27.4%；"比较低"和"低"两项的人数合计39人，占比3.6%，总体上体育教师专业合作水平由高到低呈现"倒梯形"特征，其分布和呈现出来的态势良好，但是确实也还有31.0%的教师专业合作水平一般或不良，存在这样或那样的一些问题或矛盾，理应精准针对这部分教师做好精细化的服务和教育提升工作，有利于在整体上进一步提升体育教师专业合作水平。

表5—4 体育教师专业合作感知情况分布

分类	高	比较高	一般	比较低	低
人数	508	241	297	22	17
百分比	46.8	22.2	27.4	2.0	16
累计百分比	46.8	69.0	96.4	98.4	100

（二）体育教师专业合作基本特征与分析

调查结果显示（见表5—5），广东省体育教师专业合作主要表现出以下几个方面的显著特征。

一是具有区域性差异，大湾区九市体育教师专业合作指数（8.30）明显低于粤东西北地区体育教师（8.58），且差异具有统计学意义上的非常显著性，说明粤东西北地区体育教师专业合作水平高于大湾区九市体育教师。

二是学校类型差异，乡村学校体育教师专业合作指数（8.60）明显高于城区学校体育教师（8.37），且差异具有统计学意义上的显著性，说明乡村学校体育教师专业合作水平高于城区学校体育教师。

三是学校属性差异，公办学校体育教师专业合作指数（8.41）明显低于民办学校体育教师（8.82），且差异具有统计学意义上的显著性，说明公办学校体育教师专业合作水平低于民办学校体育教师。

四是性别差异，男性体育教师专业合作指数（8.50）明显高于女性体育教师（8.24），且差异具有统计学意义上的显著性，说明男性体育教师专业合作水平高于女性体育教师。

五是学段差异，不同学段体育教师专业合作水平有随着学段提升其专业合作水平不断递减的趋势，且总体上差异具有统计学意义上的非常显著性。

六是学历差异，具有不同学历体育教师专业合作水平有随着学历提升其专业合作水平有所递减的趋势，且总体上差异具有统计学意义上的非常显著性。

七是职称差异，具有不同职称体育教师专业合作水平有随着职称提升其专业合作水平不断递减的趋势，且总体上差异具有统计学意义上的非常显著性。

八是教龄差异，具有不同教龄体育教师专业合作水平有随着教龄增加其专业合作水平有所减低的趋势，且总体上差异具有统计学意义上的显著性。

表 5-5 体育教师专业合作基本特征

项目		人数	平均值	标准差	ANOVA	
					F	Sig.
区域	大湾区九市	544	8.30	1.27	16.202	0.000
	粤东西北地区	541	8.58	1.08		
类型	乡村学校	313	8.60	1.17	7.999	0.005
	城区学校	772	8.37	1.18		
属性	公办学校	1000	8.41	1.18	9.534	0.002
	民办学校	85	8.82	1.11		
性别	男	817	8.50	1.15	9.819	0.002
	女	268	8.24	1.27		
学段	小学	353	8.73	0.98	48.102	0.000
	初中	249	8.77	0.89		
	高中	168	8.51	1.19		
	高校	315	7.82	1.34		
学历	大专	145	8.42	1.16	16.287	0.000
	本科	796	8.55	1.072		
	硕士研究生	104	7.86	1.48		
	博士研究生	40	7.77	1.75		
职称	初级	366	8.67	1.04	10.053	0.000
	中级	514	8.38	1.17		
	副高级	156	8.27	1.25		
	正高级	49	7.86	1.73		
教龄	0～5 年	263	8.62	1.06	3.214	0.022
	6～15 年	311	8.43	1.14		
	16～25 年	317	8.36	1.29		
	25 年以上	194	8.33	1.22		

（三）专业合作与主要影响因素的相关关系与响应预测

统计结果显示（见表 5-6）：合作认知、学校治理、理念认同、合作行为等因素与合作指数的偏相关关系分别为 0.923、0.575、0.743、0.803，且都具有统计学意义上的非常显著性，说明除合作认知与专业合作只具有中度的线性相关关系外，学校治理、理念认同、合作行为均与专业合作具有高度的线性相关关系，4 个因素都是构成影响专业合作的主要因素。

表 6－6　专业合作指数与主要影响因素的相关关系

控制变量		合作指数	合作认知	学校治理	理念认同	合作行为
区域	合作指数	1.000				
	合作认知	709＊＊	1.000			
	学校治理	876＊＊	0.497＊＊	1.000		
	理念认同	915＊＊	0.497＊＊	0.769＊＊	1.000	
	合作行为	923＊＊	0.575＊＊	0.743＊＊	0.803＊＊	1.000

注：＊＊为 $p < 0.01$。

进一步分析数据发现，影响体育教师专业合作的具体的不良因子有 3 个，分别是"学校行政管理的信息化水平和执行力亟待改善""学校领导的素质、能力和水平亟待提高""我担心在专业合作中利益受损"（详见表 5－7）。

表 5－7　影响专业合作主要不良因子

排序	因子	N	Min.	Max.	M	SD
1	学校行政管理的信息化水平和执行力亟待改善	1085	1	5	1.78	1.023
2	学校领导的素质、能力和水平亟待提高	1085	1	5	1.80	1.031
3	我担心在专业合作中利益受损	1085	1	5	2.71	1.487

结果表明，在专业合作领域，一是体育教师目前对行政管理的信息化水平低和管理层执行力差的问题反感程度最强烈，尤其是粤东西北地区的体育教师，也是最大的不满意因子；二是比较诟病的是学校领导的素质、能力和水平不足问题，认为目前在职在岗的学校领导素质、能力和水平不足以引领现代学校治理和学校体育的深度变革；三是针对专业合作担心自身的实际利益受到损害，认为目前学校在教师专业合作方面的制度供给不完善、机制不够健全、缺乏优质平台、资源配套不足等，导致"被合作"而产生负面响应。

进一步采用回归分析和结构方程模型等方法对主要影响体育教师专业合作的各种因素所起的作用进行建模与作用大小预测，结果发现：一是理论设想的影响体育教师专业合作的四大变量均进入结构方程，所建构模型的调整后 R^2 的系数为 1.00，说明结构方程的拟合度比较理想，完全可以建立多元线性方程；二是对线性方程的拟合度进行检验，残差为零，检验结果非常显著，说明结构方程中因变量专业合作与其他 4 个自变量之间的线性关系完全成立，能够恰当解释因变量；三是根据方程中回归系数的显著性检验结果显示（见表 5－8），合作认知、学校治理、理念认同、合作行为等对专业合作贡献的非标准化系数均为 0.25，标准化系数则分别是 0.224、0.257、0.343、0.326。

建模表明：一是在其他因素不变的情况下，合作认知、学校治理、理念认同、合作行为等自变量每变化一个单位对因变量的作用均达到 0.25 个基数；二是在回归模型中，理念认同对因变量专业合作所起的作用最大，其贡献系数达到 0.343 个基数，其他因素按作用大小排列依次是合作行为（0.326）、学校治理（0.257）、合作认知（0.224）。结果表明：四个自变量均对专业合作均起到积极的正向影响作用。

表 5-8　专业合作模型中主要影响因素预测贡献系数

模型		未标准化系数		标准化系数	t	显著性
		B	标准误	Beta		
1	常量	1.421E-14	0.000		.	.
	合作认知	250	0.000	0.224	.	.
	学校治理	250	0.000	0.257	.	.
	理念认同	250	0.000	0.343	.	.
	合作行为	250	0.000	0.326	.	.

注：a. 因变量：合作指数。

四、结论与建议

（一）结论

（1）总体上广东省体育教师专业合作指数为 8.44，达到了"比较高"的程度，其分布情况由高到低呈现"倒梯形"的良好生态，合作共赢的态势正在形成。

（2）广东省体育教师专业合作主要表现出 8 个方面的显著特征，分别是区域性差异、学校类型差异、学校属性差异、性别差异、学段差异、学历差异、职称差异和教龄差异，且总体上差异具有统计学意义上的显著性或非常显著性。

（3）合作认知、学校治理、理念认同、合作行为 4 个因素是影响体育教师专业合作的主要因素，具体化的不良影响因子有 3 个，分别是"学校行政管理的信息化水平和执行力亟待改善""学校领导的素质、能力和水平亟待提高""我担心在专业合作中利益受损"。

（4）在其他因素不变的情况下，合作认知、学校治理、理念认同、合作行为等自变量每变化一个单位对因变量的作用均达到 0.25 个基数；在回归模型中，理念认同对因变量专业合作所起的作用最大，其贡献系数达到 0.343 个基数，其他因素按作用大小排列依次是合作行为（0.326）、学校治理（0.257）、合作认知（0.224）。结果表明：四个自变量均对专业合作起到积极的正向影响作用。

（二）建议

体育教师合作共赢的态势正在形成，他们在课程教学、课案设计、课余训练、课外技能指导等方面的专业合作如火如荼，成就了专业合作指数为 8.44 的较高水平。但是，深层次、高水平、可持续的专业合作仍然薄弱，如教研合作、创新育人方式合作、开发"教练赛"一体化新教学模式等，面对 21 世纪的挑战与机遇，需要建构体育教师专业发展支持体系和专业合作体系，打造一支匹配学校体育高质量发展的具有合作精神、合作意识和合作能力的体育教师队伍，需要从宏观、中观和微观 3 个层面综合思考提升体育教师专业合作水平的教育对策。

（1）从宏观层面上，建立符合教育规律的体育教师发展体系，实现全省体育教师综合素质、专业化水平和创新能力大幅提升，实现教学实践能力、综合育人能力、自主发展能力和信息技术应用能力普遍增强，是应对新时代新课标背景下的教师专业化培养的应然之举。一是加强体育教师专业发展支持体系建设，形成省、市、县、校四级联动、整体推进、协同创新的体育教师专业发展支持体系；二是充分发挥省级中小学教师发展中心的资源优势，深入开展体育教师发展研究，积极探索促进体育教师职前培养职后培训一体化发展的方法路径，为教育行政部门、市县级教师发展中心和大中小学校教师发展提供重要支持与服务；三是加快推动市县建设特色鲜明、研训一体的教师发展中心，发挥市县级教师发展中心在本地体育教师培训中的主阵地作用；四是针对学校治理薄弱环节，加强对各级各类学校管理层尤其是校长的素质、能力和水平的提升培养，实现教育家治校，实现现代学校治理。

（2）从中观层面上，加强教师管理制度改革创新，实现体育教师队伍治理体系和治理能力现代化。一是建立基于共同利益的教师评价体系。各级各类学校要深化教师评价制度改革，形成符合大中小学体育教师岗位特点，以品德、业绩、能力为主要内容，突出考核评价体育教师教书育人能力和教育教学实绩的综合评价体系。二是创建教师教学能力展示交流平台。组织开展各类教师喜闻乐见的教学竞赛、比武和教研活动，奖励和推广优秀教育教学成果奖，创造有利条件让优秀青年教师脱颖而出，引导带动广大教师潜心教学研究，创新教学方法，提升教学技能。三是针对教师强烈反映的学校行政管理的信息化水平和执行力亟待改善的问题，要加强数字校园建设，加强大学校体育理念的树立，实现学校治理的提质培优。四是针对体育教师担心在专业合作中利益受损的诉求，要统筹学校优质制度和优良工作机制的供给，建设教师间合作的友好生态，增强教师的合作信心和预期。

（3）从微观层面上，要实现数字化赋能体育教师专业合作。数字化技术正在深刻影响教育领域和全过程，必须抓住数字化发展的新机遇，以数字化技术丰富专业合作内容、创新专业方式、完善专业合作评价，实现专业合作的高质量发展。一是善用数字化技术聚合专业素材和资源，打造全方位、立体化的合作资源库，使合作内容丰富起来，使合作活起来；二是要利用数字化技术推动专业合作方式的变革，全方位提高专业合作的参与度和调动教师合作的自主性，激发深度合作；三是专业合作评价体系是提升专业合作的探测器和矫正器，以数字化技术科学评价专业合作过程和成果，不仅可以实现对其问诊把脉，还有助于实现合作水平、程度评价的统一，为校正合作、提高水平提供依据。

第二节　中小学体育教师专业合作指数评估

一、提出问题

何谓教师专业合作？教师专业合作一般是指教师在学校场域中基于共同目标和工作愿景，着眼于改进教育教学，促进学生学习，实现学校进步而开展的展示、互动、交流、分享、观察、反思等系列专业互动活动。体育教师专业合作是指教师基于立德树人共同目标和工作愿景，以学校体育"学练赛"一体化体系为载体，促进全体学生身心健康成长为旨意，着眼于五育并举、体教融合、育训一体等新育人方式的打造与建立，实现学校体育内涵提升和生态友好和谐而开展的一系列共建共享共担的专业交互活动。

合作才能共赢。考察文献，无论国内外，对教师专业合作的研究均取得了一定的成果共识，比较一致地认为：合作是教育改革的当务之急，合作取向的工作范式成为各类现存组织的运行准则，参与合作学习的教师工作满意度更高和自我效能感更强，同时也发现教师之间的孤立是促进自身专业发展和提高教学质量的最大障碍。近几十年的研究已经充分表明，专业合作是促进教师专业发展的关键路径和重要保障。因此，促进教师专业合作成为深化新时代教育改革与发展的必然趋势和关键选择，教师之间的专业合作也必将成为新时代教育高质量发展的重要议题，学校体育也不例外。

因此，随着我国新公共服务理论和以人民为中心发展思想等实践的深入推进，政府和学校公共部门以师生导向的现代管理和服务成为核心理念，要求站在师生的立场上供给优质公共产品和个性化服务，以追求师生满意为基本目标。尤其有必要从新公共服务理论和现代学校治理的视角，基于理论模型假设开展对体育教师专业合作进行更深入的探讨，揭示影响体育教师专业合作的主要因素，发掘其主要影响因素的作用，提出既科学又可行的提升策略和举措，进一步提升体育教师专业合作水平，促进专业化发展，为打造一支情怀深、技术精、技能强、活力足的体育教师队伍奠定基础。

二、研究方法

(一) 研究对象

本研究采用简单随机抽样与分层抽样相结合的方法，根据广东省中小学校地域分布、办学属性、办学类型、发展水平等，分别在粤港澳大湾区九市和粤东西北地区随机抽取80余所学校的770名体育教师为研究对象。通过"问卷星"系统按设定的时效内在线上实施问卷调查，共发放问卷800份，回收782份，其中有效问卷770份。问卷的回收率为97.8%，有效率为96.2%。调查样本的人口学特征等详见表5—9。

表5—9　调查样本人口学特征 (N=770)

变量		人数	比例 (%)	变量		人数	比例 (%)
区域	大湾区九市	291	37.8	学历	大专	96	12.5
	粤东西北地区	479	62.2		本科	647	84.0
类别	乡村学校	302	39.2		研究生	27	3.5
	城镇学校	468	60.8	职称	初级	308	40.0
属性	公办	696	90.4		中级	370	48.1
	民办	74	9.6		副高级	92	11.9
身份	小学体育教师	353	45.8	教龄	0~5 年	207	26.9
	初中体育教师	249	32.3		6~15 年	215	27.9
	高中体育教师	168	21.8		16~25 年	235	30.5
性别	男	618	80.3		25 年以上	113	14.7
	女	152	19.7				

（二）测评工具

在借鉴中小学教师专业合作问卷的设计思想和思路的基础上，根据理论模型编制体育教师专业合作测量表。调查问卷根据一阶（合作指数）四维（合作认知、学校治理、理念认同、合作行为）的思想和原理，最终确定由 28 个条目、4 个维度构成，感知程度采用"赞同-基本赞同-不确定-不太赞同-不赞同"五级评价，对应评分分别为 5、4、3、2、1 分。合作指数结果采用 10 分制表示，综合评分≥9.0 分评定为合作水平"高"、8.9～8.0 分为"比较高"、7.9～6.0 分为"一般"、5.9～5.0 分为"比较低"、小于 5.0 分为"低"。问卷经过 SPSS27.0 统计软件检验，综合信度为 0.926，分半信度为 0.888，综合结构效度为 0.960，量表的信度好、结构效度好，可以进行有效的数据分析。

（三）数据处理

在问卷星系统自动生成 XLSX 工作表的基础上，使用 SPSS27.0 软件在计算机上自动导入所有的调查数据，初步生成新的数据集。然后按照数理统计要求对新数据集进行整理、甄别和完善，剔除异常问卷，形成可以有效进行数据分析的体育教师专业合作数据集，然后使用 SPSS27.0 软件与 AMOS27.0 软件进行统计学处理与分析。

三、结果与分析

（一）体育教师专业合作指数与感知情况分布

调查结果显示（见表 5—10）：总体上广东省中小学体育教师专业合作指数为 8.69，达到了"比较高"的程度，体育教师专业合作处在比较好的优良水平，合作共赢的态势正在形成。说明了目前广东省中小学教育生态或学校体育生态对体育教师整体上是比较友好和谐的，有利于体育教师间专业合作的开展和推进，但是仍然存有一些改进和上升的空间。从具体构成体育教师专业合作的维度看，除学校治理维度只达到"一般"的水平外，合作认知、合作行为 2 个维度均达到"高"的优秀水平，理念认同达到"比较高"的优良水平，结果表明现代学校治理维度是目前体育教师专业合作的薄弱环节和短板，理应加以关注，这也是进一步提升体育教师专业合作的着力点之一。

表 5—10　体育教师专业合作指数

项目	合作指数	合作认知	学校治理	理念认同	合作行为
平均值	8.69	9.01	7.84	8.83	9.09
人数	770	770	770	770	770
标准差	1.01	0.78	1.17	1.48	1.33

进一步从体育教师专业合作感知人群分布的情况看（见表 5—11）：体育教师专业合作水平"高"和"比较高"两项的人数合计为 605 人，占比达到 78.6%；"一般"的人数为 150 人，占比 19.5%；"比较低"和"低"两项的人数合计 15 人，占比 2.0%。总体上体育教师专业合作水平由高到低呈现"倒三角"特征，其分布和呈现出来的态势良好，但是确实也还有 21.5%的教师专业合作水平一般或不良，存在这样那样的一些问题或矛盾，理应精准针对这部分教师做好精细化的服务和教育提升工作，有利于在整体上进一步提升体育教师专业合作水平。

表 5-11　体育教师专业合作水平情况分布

分类	高	比较高	一般	比较低	低
人数	425	180	150	9	6
百分比（%）	55.2	23.4	19.5	1.2	0.8
累计百分比（%）	55.2	78.6	98.1	99.2	100

（二）体育教师专业合作基本特征与分析

调查结果显示（见表 5-12）：广东省中小学体育教师专业合作主要表现出以下几个方面的显著特征。

一是具有学校办学属性的差异，民办学校体育教师专业合作指数（9.00）明显高于公办学校体育教师（8.66），且差异具有统计学意义上的显著性，说明民办学校体育教师专业合作水平高于公办学校体育教师。

二是具有学段差异，小学、初中体育教师专业合作水平显著高于高中体育教师，且总体上具有统计学意义上的显著性差异。

三是具有学历差异，具有不同学历体育教师专业合作水平有随着学历提升其专业合作水平有所递减的趋势，尤其是具有研究生学历体育教师专业合作水平明显低于具有大专、本科体育教师，且具有统计学意义上的显著性差异。

此外，没有发现区域、学校类型、性别、职称、教龄等方面的显著差异。

表 5-12　体育教师专业合作基本特征

项目		人数	平均值	标准差	ANOVA	
					F	Sig.
属性	公办学校	696	8.66	1.02	7.791	0.005
	民办学校	74	9.00	0.85		
学段	小学	353	8.73	0.98	3.690	0.025
	初中	249	8.77	0.89		
	高中	168	8.51	1.19		
学历	大专	96	8.73	0.97	2.457	0.086
	本科	647	8.70	0.97		
	研究生	27	8.27	1.69		

（三）专业合作与主要影响因素的相关关系与响应预测

统计结果显示（见表 5-13）：合作认知、学校治理、理念认同、合作行为等因素与合作指数的偏相关关系分别为 0.908、0.401、0.716、0.786，且都具有统计学意义上的非常显著性，说明除合作认知与专业合作具有低度的线性相关关系外，学校治理、理念认同、合作行为均与专业合作具有"较强"以上的线性相关关系，4 个因素都是构成影响专业合作的主要因素。

表 6—13 专业合作指数与主要影响因素的相关关系

控制变量		合作指数	合作认知	学校治理	理念认同	合作行为
区域	合作指数	1.000				
	合作认知	567**	1.000			
	学校治理	874**	0.377**	1.000		
	理念认同	911**	0.345**	0.740**	1.000	
	合作行为	908**	0.401**	0.716**	0.786**	1.000

注：** 为 p<0.01。

进一步分析数据发现，影响体育教师专业合作的具体的不良因子有 3 个，分别是"学校行政管理的信息化水平和执行力亟待改善""学校领导的素质、能力和水平亟待提高""我担心在专业合作中利益受损"（见表 5—14）。

结果表明，在专业合作领域，一是体育教师目前对行政管理的信息化水平低和管理层执行力差的问题反感程度最强烈，尤其是粤东西北地区的体育教师，也是最大的不满意因子；二是比较诟病的是学校领导的素质、能力和水平不足问题，认为目前在职在岗的学校领导素质、能力和水平不足以引领现代学校治理和学校体育的深度变革；三是针对专业合作担心自身的实际利益受到损害，认为目前学校在教师专业合作方面的制度供给不完善、机制不够健全、缺乏优质平台、资源配套不足等，导致"被合作"而产生负面响应。

表 5—14 影响专业合作主要不良因子

排序	因子	N	Min.	Max.	M	SD
1	学校行政管理的信息化水平和执行力亟待改善	770	1	5	1.69	1.01
2	学校领导的素质、能力和水平亟待提高	770	1	5	1.70	1.00
3	我担心在专业合作中利益受损	770	1	5	2.79	1.57

进一步采用回归分析和结构方程模型等方法对主要影响体育教师专业合作的各种因素所起的作用进行建模与作用大小预测，结果发现：一是理论设想的影响体育教师专业合作的四大变量均进入结构方程，所建构模型的调整后 R^2 的系数为 1.00，说明结构方程的拟合度比较理想，完全可以建立多元线性方程；二是对线性方程的拟合度进行检验，残差为零，检验结果非常显著，说明结构方程中因变量专业合作与其他 4 个自变量之间的线性关系完全成立，能够恰当解释因变量；三是根据方程中回归系数的显著性检验结果显示（见表 6—15），合作认知、学校治理、理念认同、合作行为等对专业合作贡献的非标准化系数均为 0.25；标准化系数则分别是 0.195、0.291、0.369、0.330。

建模表明：一是在其他因素不变的情况下，合作认知、学校治理、理念认同、合作行为等自变量每变化一个单位对因变量的作用均达到 0.25 个基数；二是在回归模型中，理念认同对因变量专业合作所起的作用最大，其贡献系数达到 0.369 个基数，其他因素按作用大小排列依次是合作行为（0.330）、学校治理（0.291）、合作认知（0.195）。结果表明：四个自变量均对专业合作起到积极的正向影响作用。

表 5—15 专业合作模型中主要影响因素预测贡献系数 a 表

模型		未标准化系数		标准化系数	t	显著性
		B	标准误	Beta		
1	常量	1.599E−14	0.000		0.000	1.000
	合作认知	0.250	0.000	0.195	66040483.223	0.000
	学校治理	0.250	0.000	0.291	68977762.727	0.000
	理念认同	0.250	0.000	0.369	77919798.015	0.000
	合作行为	0.250	0.000	0.330	70987386.616	0.000

注：a. 因变量：合作指数。

四、结论与建议

（一）结论

（1）总体上广东省中小学体育教师专业合作指数为 8.69，达到了"比较高"的程度，其分布情况由高到低几乎呈现"倒三角"的良好生态，合作共赢的态势正在形成。

（2）广东省中小学体育教师专业合作主要表现出 3 个方面的显著特征，分别是学校办学属性、学段、学历等差异，且总体上差异具有统计学意义上的显著性。

（3）合作认知、学校治理、理念认同、合作行为 4 个因素是影响体育教师专业合作的主要因素，具体化的不良影响因子有 3 个，分别是"学校行政管理的信息化水平和执行力亟待改善""学校领导的素质、能力和水平亟待提高""我担心在专业合作中利益受损"。

（4）理念认同对因变量专业合作所起的作用最大，且 4 个自变量均对中小学体育教师专业合作起到积极的正向影响作用。

（二）建议

体育教师合作共赢的态势正在形成，他们在课程教学、课案设计、课余训练、课外技能指导等方面的专业合作如火如荼，成就了专业合作指数为 8.69 的较高水平。但是，中小学体育教师深层次、可持续、高水平的专业合作仍然薄弱，如教研合作、创新育人方式合作、开发"教练赛"一体化新教学模式等，面对 21 世纪的新挑战与新机遇，需要建构体育教师专业发展支持体系和专业合作体系，打造一支匹配学校体育高质量发展的具有合作精神、合作意识和合作能力的体育教师队伍。

（1）从宏观层面上，建立符合教育规律的体育教师发展体系，实现全省体育教师综合素质、专业化水平和创新能力大幅提升，实现教学实践能力、综合育人能力、自主发展能力和信息技术应用能力普遍增强，是应对新时代新课标背景下的教师专业化培养的应然之举。一是加强体育教师专业发展支持体系建设，形成省、市、县、校四级联动、整体推进、协同创新的体育教师专业发展支持体系；二是充分发挥省级中小学教师发展中心的资源优势，深入开展体育教师发展研究，积极探索促进体育教师职前培养职后培训一体化发展的方法路径，为教育行政部门、市县级教师发展中心和大中小学校教师发展提供重要支持与服务；三是加快推动市县建设特色鲜明、研训一体的教师发展中心，发挥市县级教师发展中心在本地体育教师培训中的主阵地作用；四是针对学校治理薄弱环节，加强对各级各类学校管理层尤其是校长的素质、能力和水平的提升培养，实现教育家治校，实现现代学校治理。

（2）从中观层面上，加强教师管理制度改革创新，实现体育教师队伍治理体系和治理能力现代化。一是各级各类学校要深化教师评价制度改革，形成符合大中小学体育教师岗位特点，以品德、业绩、能力为主要内容，突出考核评价体育教师教书育人能力和教育教学实绩的综合评价体系；二是创建教师教学能力展示交流平台，组织开展各类教师喜闻乐见的教学竞赛、技能比武和教研活动，奖励和推广优秀教育教学成果奖，创造有利条件让优秀青年教师脱颖而出，引导带动广大教师潜心教学研究，创新教学方法，提升教学技能；三是针对教师强烈反映的学校行政管理的信息化水平和执行力亟待改善的问题，要加强数字校园建设，加强大学校体育理念的树立，实现学校治理的提质培优；四是针对体育教师担心在专业合作中利益受损的诉求，要统筹学校优质制度和优良工作机制的供给，建设教师间合作的友好生态，增强教师的合作信心和预期。

（3）从微观层面上，要实现数字化赋能体育教师专业合作。数字化技术正在深刻影响教育领域和全过程，必须抓住数字化发展的新机遇，以数字化技术丰富专业合作内容、创新专业方式、完善专业合作评价，实现专业合作的高质量发展。一是善用数字化技术聚合专业素材和资源，打造全方位、立体化的合作资源库，使合作内容丰富起来，使合作活起来；二是要利用数字化技术推动专业合作方式的变革，全方位提高专业合作的参与度和调动教师合作的自主性，激发深度合作；三是专业合作评价体系是提升专业合作的探测器和矫正器，以数字化技术科学评价专业合作过程和成果，不仅可以实现对其问诊把脉，还有助于实现合作水平、程度评价的统一，为校正合作、提高水平提供依据。

第三节　高校体育教师专业合作指数研究

一、提出问题

培养高素质身心健康全面发展的新时代人才，需要学校体育的高质量发展，需要高质量的体育教师队伍。尤其迈进新时代，国家赋予"学校体育是实现立德树人根本任务、提升学生综合素质的基础性工程"的新定位，明确锚定到2035年基本形成多样化、现代化、高质量的学校体育体系。面对学校体育的新方位、新征程、新使命，面对加速时代信息化、人工智能等新技术变革，面对五育并举育人新方式，目前高校体育教师队伍的规模、结构、素质能力等都难以满足新要求高要求的发展需要，而每一个体育教师都面临着新的机遇和重大挑战，面临专业化及其高质量专业合作的必然要求。在这样的大背景下，打造一支匹配学校体育高质量发展的具有合作精神、合作意识和合作能力的体育教师队伍是时代的应然之举，也是时代的实然选择，是摆在每一所高校的重要议事日程和实践课题。

何谓教师专业合作？教师专业合作一般是指教师在学校场域中基于共同目标和工作愿景，着眼于改进教育教学，促进学生学习，实现学校进步而开展的展示、互动、交流、分享、观察、反思等系列专业互动活动。体育教师专业合作是指教师基于立德树人共同目标和工作愿景，以学校体育"学练赛"一体化体系为载体，促进全体大学生身心健康成长成才为旨意，着眼于五育并举、体教融合、育训一体等新育人方式的打造与建立，实现学校体育内涵提升和生态友好和谐而开展的一系列共建共享共担的专业交互活动。

合作才能共赢。考察文献，无论国内外，对教师专业合作的研究均取得了一定的成果共识，比较一致地认为：合作是教育改革的当务之急，合作取向的工作范式成为各类现存组织的运行准则，参与合作学习的教师工作满意度更高和自我效能感更强，同时也发现教师之间的孤立是促进自身专业发展和提高教学质量的最大障碍。近几十年的研究已经充分表明，专业合作是促进教师专业发展的关键路径和重要保障。因此，促进教师专业合作成为深化新时代教育改革与发展的必然趋势和关键选择，教师之间的专业合作也必将成为新时代教育高质量发展重要的议题，学校体育也不例外。

因此，新时代的高校体育发展，必须依托新公共服务理论和以人民为中心发展思想，树立以师生导向的现代管理和服务理念，站在师生的立场上供给学校体育发展优质公共产品和个性化服务，以追求师生满意为基本目标，服务学校体育的高质量发展。对标以上认识和从新公共服务理论和现代学校治理的视角，研究需要首先提出体育教师专业合作的理论模型假设，确立测评模型，研制评价指标体系，并进行实证验证，藉此对高校体育教师专业合作进行更深入的探索，从而揭示影响高校体育教师专业合作的主要因素，深入剖析其主要影响因素的响应关系，呈现其影响的解释程度，进而提出既科学又可行的提升策略和举措，促进深层次合作，进一步提升体育教师专业合作水平，为打造一支情怀深、技术精、技能强、活力足的高校体育教师队伍提供支持支撑。

二、研究方法

（一）研究对象

本研究采用简单随机抽样与分层抽样相结合的方法，根据广东省高校地域分布、办学属性、办学类型、发展水平等，分别在粤港澳大湾区九市和粤东西北地区随机抽取 10 所学校的 315 名体育教师为研究对象。通过"问卷星"系统按设定的时效内在线上实施问卷调查，共发放问卷 340 份，回收 321 份，其中有效问卷 315 份。问卷的回收率为 94.4%，有效率为 92.6%。调查样本的人口学特征等详见表 5—16。

表 5－16　调查样本人口学特征 （ $N=315$ ）

	变量	人数	比例（%）		变量	人数	比例（%）
区域	大湾区九市	253	80.3	职称	初级	58	18.4
	粤东西北地区	62	19.7		中级	144	45.7
属性	公办	304	96.5		副高级	65	20.6
	民办	11	3.5		正高级	48	15.2
性别	男	199	63.2	教龄	0～5 年	56	17.8
	女	116	36.8		6～15 年	96	30.5
学历	本科	198	62.9		16～25 年	82	26.0
	硕士研究生	79	25.1		25 年以上	81	25.7
	博士研究生	38	12.1				

（二）模型构建

体育教师专业合作指数的理论假设模型设定为，合作认知、学校治理、理念认同、合作行为对专业合作产生直接影响，学校治理还能够以合作认知、理念认同、合作行为为中介变量间接影响教师专业合作。

首先采用 AMOS27.0 软件建立合作认知、理念认同、合作行为、学校治理的结构方程模型，进而采用基于线性结构关系的 AMOS27.0 软件来验证体育教师专业合作模型。初始模型的分析结果显示，对体育教师专业合作一阶四维度结构模型路径系数的显著性检验发现，28 个题目的路径系数 T 值均大于 0.01 的显著性水平。总体来看，模型拟合程度较好。进一步观测变量因子载荷的显著性检验显示，所有变量的载荷均为正值并且都在 0.001 水平上显著，与最初的理论设想一致。

（三）测评工具

在借鉴中小学教师专业合作问卷的设计思想和思路的基础上，根据理论模型编制体育教师专业合作测量表。调查问卷根据一阶（合作指数）、四维（合作认知、学校治理、理念认同、合作行为）的思想和原理，最终确定由 28 个条目、4 个维度构成，感知程度采用"赞同-基本赞同-不确定-不太赞同-不赞同"五级评价，对应评分分别为 5、4、3、2、1 分。合作指数结果采用 10 分制表示，综合评分≥9.0 分评定为合作水平"高"、8.9～8.0 分为"比较高"、7.9～6.0 分为"一般"、5.9～5.0 分为"比较低"、小于 5.0 分为"低"。问卷经过SPSS27.0 统计软件检验，综合信度为 0.943、分半信度为 0.903，综合结构效度为 0.963，量表的信度好、结构效度好，可以进行有效的数据分析。

（四）数据处理

在问卷星系统自动生成 XLSX 工作表的基础上，使用 SPSS27.0 软件在计算机上自动导入所有的调查数据，初步生成新的数据集。然后按照数理统计要求对新数据集进行整理、甄别和完善，剔除异常问卷，形成可以有效进行数据分析的体育教师专业合作数据集，然后使用 SPSS27.0 软件与 AMOS27.0 软件进行统计学处理与分析。

三、结果与分析

（一）高校体育教师专业合作指数与感知情况分布

调查结果显示（见表5—17）：总体上高校体育教师专业合作指数为7.82，处在"一般"水平，距离良好水平还有差距。评估结果说明目前广东省高校体育生态对体育教师在整体上还有欠缺，教师间合作共赢的态势还没有完全形成，仍然存有较大的改进和上升空间。从具体构成体育教师专业合作的维度看，合作认知、合作行为两个维度达到了"比较高"的优良水平，学校治理、理念认同两个维度只达到"一般"的水平，结果表明现代学校治理和理念共享是目前体育教师专业合作的薄弱环节和短板，理应加以关注，这也是进一步提升体育教师专业合作的着力点之一。

表5—17　高校体育教师专业合作指数

项目	合作指数	合作认知	学校治理	理念认同	合作行为
平均值	7.82	8.10	7.27	7.89	8.01
人数	315	315	315	315	315
标准差	1.34	1.34	1.22	1.76	1.75

进一步从体育教师专业合作感知人群分布的情况看（见表6—18）：体育教师专业合作水平"高"和"比较高"两项的人数合计为144人，占比达到45.7%；"一般"的人数为147人，占比46.7%；"比较低"和"低"两项的人数合计24人，占比7.6%。总体上高校体育教师专业合作水平由高到低呈现"倒梯形"特征，其分布和呈现出来的态势良好，但是确实也还有超过五成以上的体育教师专业合作水平一般或不良，存在这样那样的一些问题或矛盾，理应精准针对这部分教师做好精细化的服务和教育提升工作，有利于在整体上进一步提升体育教师专业合作水平。

表5—18　高校体育教师专业合作感知情况分布

分类	高	比较高	一般	比较低	低
人数	83	61	147	13	11
百分比（%）	26.3	19.4	46.7	4.1	3.5
累计百分比（%）	26.3	45.7	92.4	96.5	100

（二）主要影响因素与高校体育教师专业合作的相关关系

统计结果显示（见表5—19）：合作认知、学校治理、理念认同、合作行为等因素与合作指数的偏相关关系分别为0.924、0.658、0.765、0.794，且都具有统计学意义上的非常显著性，说明学校治理、合作认知、理念认同、合作行为与专业合作均具有中等强度以上的线性相关关系，4个因素都是构成专业合作的主要影响因素。

表5－19　专业合作指数与主要影响因素的相关关系

控制变量		合作指数	合作认知	学校治理	理念认同	合作行为
性别	合作指数	1.000				
	合作认知	0.796**	1.000			
	学校治理	0.888**	0.607**	1.000		
	理念认同	0.914**	0.594**	0.794**	1.000	
	合作行为	0.924**	0.658**	0.765**	0.794**	1.000

注：** 为 $p<0.01$。

进一步分析数据发现（见5－20），影响高校体育教师专业合作的具体的不良因子有3个，分别是"学校行政管理的信息化水平和执行力亟待改善""学校领导的素质、能力和水平亟待提高""我担心在专业合作中利益受损"。结果表明，在专业合作领域，一是高校体育教师目前对行政管理的信息化水平低和管理层执行力差的问题反感程度最强烈，也是最大的不满意因子；二是比较诟病的是学校领导的素质、能力和水平不足问题，认为目前在职在岗的学校领导素质、能力和水平不足以引领现代学校治理和学校体育的深度变革；三是针对专业合作担心自身的实际利益受到损害，认为目前学校在教师专业合作方面的制度供给不完善、机制不够健全、缺乏优质平台、资源配套不足等，导致"被合作"而产生负面响应。

表5－20　影响专业合作主要不良因子

排序	因子	N	Min.	Max.	M	SD
1	学校行政管理的信息化水平和执行力亟待改善	315	1	5	2.00	1.011
2	学校领导的素质、能力和水平亟待提高	315	1	5	2.04	1.056
3	我担心在专业合作中利益受损	315	1	5	2.51	10.250

（三）主要影响因素对高校体育教师专业合作的响应预测与分析

采用回归分析和结构方程模型等方法对主要影响体育教师专业合作的各种因素所起的作用进行建模与作用大小预测，结果发现：一是理论设想的影响体育教师专业合作的四大变量均进入结构方程，所建构模型的调整后 R^2 的系数为1.00，说明结构方程的拟合度比较理想，完全可以建立多元线性方程；二是对线性方程的拟合度进行检验，残差为零，检验结果非常显著，说明结构方程中因变量专业合作与其他4个自变量之间的线性关系完全成立，能够恰当解释因变量；三是根据方程中回归系数的显著性检验结果显示（见表5－21），合作认知、学校治理、理念认同、合作行为等对专业合作贡献的非标准化系数均为0.25，标准化系数则分别是0.249、0.227、0.327、0.326。

建模表明：一是在其他因素不变的情况下，合作认知、学校治理、理念认同、合作行为等自变量每变化一个单位对因变量的作用均达到0.25个基数；二是在回归模型中，理念认同对因变量专业合作所起的作用最大，其解释力达到32.7%，其他因素按作用大小排列依次是合作行为（32.6%）、合作认知（24.9%）、学校治理（22.7%）。结果表明：，4个自变量均对专业合作均起到积极的正向影响作用。

表 5—21　专业合作模型中主要影响因素预测贡献系数 a

模型		未标准化系数		标准化系数	t	显著性
		B	标准误	Beta		
1	常量	$-8.216E-15$	0.000		·	·
	合作认知	250	0.000	0.249	·	·
	学校治理	250	0.000	0.227	·	·
	理念认同	250	0.000	0.327	·	·
	合作行为	250	0.000	0.326	·	·

注：a. 因变量：合作指数。

四、结论与建议

（一）结论

（1）总体上高校体育教师专业合作指数为 7.82，处在"一般"水平，尤其学校治理和理念共享是其中的薄弱环节，广东省高校体育生态对体育教师在整体上还有欠缺，教师间合作共赢的态势还没有完全形成，仍然存有较大的改进和上升空间。

（2）合作认知、学校治理、理念认同、合作行为 4 个因素是影响高校体育教师专业合作的主要因素，具体化的不良影响因子有 3 个，分别是"学校行政管理的信息化水平和执行力亟待改善""学校领导的素质、能力和水平亟待提高""我担心在专业合作中利益受损"。

（3）理念认同对因变量专业合作所起的作用最大，其解释力达到 32.7%，其他因素按作用大小排列依次是合作行为（32.6%）、合作认知（24.9%）、学校治理（22.7%）。结果表明：4 个自变量均对专业合作起到积极的正向影响作用。

（二）建议

有优秀的体育教师，才有好的体育教育，才能培养高素质身心健康的全面发展的人才。高校体育教师合作共赢的态势正在形成，他们在课程教学、课余训练、课外技能指导、社区体育服务等方面的专业合作基本形成了常态化。但是，教科研合作、创新协同育人方式合作、开发"教练赛"一体化新教学模式等的深层次、可持续、高水平的专业合作仍然薄弱，提升的空间仍然较大。基于打造一支匹配高校体育高质量发展的具有合作精神、合作意识和合作能力的体育教师队伍的初心出发，提升高校体育教师专业合作水平需要从宏观层面、中观层面和微观层面进行构筑和夯实。

（1）在宏观层面上，建立符合教育规律的体育教师发展体系，实现高校体育教师综合素质、专业化水平和创新能力大幅提升，实现教学实践能力、综合育人能力、自主发展能力和信息技术应用能力普遍增强，是应对新时代新课标背景下的教师专业化培养的应然之举。一是加强体育教师专业发展支持体系建设，形成政府、教育行政部门和高校三级联动、整体推进、协同创新的体育教师专业发展支持体系；二是充分发挥省级教师发展中心的资源优势，深入开展高校体育教师发展研究，积极探索促进高校体育教师职前培养职后培训一体化发展的方法路径，为教育行政部门和高校教师发展提供重要支持与服务；三是针对学校治理薄弱环节，加强对高校管理层尤其是校长的素质、能力和水平的提升培养，实现教育家治校，实现现代大学内部治理的良政善治。

（2）在中观层面上，加强教师管理制度改革创新，实现高校体育教师队伍治理体系和治理能力现代化。一是文化引领，以大学合作文化建设夯实和营造向上合作的氛围，加深专业合作的理念认同，引导体育教师深化专业合作；二是要深化教师评价制度改革，形成符合高校体育教师岗位特点，以品德、业绩、能力为主要内容，突出考核评价体育教师教书育人能力和教育教学实绩的综合评价体系；三是创建教师教学能力展示交流平台，组织开展体育教师的教学竞赛、技能比武和教研活动，引导带动广大体育教师潜心教学研究，创新教学方法，提升教学技能；四是针对体育教师强烈反映的学校行政管理的信息化水平和执行力亟待改善的问题，要加强数字校园建设，加强大学校体育理念的树立，实现学校治理的提质培优；五是针对体育教师担心在专业合作中利益受损的诉求，要统筹学校优质制度和优良工作机制的供给，建设教师间合作的友好生态，增强教师的合作信心和预期。

（3）在微观层面上，要实现数字化赋能体育教师专业合作。数字化技术正在深刻影响教育领域和全过程，必须抓住数字化发展的新机遇，以数字化技术丰富专业合作内容、创新专业方式、完善专业合作评价，实现专业合作的高质量发展。一是善用数字化技术聚合专业素材和资源，打造全方位、立体化的合作资源库，使合作内容丰富起来，使合作活起来；二是要利用数字化技术推动专业合作方式的变革，全方位提高专业合作的参与度和调动教师合作的自主性，激发深度合作；三是专业合作评价体系是提升专业合作的探测器和矫正器，以数字化技术科学评价专业合作过程和成果，不仅可以实现对其的问诊把脉，还有助于实现合作水平、程度评价的统一，为校正合作、提高水平提供依据。

第四节　高校与基础教育体育教师专业合作比较研究

一、提出问题

21世纪是合作共赢的时代，教师专业发展也不能例外。国内外近几十年的研究成果已经充分表明，专业合作是促进教师专业发展的关键路径和重要保障。因此，促进教师专业合作成为深化新时代教育改革与发展的必然趋势和关键选择，教师之间的专业合作也必将成为新时代教育高质量发展的重要议题。学校体育也不例外，要实现学校体育的高质量发展，实现学校体育"四位一体"高质量育人目标，必须依赖一支高质量师资队伍的支持和支撑，必须依赖可持续的专业合作促进教师的专业化发展和可持续成长。

在学校体育领域，对体育教师专业合作的研究，起步比较晚，较早的如2007年的《体育教师专业成长的途径：合作与反思》，文中强调"合作与反思是体育教师专业成长的必选策略"，2011年的《合作学习：体育教师专业发展的有效途径》提出了"合作是教师专业素养的重要内涵"。近年的相关研究，可查文献只有2021年丁小芬的1篇文章，提出了"小学教师教育联盟背景下小学体育教育专业人才开展高校和小学的PDS合作模式"。总之，目前体育学界对于体育教师专业合作的研究，归纳起来有4个方面的不足之处：一是尚处在起步探索阶段，可供参考的文献数量少质量不高；二是研究多局限于学理方面的探讨，方法单一，内容单薄，成果不足，缺乏创新；三是尚无对体育教师专业合作现状的较大规模的调查，更缺乏高校与基础教育体育教师的比较研究；四是对影响体育教师专业合作的主要因素是见仁见智，没有形成广泛共识。

正因如此，有必要就高校与基础教育体育教师专业合作的现状、水平、特征、影响因素、响应作用等进行细分梳理和比较分析，揭示影响两类体育教师专业合作的深层次因素，为促进两类体育教师专业化发展的新要求新需求，为改进和提升政府支持保障和学校服务管理提供科学化精准化的参考。

二、研究方法

主要采用文献资料、问卷调查、数理统计、逻辑分析、比较研究等开展探究。

本研究采用简单随机抽样与分层抽样相结合的方法，根据广东省高职院校地域分布、办学属性、办学类型、发展水平等，随机抽取 80 余所大中小学校的 1085 位体育教师为有效研究对象。数据处理使用 SPSS27.0 软件在计算机上进行，采用描述性统计、相关分析、回归分析、方程建模等进行统计学处理与比较分析。比较样本的人口学特征等详见表 5—22。

表 5—22　比较样本人口学特征（N＝1085）

变量		人数	比例（%）	变量		人数	比例（%）
区域	大湾区九市	544	50.1	性别	男	817	75.3
	粤东西北地区	541	49.9		女	268	24.7
类别	乡村学校	313	28.8	职称	初级	366	33.7
	城镇学校	772	71.2		中级	514	47.4
属性	公办	1000	92.2		副高级	156	14.4
	民办	85	7.8		正高级	49	4.5
学历	大专	145	13.36	教龄	0～5 年	263	24.2
	本科	796	73.36		6～15 年	311	28.7
	硕士研究生	104	9.59		16～25 年	317	29.2
	博士研究生	40	3.69		25 年以上	194	17.9
类型	基础教育	770	71.0				
	高校	315	29.0				

三、结果与分析

（一）高校与基础教育体育教师专业合作指数的比较

1. 高校与基础教育体育教师专业合作指数的比较

调查结果显示（见表 5—23），高校体育教师专业合作指数为 7.82，处在"一般"的水平；基础教育体育教师专业合作指数为 8.69，处在"比较高"的水平，且两者之间具有统计学意义上的非常显著性差异。进一步具体到每一个维度看，基础教育体育教师合作认知、合作行为均达到"高"的水平，高校体育教师为"比较高"的水平；基础教育体育教师理念认同为"比较高"的水平，高校体育教师为"一般"的水平；学校治理方面两者之间均处在

"一般"的水平，但也是基础教育体育教师高于高校体育教师，且具有统计学上的非常显著性差异。结果表明，无论总体上抑或具体维度上，高校体育教师专业合作水平都远低于基础教育体育教师，从程度上衡量则两者之间相差了一个层次，个中原因值得关注和进一步分析探讨。其中，学校治理问题已经成为两类体育教师同时指向的薄弱环节和短板，揭示了目前最不利于教师专业合作的最大原因之一非学校内部治理不完善莫属。

表 5—23　高校与基础教育体育教师专业合作指数比较

比较项目	教师类型	人数	平均值	标准差	标准误差	ANOVA	
合作指数	高校	315	7.82	1.34322	0.07568	137.797	0.000
	基础教育	770	8.69	1.00686	0.03628		
合作认知	高校	315	8.10	1.33872	0.07543	194.859	0.000
	基础教育	770	9.01	0.78392	0.02825		
学校治理	高校	315	7.27	1.22049	0.06877	50.878	0.000
	基础教育	770	7.84	1.17370	0.04230		
理念认同	高校	315	7.89	1.75551	0.09891	79.479	0.000
	基础教育	770	8.83	1.48459	0.05350		
合作行为	高校	315	8.01	1.75103	0.09866	123.406	0.000
	基础教育	770	9.09	1.32748	0.04784		

2. 高校与基础教育体育教师专业合作水平人群分布的比较

调查结果显示（见表 5—24），高校体育教师专业合作水平人群分布情况为：高水平的 83 人占比 26.3%，比较高水平的 61 人占比 19.4%，一般水平的 147 人占比 46.7%，比较低水平的 13 人占比 4.1%，低水平的 11 人占比 3.5%；基础教育体育教师则依次为高水平的 425 人占比 55.2%，比较高水平的 180 人占比 23.4%、一般水平 150 人占比 19.5%，比较低水平的 9 人占比 1.2%，低水平的 6 人占比 0.8%。结果显示，基础教育体育教师专业合作水平人群分布远优于高校体育教师分布，这与合作指数情况的指向是完全一致的，表明基础教育学校体育合作生态比较友好和谐，其促进专业合作的作用显著而有效，而高校体育合作生态存在一些亟待解决的问题和矛盾，其激发作用有待提高。

表 5—24　高校与基础教育体育教师专业合作水平人群分布比较

分布情况		高	比较高	一般	比较低	低
高校	人数	83	61	147	13	11
	百分比（%）	26.3	19.4	46.7	4.1	3.5
基础教育	人数	425	180	150	9	6
	百分比（%）	55.2	23.4	19.5	1.2	0.8

（二）高校与基础教育体育教师专业合作影响因素相关关系的比较

1. 高校与基础教育体育教师专业合作影响因素相关关系的比较

本课题实证研究已经证实，影响高校体育教师和基础教育体育教师专业合作的主要因素为合作认知、学校治理、理念认同、合作行为 4 个主要因素，而且从总体上看，专业合作指数与 4 个维度均呈现中度以上的线性相关关系。具体到高校体育教师，专业合作指数除与合作认知呈现出中度相关的线性关系外，与其他 3 个维度均呈现出高度相关的线性关系；具体到基础教育体育教师，情况与高校体育教师高度一致，只是每一个对应维度的相关系数有微小的降低。比较结果说明，无论高校抑或基础教育影响体育教师专业合作的主要因素高度一致，这也实证了本课题所提出来的理论模型假设是完全成立的（见表 5—25）。

表 5—25　高校与基础教育体育教师专业合作相关性比较

类型	相关性	合作认知	学校治理	理念认同	合作行为
高校体育教师	合作指数	0.796**	0.888**	0.915**	0.924**
基础教育体育教师	合作指数	0.567**	0.874**	0.911**	0.908**

注：** 为 p<0.01。

2. 高校与基础教育体育教师专业合作不良影响因子的比较

调查评估的结果显示，高校体育教师专业合作指数为 7.82，具体到每一个因子，得分低于 3.91 则被判定为影响不良因子；基本教育体育教师专业合作指数为 8.69，得分低于 4.35 则被判定为影响不良因子。统计结果显示（详见表 5—26）：影响高校体育教师抑或基础教育体育教师专业合作的不良因子，呈现高度的同源性和一致性：一是认为学校行政管理的信息化水平和执行力不足；二是认为学校领导的素质、能力和水平不足；三是担心在专业合作中利益受损；四是认为教师参与学校重大事务、重大决策的民主性不足；五是认为学校办学理念的认同性不足。结果表明：无论高校或者基础教育，上述 5 个因子是影响和阻碍体育教师开展专业合作主要因素。

表 5—26　高校与基础教育体育教师专业合作负面因子比较

类型	不良因子	人数	均值	标准差
高校体育教师	1. 学校行政管理的信息化水平和执行力亟待改善	315	2.00	1.011
	2. 学校领导的素质、能力和水平亟待提高	315	2.04	1.056
	3. 我担心在专业合作中利益受损	315	2.51	10.250
	4. 人人能够参与学校的重大决策，渠道畅通无碍	315	3.77	1.136
	5. 学校上下无不对办学理念了然于胸	315	3.78	1.029
基础教育体育教师	1. 学校行政管理的信息化水平和执行力亟待改善	770	1.69	1.015
	2. 学校领导的素质、能力和水平亟待提高	770	1.70	1.004
	3. 我担心在专业合作中利益受损	770	2.79	1.567
	4. 人人能够参与学校的重大决策，渠道畅通无碍	770	4.12	1.168
	5. 学校上下无不对办学理念了然于胸	770	4.18	0.990

（三）高校与基础教育体育教师专业合作影响因素的预测比较

对于高校与基础教育体育教师专业合作影响因素的预测，从表5-27的数据可以看出：一是就整体专业合作对4个维度的作用而言，无论高校或者基础教育，在其他因素不变的情况下，合作认知、学校治理、理念认同、合作行为等自变量每变化一个单位对因变量的作用均达到0.25个基点，呈现高度一致的正向影响作用；二是非标准化系数经过标准化处理后，自变量对两类体育教师因变量的预测作用表现出一定的差异，而且每一个维度所起作用的解释度也有差别。高校体育教师理念认同对因变量专业合作的作用最大，其贡献系数达到0.327个基点；其次是合作行为，其贡献系数为0.326；然后依次是合作认知（0.249）、学校治理（0.227）。基础教育体育教师也是理念认同对因变量专业合作的作用最大，其贡献系数达到0.369个基点；其次是合作行为，其贡献系数为0.330；再次则是学校治理（0.291）；最后是合作认知（0.195）。比较结果显示，自变量均对两类教师专业合作起到积极的正向作用，但是其解释度有一定的差异。对高校体育教师专业合作而言，理念认同对因变量专业合作的作用最大（0.369），其次是合作行为（0.330），然后是学校治理（0.291）和合作认知（0.195）；对基础教育体育教师而言，理念认同对因变量专业合作的作用最大（0.327），其次是合作行为（0.326），然后是合作认知（0.249）和学校治理（0.227）。可见，高校体育教师认为合作认知的影响比学校治理的影响更大一些，而基础教育体育教师则认为学校治理的影响比合作认知的影响来的更大一些。

表5-27 高校与基础教育体育教师专业合作负面因子比较

类型	模型	未标准化系数		标准化系数	t	显著性
		B	标准错误	Beta		
高校体育教师	（常量）	7.550E-15	0.000		0.000	1.000
	合作认知	0.250	0.000	0.249	461092811.658	0.000
	学校治理	0.250	0.000	0.227	320133310.666	0.000
	理念认同	0.250	0.000	0.327	440297731.786	0.000
	合作行为	0.250	0.000	0.326	441565995.104	0.000
基础教育体育教师	（常量）	7.550E-15	0.000		.	.
	合作认知	0.250	0.000	0.195	.	.
	学校治理	0.250	0.000	0.291	.	.
	理念认同	0.250	0.000	0.369	.	.
	合作行为	0.250	0.000	0.330	.	.

四、结论与建议

（一）结论

（1）无论总体上抑或在具体维度上，高校体育教师专业合作水平都远低于基础教育体育教师，两者之间相差了一个层次。其中，学校治理问题已经成为两类体育教师同时指向的薄弱环节和短板，揭示了目前最不利于教师专业合作的最大原因之一非学校内部治理不完善莫属。

（2）基础教育体育教师专业合作水平人群分布远优于高校体育教师分布，这与合作指数情况的指向是完全一致的，表明基础教育学校体育合作生态比较友好和谐，其促进专业合作的作用显著而有效，而高校体育合作生态存在一些亟待解决的问题和矛盾，其激发作用有待提高。

（3）无论高校抑或基础教育影响体育教师专业合作的主要因素高度一致，这也实证了本课题所提出来的理论模型假设是完全成立的，影响高校体育教师和基础教育体育教师专业合作的主要因素为合作认知、学校治理、理念认同、合作行为4个主要因素。

（4）影响两类体育教师专业合作的不良因子，呈现高度的同源性和一致性：一是认为学校行政管理的信息化水平和执行力不足；二是认为学校领导的素质、能力和水平不足；三是担心在专业合作中利益受损；四是认为教师参与学校重大事务、重大决策的民主性不足；五是认为学校办学理念的认同性不足。

（5）合作认知、学校治理、理念认同、合作行为等自变量均对两类教师专业合作起到积极的正向作用，但是其解释度有一定的差异。除理念认同、合作行为高度一致外，高校体育教师认为合作认知的影响比学校治理的影响更大一些，而基础教育体育教师则认为学校治理的影响比合作认知的影响来的更大一些。

（二）建议

（1）从宏观的视角看，有效提升大中小学体育教师专业合作水平，首先要树立新时代大教育观理念，营造全社会尊师重教和重视学校体育发展的氛围，培养德智体美劳全面发展的能够引领和适应新时代前行的健康之人和有用之才；其次要提供现代学校治理的优质制度和资源供给，激发各级各类学校主体办学的主动性和积极性，让学校体育充分发挥不可或缺的综合育人的成效；最后优化支持保障措施，尤其在体育师资配置供给和学校体育经费支持方面，能够满足学校体育的教学与改革的各项需要，为打造一支高质量体育师资队伍奠定基础。

（2）从中观的层面看，学校内部治理不足是大中小学体育教师专业合作水平提升的最大短板和弱项。对于高校而言，一是要提高学校行政管理的信息化水平和执行力；二是加强学校领导的素质、能力和水平的培养和涵养；三是通过制度和工作机制优化解除体育教师担心在专业合作中利益受损的切实问题；四是基于全方位合作文化建设进一步提高学校办学理念的认同性和共享性；五是通过现代大学治理体系的建构提升教师参与学校重大事务、重大决策的民主性。对于中小学而言，一是加强学校行政管理的信息化水平，提升政策措施落实落地的执行力；二是培养一支高素质专业化创新型校长队伍，实现教育家治校；三是基于专业合作的红利消除体育教师担心在专业合作中利益受损的问题；四是进一步提升教师参与学校重大事务、重大决策的民主性和渠道的通畅性；五是要基于五育并举理念提升教师办学理念的认同性和共享性。

（3）从微观的视野看，可持续、高质量、深层次的专业合作是未来一个时期体育教师共同追求的促进专业化最有效的发展目标。一是要进一步提高认知，认识到21世纪是合作共赢的时代，专业合作是促进教师专业发展的关键路径和重要保障，提升专业合作的自觉性和主动性；二是构建大概念下专业发展观、大教学观和融合育人观，依托体育教学、文化建设和"双减"服务，实现学校、社会、家庭对学校体育的协同和融合支持，可持续推进基于校长、教师、学生融合的专业合作，促进专业发展的高质量和可持续性；三是提升专业合作的深度、广度和横度，多层次、多维度、多元化实施基于问题导向和结果导向的教育科研、创新"教练赛"融合教学模式、创新"身体、心理健康、社会适应"三位一体育人方式、创新"家校社"一体化体育教学联动模式等，补齐高质量专业合作的短板和弱项，实现人才培养和自身专业高质量发展的双赢局面，使自己迅速成长为具有合作精神、合作意识和合作能力的情怀深、技术精、技能强、活力足的优秀体育教师。

第六章　新时代体育教师教研发展研究

第一节　体育教师教研发展及其影响因素的实证研究

一、提出问题

教育科研（简称教研，下同）是推进教育内涵发展和质量提升的重要途径，应该成为教学的组成部分。新时代学校体育无论服务"健康中国""体育强国"建设，抑或深化教师、教材、教法等"三教"改革，乃至推动课堂教学"学练赛评"一体化教学模式的实施等，越来越需要教研来支撑、驱动和引领。教研是新时代体育教师必备的核心素养和关键能力，是教师高质量发展的重要实践课题。

教研发展指数，就是对体育教师教研能力和发展进展的一种量化，是指根据新时代立德树人价值标准，对教师在以学校体育为场域，创造性地开展体育课程教学规律的认识活动中，稳定呈现出来的认知、素质、行为、治理、生态等要素的综合性量化评价。教研发展指数既是衡量学校体育发展质量的重要指标，也是衡量教师发展质量的关键指标。

梳理文献揭示，目前学界对体育教师的研究多停留在"小、虚、旧"问题的学理分析、问题推导和策略求解上，没有触及影响体育教师高质量发展的"大问题"、"质问题"、"新问题"，尤其缺乏对体育教师教研发展的"元"研究，难以从根本上推动构建具有学校体育教育性、专业性、职业性"三性"融合的教研体系，更难以可持续提升体育教师的核心素养和关键能力。归结起来，原因有3个：其一，教研发展的影响因素模型中缺乏获得感、学术生态等关键变量，大部分研究泛泛分析认知、工作压力、科研条件、学校氛围等主客观变量对教师教研发展的影响，没有将教师获得感和学术生态这两个重要变量纳入分析；其二，教研发展的基础测评结构缺乏理论上的共识，较多研究在工具编制中主要根据感性的认识和理解编制问卷，目前尚未形成有较大共识的测评工具；其三，可持续提升教师教研发展的方法、路径和模式缺乏理论模型的支撑，其科学性和成效性存疑。可见，目前教研发展无论在理论、方法还是手段上都没有取得新的突破，这与体育教师要"回答时代之问、理论之问、实践之问"还存在较大的差距，开展本课题研究的现实意义和学术价值可见一斑。

本研究基于新公共服务理论、教育生态理论和现代学校内部治理的视角，提出体育教师教研发展新理论模型，科学评价其指数，分析和研判其现状与教师高质量发展之间的差距，找出教育行政部门、学校公共服务的供给与体育教师需求之间的问题和不足，提出教研工作改进的政策和策略，为建立具有新时代学校体育特色的教研体系和教师发展支持体系提供依据和参考。

二、理论模型与研究方法

(一)理论假设模型

基于新人文主义、新公共服务理论等的视角，教师对教研的认知、个体所具备的素养、学校在教研方面的内部治理、教师的获得感、学术生态等，是教师教研发展的5个维度，也是影响教研发展的主要因素。其中，内部治理、素养、获得感是影响教研发展的关键因素，内部治理直接影响学术生态，学术生态通过个体认知、素养、获得感为中介变量直接或间接对教研发展产生影响。因此，教研发展的假设模型包括认知、素养、获得感、治理、学术生态5个结构变量。其中，教研发展是内生变量(因变量)，其他的则是自变量。

教研发展指数的理论假设模型设定为，教研认知、治理、素养、获得感对教研发展产生直接影响，学术生态对教研发展有直接或间接影响，学术生态还以教师个体教研认知、素养、获得感等为中介变量直接或间接影响教研发展，教研治理还以学术生态为中介变量，直接或间接影响教研发展。

(二)测评工具设计

由于基础测评结构缺乏理论上的共识，出现了不同类型维度的教研发展测量工具，产生了该研究领域的"巴尔干化"现象。如何运用可信和相对不偏不倚的方式测量教师教研发展指数仍是当前面临的主要困难之一。总体上，题型简单且易于回答是当前编制测量表较为一致的原则。测量表包括教研认知、素养、获得感、治理和生态5个维度。共由41个题目构成，认知为6道题，素养为8道题，研获得感为8道题，治理为11道题，学术生态为8道题。问卷采用5点量表，单题最低分为1分，最高分为5分。为判断哪些群体需要给予特别关注，问卷设计了背景变量。个体特征主要考虑性别、教龄、学历、职称等。学校属性主要考虑学校的区域位置、办学类型等。

(三)样本构成

本次调查对象为广东省范围内的体育教师，采用分层随机整群抽样方法，从广东省经济发展程度的两大区域、类型、特征等抽取调查对象。本次调查获得的有效样本883人，具体的人口学特征等如表6-1所示。

表6-1　调查样本人口学特征 ($N=883$)

变量		人数	比例(%)	变量		人数	比例(%)
区域	大湾区九市	426	48.2	学历	大专	110	12.5
	粤东西北地区	457	51.8		本科	658	74.5
类型	城市学校	293	44.1		硕士研究生	74	8.4
	农村学校	209	31.5		博士研究生	41	4.6

变量		人数	比例（%）	变量		人数	比例（%）
性质	公办	846	95.8	职称	初级及以下	304	34.4
	民办	37	4.2		中级	414	46.9
性别	男	711	80.5		副高级	112	12.7
	女	172	19.5		正高级	53	6.0
身份	小学教师	320	36.2	教龄	0～3 年	166	18.8
	初中教师	243	27.5		4～15 年	359	40.7
	高中教师	94	10.6		16～25 年	245	27.7
	高校教师	226	25.6		25 年以上	113	12.8

（四）信度、效度检验

用 Cronbach α 系数来估计量表的可靠性，结果表明总问卷 α 系数为 0.928，5 个维度 α 系数在 0.682～0.927。采用 S－B 分半信度方法计算，总问卷分半信度系数为 0.764，各维度的分半信度系数在 0.702～0.917，具有较好的信度。

用 KMO 和 Bartlett 的球形度检验来估计量表的结构效度，结果表明总问卷系数为 0.945，五个维度的系数在 0.698～0.949 之间，具有较好的结构效度。

三、结果与分析

（一）体育教师教研发展指数与基本特征分析

1. 体育教师教研发展指数与分析

教研水平很大程度上决定了教育教学的质量和教师职业生涯的发展水平，更是教师可持续发展的关键。从调查评估的结果看，体育教师教研发展指数为 67.80，仅仅处在"合格"水平，显示出体育教师目前的教研发展创新活力不足，可能存在内生动力不足或动力机制缺陷问题，与教师高质量发展的要求存在差距，表明体育教师教研发展还有比较大的改进和提升空间（见表 6－2）。

表 6－2　**体育教师教研发展指数**（$N=883$）

项目	发展指数	认知	素养	治理	获得感	学术生态
平均值	67.80	78.37	71.45	76.12	64.06	49.01
个案数	883	883	883	883	883	883
标准差	12.32	14.07	15.32	18.05	14.38	21.65

进一步审视数据发现，在构成影响教师教研发展的 5 项因素中，认知、素养、治理 3 项因素的评估指数均超过 70.0，处在"一般"水平；获得感指数为 64.06，处在"合格"水平；学术生态指数为 49.01，处在"不合格"水平。可见，体育教师目前的教研发展仅仅处

在"合格"水平，其短板在学术生态，弱项是获得感不足。提升新时代学校体育教研水平，需要整体、协同统筹五大因素外，目前的着力和发力点在于营造友好的学术生态和进一步提升体育教师的获得感。

教研水平人群分布情况也是判断体育教师教研发展平衡和充分与否的重要参考指标之一。从表6—3的数据可以看出，达到比较高水平以上的体育教师147人，占比16.6%；一般和合格水平509人，占比57.6%；不合格水平227人，占比25.7%。可见，目前体育教师教研发展的情况是不容乐观的，一般和合格水平的占多数，尤其是不合格水平也超过2成，进一步表明了新时代提升体育教师教研水平的重要性和必要性。

表6—3 体育教师教研水平人群分布表

分类	高	比较高	一般	合格	不合格
人数	53	94	199	310	227
百分比（%）	6.0	10.6	22.5	35.1	25.7
累级百分比（%）	6.0	16.6	39.2	74.3	100

2. 体育教师教研发展的基本特征与分析

基本特征能够深度反映出体育教师教研发展情况的异同性，有利于发掘细节和深层次的问题，掌握教研发展的一般规律，为教研的可持续发展和进一步提高发展水平提供参考。

一是区域差异，大湾区体育教师教研发展水平远高于粤东西北地区，具有层级差异；二是城乡差异，城市体育教师教研发展水平高于农村，但是不具有层级差异；三是类型差异，小学、初中、高中、高校体育教师教研发展水平呈现逐渐向上递增的态势，高校体育教师明显高出基础教育体育教师一个层级，小学、初中、高中体育教师之间则不具有显著性差异，发展水平相当；四是学历差异，呈现出学历越高教研水平越高的态势，且研究生学历以上明显高出一个层级；五是职称差异，呈现出职称越高教研水平越高的态势，且正高级职称教研水平达到比较高的良好水平。此外，没有发现性别和教龄差异（见表6—4）。

表6—4 体育教师教研发展基本特征（$N=883$）

变量		N	M	SD	ANOVA	
					F	Sig.
区域	大湾区九市	426	71.8676	12.77429	99.864	0.000
	粤东西北地区	457	64.0069	10.55831		
城乡	城市学校	644	69.3498	12.61977	39.344	0.000
	农村学校	239	63.6212	10.38878		
类型	小学教师	320	64.6972	10.60147	44.126	0.000
	初中教师	243	65.5843	11.23566		
	高中教师	94	65.9144	9.59994		
	高校教师	226	75.3570	13.55190		

续表

变量		N	M	SD	ANOVA	
					F	Sig.
性别	男	711	68.1435	12.62857	2.857	0.091
	女	172	66.3762	10.85417		
学历	大专	110	68.2362	12.73592	19.707	0.000
	本科	658	66.5085	11.70165		
	硕士	74	71.8770	13.25265		
	博士	41	79.9819	11.08348		
职称	初级	304	65.3749	11.13965	34.167	0.000
	中级	414	66.6672	12.19102		
	副高级	112	72.2489	11.08626		
	正高级	53	81.1447	11.77780		
教龄	0～3 年	166	67.6556	11.25713	0.805	0.491
	6～15 年	359	67.9821	12.69635		
	16～25 年	245	67.0146	12.14977		
	25 年以上	113	69.1306	12.95841		

结果表明，广东省体育教师教研发展主要呈现 3 个不平衡问题，即区域不平衡、城乡不平衡、类型不平衡。结果显示，进一步提升体育教师教研水平需要基于整体、协同的理念统筹破解上述三大问题，此外，还要进一步考量提高体育教师的学历教育水平。

（二）体育教师教研发展与主要影响因素的相关关系与分析

教研发展的假设模型包括认知、素养、获得感、治理、学术生态 5 个结构变量。结果显示（见表 6-5）：以性别作为控制变量，认知、素养、治理、获得感、学术生态等与教研发展的相关关系分别为 0.503、0.839、0.813、0.778、0.729，且都具有统计学意义上非常显著性，说明 5 个变量均与教研发展具有中等程度以上的正向线性相关关系，具有较强的内在联系，是影响体育教师教研发展的主要响应因素。此结果也实证了理论模型假设思想、依据和思路是适切的。

表 6-5　体育教师教研发展与主要影响因素的相关关系（$N=883$）

控制变量		发展指数	认知	素养	治理	获得感	学术生态
性别	发展指数	1.000					
	认知	0.503**	1.000				
	素养	0.839**	0372**	1.000			
	治理	0.813**	0.342**	0.633**	1.000		
	获得感	0.778**	0.312**	0.519**	0.598**	1.000	
	学术生态	0.729**	0.024	0.562**	0.409**	0.479**	1.000

注：** 为 $p<0.01$。

　　进一步对影响体育教师教研发展的不良因子进行挖掘。结果发现（见表6—6）：总计有13项因子具有负面影响作用。其中，认知维度中有"学术风险"1项，素养维度中有"自编问卷"1项，学术生态中有"竞争压力""没有时间""无人帮扶""缺乏培训""缺乏指导"5项，获得感维度中有"学术会议""主持课题""教研团队""成果转化""教学成果奖""论文获奖"6项因子。分析表明，获得感不足是目前影响体育教师教研发展的最大问题，学术生态不够友好也是主要问题。对此，如何有效提升体育教师的获得感，营造更友好的学术生态是当下平亟待破解的现实问题。此外，端正对"学术方向"的认知和提升教师编制调查问卷的能力也是迫切需要解决的难题。

表6—6　影响体育教师教研发展主要负面因子（$N=883$）

排序	因子	Min.	Max.	M	SD
1	我主持县（区）级以上的教研课题	1	5	2.00	1.369
2	我参与县（区）级以上的学术会议	1	5	2.09	1.392
3	我受邀主持和参与教研团队	1	5	2.10	1.404
4	体育教师之间的竞争压力越来越大	1	5	2.26	1.261
5	我获得最高等级的教学成果奖	1	5	2.45	1.309
6	我的教研论文（教材、专著）获得县（区）级以上的奖励	1	5	2.53	1.522
7	我以第一作者身份公开发表教研论文（教材、专著）	1	5	2.54	1.467
8	学校近一年内邀请校外教研专家开展课题指导和培训	1	5	2.55	1.456
9	我很想搞教育科研，但是没有带头人带着我做	1	5	2.63	1.296
10	我亲自动手设计的信度效度符合要求的调查问卷	1	5	2.63	1.528
11	我参加过完整的系统化的教育科研专项培训	1	5	2.70	1.474
12	我担心在教育科研中有学术不端风险	1	5	2.85	1.383
13	我工作和生活压力大，挤不出时间和精力搞教育科研	1	5	2.88	1.296

（三）主要影响因素对体育教师教研发展的预测与分析

　　采用回归分析和结构方程模型等方法，对影响体育教师教研发展的主要因素所起的响应作用进行建模预测。结果显示：一是理论设想影响体育教师教研发展的五大变量均进入结构方程，所建构的模型调整后 R^2 的系数为1.00，说明结构方程的拟合优度比较理想，可以建立多元线性方程；二是对多元线性方程的拟合优度进行检验，其残差为零，检验结果非常显著，说明结构方程中因变量与5个自变量之间的线性关系完全成立，能够恰当解释因变量的相应变化；三是回归系数显著性检验结果显示（见表6—7），认知、素养、治理、获得感、学生生态对教研发展贡献的未标准化系数均为0.200；标准化系数则分别是0.229、0.249、0.293、0.234和0.352。结果表明：在其他因素不变的情况下，因变量每提升1个基数，对自变量均起到提升0.20个基数的正向作用。在回归模型中，学术生态对发展指数的作用最大，其解释力达到35.2%；其次是治理，解释力为29.3%；其他依次是素养（24.9%）、获得感（23.4%）、认知（22.9%）。结果揭示：认知、素养、治理、获得感、学术生态等均对体育教师的教研发展起到积极的正向影响作用。结果提示：提升新时代学校体育教研水平，不但需要整体、协同统筹等五大因素建立学校体育教研发展体系，还需要对症补短板和强弱项，着力友好学术生态和教研治理体系的建设。

表 6-7　体育教师教研发展模型中各影响因素的贡献系数 a

模型		未标准化系数		标准系数	t	显著性
		B	标准误	Beta		
1	常量	$-8.882E-14$	0.000		.	.
	认知	0.200	0.000	0.229		
	素养	0.200	0.000	0.249		
	治理	0.200	0.000	0.293	.	.
	获得感	0.200	0.000	0.234		
	学术生态	0.200	0.000	0.352	.	.

注：a. 因变量：发展指数。

四、结论与建议

（一）结论

（1）体育教师教研发展指数为 67.80，仅仅处在"合格"水平，其短板在学术生态，弱项是获得感不足，而且教研水平人群分布情况也表明目前体育教师教研发展的情况不容乐观。

（2）体育教师教研发展主要呈现 3 个不平衡问题，即区域不平衡、城乡不平衡、基础教育与高校体育教师不平衡问题。

（3）认知、素养、治理、获得感、学术生态等均与教研发展具有中等程度以上的正向线性相关关系，具有较强的内在联系，是影响体育教师教研发展的主要响应因素。

（4）建模结果揭示，认知、素养、治理、获得感、学术生态等均对体育教师的教研发展起到积极的正向影响作用。

（二）建议

（1）加强统筹和顶层设计，建立具有省域特色的教研发展体系，实现体育教师的可持续发展。要加强营造良好的学术生态和文化氛围，加强友好激励制度和机制建设，为教师教研发展提供友好环境和优质制度。同时配套建立教师发展支持体系，实施体育教师个性化职业发展规划、信息化素养、教育科研素养、进阶式教育科研能力培训、带头人帮扶计划、综合性科研成果奖励等制度，激发教师的内生动力，培养教师从事教研的自觉行为，提升教师的获得感和成就感。

（2）基于学校体育高质量发展的广东实践，变革育人方式。构建创新协同教研机制，在全省开展学校体育高质量发展评价体系构建，形成"省、市、基地、校"常态化协同教研机制，帮助体育教师理解学科育人的意义和内涵。同时进一步深化"三教"（教师、教材、教学）研究，打造"省、市、基地、校"四级联动教研共同体，构建大中小学体育教师持续发展的教研机制，全面培养教师专业和核心素养。

（3）创新学校体育教研平台，打造省域教研品牌。一是聚焦学校体育发展的热点、难点、关键问题和薄弱环节搭建省域大平台，开展深入研讨，探索新时代学校体育教研活动实施新机制、新路径，建设示范性教研平台；二是大力推广体育教师在课程改革、教学改革、考试评价改革等方面的理论研究与实践创新成果，推进教研成果交流与应用创新；三是深入推进教研基地项目建设，促进教研共同体协同发展，促进教研共同体发展与品牌建设。

（4）打造省域学校体育教研帮扶新格局。教研发展的 3 个不平衡是不争的事实。教育管理部门要制订教研帮扶活动实施方案，创设联动帮扶机制，推进珠三角学校与粤东西北地区学校深度结对帮扶，贯穿学校体育教育教学全过程，助力粤东西北地区学校体育落实教育立德树人根本任务，加快推动学校体育高质量发展。

（5）创新发展活力，建构体育教师"研学训"一体化模式。探索形成具有区域特色的教师"研学训"一体化模式，基于教师教研核心素养和关键能力培养的全要素全流程进行构建，优选师资（团队）、重塑并开发新课程、混编新教材、创新教学模式、创新学习方式、实施个性化指导，实施基于产出真实成果的发展性评价，让"研学训"融合"真实发生"，为每一个体育教师提供主动参与并能诱发学习意义与获得感体验的"学习场"，立竿见影提升体育教师教研能力和水平。

第二节　广东省两类地区基础教育体育教师教研发展的比较研究

一、提出问题

教育高质量发展、健康中国建设、体育强国建设等新时代国家战略正在重塑学校体育教育教学新生态，对学校体育在立德树人、教书育人提出来新的任务和要求，对支撑学校体育发展的教师队伍提出了高质量发展的新挑战和高要求，亟须教育科研学校体育变革和创新人才培养中发挥支撑、驱动和引领作用。学校体育无论是以体育人、以体育心、以体育德抑或教师专业化发展，都离不开教研的支撑、驱动和引领，是新时代体育教师必备的核心素养和关键能力。因此，体育教师教研发展水平，既是衡量学校体育办学质量的重要指标，也是衡量体育教师发展质量的关键指标，必须"直面并回答时代之问、理论之问、实践之问"，毫无疑问是当前基础教育体育教师发展的重要实践课题。

审视文献发现，目前基础教育体育教师教研普遍存在问题意识淡薄、科研素养不足、科研质量不高等问题，难以实现创新教育理论、服务教育决策、指导教育实践的重要功能，而且由于缺乏教研发展的"元"研究，缺乏教师教研发展理论的新建构及其科学的测量评价等，更难以从根本上推动构建具有学校体育"三性"融合的现代教研体系和可持续提升教师教研素养的培养模式，这与新时代高质量"回答时代之问、理论之问、实践之问"还存在较大的差距，开展本课题研究的现实意义和学术价值呼之欲出。

本研究基于新公共服务理论和现代学校治理理论，在科学测评体育教师教研发展状况的基础上，重点展开两类地区体育教师之间教研发展状况的比较与分析，分析和研判两类地区体育教师教研发展的真实具体情况，找出基础教育公共服务的产品供给与体育教师教研需求之间的问题与不足，既能够有针性地对两类地区体育教师进行补短板和强弱项，又能够从整体上提升体育教师教研发展的能力和水平，为体育教师高质量发展提供依据和参考。

二、研究方法

(一) 研究对象

本研究根据广东省基础教育体育教师地域分布、办学属性、办学类型、发展水平等，采用简单随机抽样与分层抽样相结合的方法，抽取657名体育教师为研究对象。通过"问卷星"系统按设定的时效内在线实施问卷调查，共发放问卷700份，回收682份，其中有效问卷657份，问卷的回收率为97.4%，有效率为93.9%。在有效样本中，大湾区九市体育教师211人，占比32.1%；粤东西北地区教师446人，占比67.9%。

(二) 研究工具

本研究根据陈岩、陈鑫鸿等研究成果，运用专家咨询法编制教师教研发展测量表。总体上，问卷包括教育科研认知、素养、获得感、治理和生态5个维度。共由41个题目构成，教研认知为6道题，教研素养为8道题，教研获得感为8道题，科研治理为11道题，学术生态为8道题。问卷采用5点量表，单题最低分为1分，最高分为5分。发展指数最高设置为100分制表示，得分90.0分及以上教研水平判断为高，80.0至89.0分之间为比较强，70.0分为一般，60.0至69.0分为合格，60.0分以下为不合格。该问卷经过SPSS27.0统计软件检验，综合信度为0.946，分半信度为0.883，综合结构效度为0.955，量表的信度好、结构效度好，可以进行有效的数据比较与分析。

(三) 数据处理

在问卷星系统自动生成XLSX工作表的基础上，使用SPSS27.0软件在计算机上自动导入调查数据，然后按照要求对数据进行初步的整理、甄别，剔除异常问卷，进而生成新变量，采用描述性统计、相关分析、回归分析、影响预测等进行比较研究。

三、结果与分析

(一) 广东省两类地区体育教师教研发展的比较与分析

教研发展是由认知、素养、治理、学术生态、获得感等主要因素及其综合效应构成，是研判教师教研发展现状和水平的主要依据。文章运用要素总和综合评价法对两类地区基础教育体育教师教研发展指数进行评估和比较，结果显示（见表6-8）：大湾区九市体育教师教研发展指数（67.91）高于粤东西北地区（63.92），且具有统计学意义上的非常显著性差异。一是说明了大湾区九市体育教师教研水平显著高于粤东西北地区，区域性差异显著，表明大湾区整体的教研生态明显优于粤东西北地区；二是两类地区体育教师教研发展水平都不高，距离高水平有较大的差距，发展的不充分性尤其突出，具有很大的改进和提升空间。结果揭示了广东省体育教师教研发展存在严重的不平衡和不充分现象，这对新时代体育教师的高质量发展是不利的，要引起高度的重视和关注。

进一步考察数据发现，在构成教师教研发展的5个维度中，具体情况如下：一是认知因素，两类地区体育教师均没有发现具有统计学意义上的显著性差异，但是粤东西北地区体育教师处在良好水平，大湾区九市处在一般水平，具有等级意义上的明显差异，这种倒挂现象值得注意；二是素养、治理、学术生态因素，两类地区体育教师均具有统计学意义上的非常显著性差异，大湾区九市均要好于粤东西北地区，值得关注的是其中的生态因素，大湾区九市体育教师感知仅仅为合格，而粤东西北地区体育教师感知则为不合格，成为教研发展的次薄弱环节；三是获得感因素，两类地区体育教师的获得感尽管具有统计学意义上的显著性差异，大湾区九市要明显好于粤东西北地区，但是两类地区体育教师的获得感都处在不满意状态，存在比较大的问题和欠缺，是教研发展的最大短板之一。

综上所述，相对而言，大湾区九市体育教师教研发展整体上明显高于粤东西北地区，除认知因素外，且其他影响因素都呈现同步的结果。但是，更需要引发共同思考的：一是体育教师教研发展不充分和区域不平衡现象比较严重，该如何改进和有针对性消除？二是获得感不足是目前影响两类地区体育教师教研发展的最大短板，其次是学术生态的不足，这两个方面的短板和弱项又该怎样来补短板强弱项？这是新的命题。

表 6-8　两类地区体育教师教研发展指数比较

维度	区域	人数	平均值	标准差	t 检验		
					t	自由度	显著性（双尾）
总体指数	大湾区九市	211	67.91	10.57	4.524	655	0.000
	粤东西北地区	446	63.92	10.53			
认知	大湾区九市	211	78.32	14.75	-1.702	655	0.089
	粤东西北地区	446	80.26	13.04			
素养	大湾区九市	211	72.76	13.72	5.096	655	0.000
	粤东西北地区	446	66.97	13.53			
治理	大湾区九市	211	78.61	15.24	5.088	504.720	0.000
	粤东西北地区	446	71.58	19.04			
生态	大湾区九市	211	65.78	13.69	5.236	374.928	0.000
	粤东西北地区	446	59.98	12.29			
获得感	大湾区九市	211	44.05	17.81	2.275	362.936	0.023
	粤东西北地区	446	40.81	15.38			

（二）两类地区体育教师教研发展指数与影响因素相关关系比较与分析

研究初步显示，教研认知、素养、治理、学术生态、获得感等是构成教师教研发展的主要因素。对于两类地区体育教师而言，教研发展指数与影响因素的响应程度如何，它们之间有没有差异，有待进一步数据发掘与分析。

采用偏相关关系分析，从表 6-9 数据可以看到，总体上，教研发展指数与认知、素养、治理、学术生态、获得感等呈现中等程度以上的线性相关关系，说明教研发展与认知、素养、治理、学术生态、获得感等具有较强的内在关系。分类来看，在教研认知方面，两类地区体育教师的教研发展指数与认知因素都呈现中等程度的线性相关关系，但是相对而言，认知因素对大湾区九市体育教师教研发展的影响略强；在教研素养方面，两类地区体育教师的教研发展指数与素养因素呈现比较强程度的线性相关关系，而且两者完全一致，说明素养因素对两类地区体育教师教研发展发挥同等的影响力；在教研治理方面，两类地区体育教师的教研发展指数与治理因素呈现比较强程度的线性相关关系，而且两者几乎完全一致，说明治理因素对两类地区体育教师教研发展的影响相当；在学术生态方面，两类地区体育教师的教研发展指数与学术生态因素呈现比较强程度的线性相关关系，学术生态对粤东西北地区体育教师的学术生态影响略高；在获得感方面，两类地区体育教师的教研发展指数与获得感因素呈现中等程度的线性相关关系，获得感因素对粤东西北地区体育教师影响略强。

分析结果提示，总体上，无论大湾区九市还是粤东西北地区，影响体育教师教研发展的主要影响因素的响应基本一致，表明教研发展与认知、素养、治理、学术生态、获得感等具有较强的内在关系，都是影响体育教师教研发展的主要因素；与此同时，也要关注认知、素养、治理、学术生态、获得感对两类地区体育教师影响的差异性因素，增强政策举措的科学性和对症性。

6－9 两类地区体育教师教研发展影响因素相关关系比较

	区域	认知	素养	治理	学术生态	获得感
指数	大湾区九市	0.653	0.793	0.811	0.716	0.573
	粤东西北地区	0.578	0.793	0.810	0.757	0.629
	总体	0.581	0.800	0.813	0.751	0.612

（三）两类地区体育教师教研发展不良因子的比较与分析

所谓不良因子，是指对教师教研发展水平呈现负面影响的因子，即因子指数低于所有因子均值的一类因子。在本研究中，因子指数小于3.0即研判为不良因子。从表6－10的数据可以发现：对粤港澳大湾区九市体育教师而言，具有负面影响的不良因子多达14项，其中，包括认知1项、素养1项、学术生态4项、获得感8项；对粤东西北地区体育教师而言，具有负面影响的不良因子更是多达16项，其中，包括认知1项、素养3项、学术生态4项、获得感8项。此外，不良因子既有共性因子，也有异同因子。共性的不良因子多达14项，包括没有时间、没有带头人、担心学术风险、竞争压力大、系统化培训少、缺乏专家指导、问卷设计难、参加学术会议少、教研获奖少、发表论文难、缺乏教学成果、课题立项难、缺乏团队合作、成果转化难。异同因子主要是粤东西北地区体育教师科研方法运用不足和不会数据统计处理等。

结果显示，进一步提升体育教师教研水平，一是要着力消除获得感不足的最大问题；二是要提升认知水平，消除过度的不必要的学术风险担忧；三是要营造友好职业生态，消弭过度的不理性的教师之间的专业"内卷"，尤其是职称晋升内卷；四是针对粤东西北地区体育教师，加强科研方法运用和科学数据统计处理的培训。

表 6—10 两类地区体育教师教研发展负面因子比较

区域	因子	人数	最小值	最大值	平均值	标准差
大湾区九市	1. 挤不出时间和精力搞教育科研	211	1	5	2.94	1.269
	2. 我参加系统化的教育科研培训	211	1	5	2.86	1.402
	3. 学校近一年内邀请校外教研专家培训	211	1	5	2.74	1.314
	4. 我担心在教育科研中有学术不端风险	211	1	5	2.73	1.337
	5. 我很想搞教育科研，但是没有人带着我做	211	1	5	2.73	1.276
	6. 我动手设计信度效度符合要求的问卷	211	1	5	2.73	1.470
	7. 我参与县（区）级以上的学术会议	211	1	5	2.39	1.477
	8. 我的教研论文获得县（区）级以上的奖励	211	1	5	2.22	1.343
	9. 我以第一作者身份公开发表教研论文	211	1	5	2.12	1.309
	10. 我获得最高等级的教学成果奖	211	1	5	2.09	1.223
	11. 体育教师之间的竞争压力越来越大	211	1	5	2.07	1.173
	12. 我受邀主持和参与教研团队	211	1	5	1.90	1.242
	13. 我的教研成果转化为教案、典型案例	211	1	5	1.77	1.129
	14. 我主持县（区）级以上的教研课题	211	1	5	1.74	1.130
粤东西北地区	1. 我担心在教育科研中有学术不端风险	446	1	5	2.94	1.396
	2. 我能用较先进的统计软件处理分析数据	446	1	5	2.77	1.057
	3. 我在课题研究中曾经采用过的科研方法	446	1	5	2.74	1.339
	4. 挤不出时间和精力搞教育科研	446	1	5	2.66	1.254
	5. 我很想搞教育科研，但是没有人带着我做	446	1	5	2.32	1.185
	6. 我以第一作者身份公开发表教研论文	446	1	5	2.26	1.396
	7. 我参加系统化的教育科研专项培训	446	1	5	2.23	1.362
	8. 我获得最高等级的教学成果奖	446	1	5	2.15	1.083
	9. 我的教研论文获得县（区）级以上的奖励	446	1	5	2.15	1.430
	10. 我获得最高等级的教学成果奖	446	1	5	2.09	1.240
	11. 体育教师之间的竞争压力越来越大	446	1	5	2.08	1.173
	12. 我动手设计信度效度符合要求的问卷	446	1	5	2.02	1.324
	13. 学校近一年内邀请校外教研专家培训	446	1	5	1.89	1.212
	14. 我参与县（区）级以上的学术会议	446	1	5	1.62	1.080
	15. 我受邀主持和参与的教研团队	446	1	5	1.52	.947
	16. 我主持县（区）级以上的教研课题	446	1	5	1.38	.817

（四）主要影响因素对不同身份教师教研发展响应预测的比较与分析

本文采用 SPSS27.0 软件分别建立粤港澳大湾区九市、粤东西北地区两类地区体育教师在认知、素养、治理、学术生态、获得感的结构方程模型，采用验证性因子分析构建潜变量和测量指标之间的测量模型再建立潜变量间的结构模型，通过极大似然法估计参数。经方差检验，两类地区体育教师建模模型拟合程度均比较理想，拟合指数均达到要求，能够进行科学的比较与有关分析（见表 6—11）。

表 7—11 的数据显示：认知、素养、治理、学术生态、获得感 5 个维度对大湾区九市体育教师教研发展指数预测贡献分别为 0.279、0.259、0.288、0.259、0.337，贡献最大的维度是获得感，其次是教研治理，再次是素养以及认知和学术生态；对粤东西北地区体育教

而言，5个维度的预测贡献分别为0.248、0.257、0.362、0.233、0.292，贡献最大的是教研治理，其次是获得感，再次是素养、认知、学术生态。

结果表明：5个维度对两类地区体育教师的教研发展均具有正向的积极影响作用，与此同时，在主要因素响应的作用上则呈现出一定的差异。对大湾区九市体育教师而言，影响最大的维度是获得感，其次是教研治理，再次是素养以及认知和学术生态；对粤东西北地区体育教师而言，影响最大的是教研治理，其次是获得感，其他依次是素养、认知、学术生态。

结果显示，进一步提升体育教师教研发展水平，无论大湾区九市抑或粤东西北地区，都要重视体育教师认知、素养、治理、学术生态、获得感等主要因素的响应作用，同时还要实施区域差异政策机制。对大湾区九市而言，最大的着力点在于提升体育教师的获得感；对粤东西北地区而言，最大的着力点在于提升教研治理水平。

表6—11　主要影响因素对两类地区体育教师教研发展预测比较

区域	模型	未标准化系数		标准化系数	t	显著性
		B	标准错误	Beta		
大湾区九市	常量	−2.665E−14	0.000		0.000	1.000
	认知	0.200	0.000	0.279	182021063.834	0.000
	素养	0.200	0.000	0.259	153896194.394	0.000
	治理	0.200	0.000	0.288	163320684.836	0.000
	学术生态	0.200	0.000	0.259	165983759.597	0.000
	获得感	0.200	0.000	0.337	242560070.138	0.000
粤东西北地区	常量	9.415E−14	0.000		0.000	1.000
	认知	0.200	0.000	0.248	210021056.851	0.000
	素养	0.200	0.000	0.257	181837897.946	0.000
	治理	0.200	0.000	0.362	254055448.362	0.000
	学术生态	0.200	0.000	0.233	170093200.597	0.000
	获得感	0.200	0.000	0.292	241445430.522	0.000

注：因变量：教研发展指数。

四、结论

（1）总体上看，两类地区体育教师教研发展处在同一层次，发展水平都不高，距离高水平有较大的差距，发展的不充分性尤其突出，具有很大的改进和提升空间。但是，大湾区九市体育教师教研水平显著高于粤东西北地区，区域性差异显著，表明大湾区整体的教研生态明显优于粤东西北地区。

（2）教研认知、素养、治理、学术生态、获得感等因素对两类地区体育教师教研发展均有重要的响应作用，但影响程度存在一定的差异，认知因素对大湾区九市教研发展的影响略强，素养和治理因素对两类地区体育教师教研发展发挥同等的影响力，学术生态、获得感因素对粤东西北地区体育教师的学术生态影响略高。

（3）影响两类地区体育教师教研发展的负面因子既有共性，也有异同性。两者的共性因子有 14 项，分别是没有时间、没有带头人、担心学术风险、竞争压力大、系统化培训少、缺乏专家指导、问卷设计难、参加学术会议少、教研获奖少、发表论文难、缺乏教学成果、课题立项难、缺乏团队合作、成果转化难。异同因子主要是粤东西北地区体育教师科研方法运用不足和不会数据统计处理 2 项。

（4）认知、素养、治理、学术生态、获得感 5 个维度对两类地区体育教师的教研发展均具有正向的积极影响作用，与此同时，在主要因素响应的作用上则呈现出一定的差异.对大湾区九市体育教师而言，影响最大的维度是获得感，其次是教研治理，再次是素养以及认知和学术生态；对粤东西北地区体育教师而言，影响最大的是教研治理，其次是获得感，再次是素养、认知、学术生态。

第七章 新时代体育教师职业幸福感研究

第一节 体育教师职业幸福感指数评估

一、提出问题

职业幸福感是指人们基于职业工作并仰赖于职业行为对自身生存和发展状态的现实体验和持续的主观感受。体育教师职业幸福感，是指体育教师在从事学校体育工作时基于需要得到满足、潜能得到发挥、自我实现得以满足所产生的持续性幸福体验与感受。职业幸福感指数就是对职业幸福现实体验和持续主观感受的一种量化评估。

考察文献发现，人本主义心理学大师马斯洛在 20 世纪 70 年代提出了人的五大需求的基本主张。结合该理论，中国人民大学教授赵小平等研究认为：人只有在低层需求满足后，高层需求才会出现；低层需求带来快乐，高层需求带来幸福；低层需求造就满意，高层需求造就忠诚；有了自我实现的满足，人才会有幸福感。基于前人对幸福所包括的"满足、快乐、投入、意义"4 个维度的解读，我们认为，成就感、成长感、归属感和负荷感是构成新时代体育教师职业幸福的四大要素。成就感主要评估体育教师对工作环境的满意度，成长感主要评估体育教师在组织中持续发展的前景感知，归属感主要评估体育教师在工作中的归属感与安全感的现实体验，负荷感主要评估体育教师的家庭婚姻、身心健康以及生涯的和谐度和平衡感。从某种意义上说，新时代体育教师职业幸福感是教师个体对成就感、成长感、归属感和负荷感及其综合效应的一种主观价值判断。我国学者对教师群体职业幸福感的研究起步较晚，始于 21 世纪初，近年来教师幸福感研究的主要成果是测量工具的借鉴、开发及影响因素的初步研究，总体上取得了一定的研究成果，但存在较大的局限性和一些问题；对体育教师群体的研究起步更晚，可查文献仅为 20 余篇，且研究主要停留在以文献和问卷调查为主，方法比较单一，研究内容比较传统，取得的成果比较有限。走进新时代，把教师职业幸福感嵌入教育治理之中，成为教育部门摆上议事日程的重要实践课题。体育教师也不例外，体育教师作为学校体育的第一资源和第一生力军，肩负着实现立德树人根本任务和帮助学生在体育锻炼中享受乐趣、增强体质、健全人格、锤炼意志的新时代重任，承担着服务于学生身心健康成长与生命发展的新的历史使命，其职业幸福感对立德树人和教书育人的成效有非常深刻和深远的影响。正因如此，开展体育教师职业幸福感的研究显得尤为必要，有必要就体育教师的职业幸福感现状及其存在的深层次问题与矛盾开展评估分析。因为体育教师职业的特殊性，没有幸福感的体育教师，不可能把学生的幸福放在心上，只有在岗位上具有较高幸福感的体育教师，才能够情怀满满地担此重任、践行立德树人的历史使命，以体育为载体，为国家培养身心健康、人格健全的人。因此，关注和加强探究体育教师职业幸福感成为学校体育高质量发展的重要课题。

本研究拟采用顾客满意度理论和要素总和评价法编制测量表，对体育教师职业幸福感进行调查评估，并运用相关分析和回归方程建模等对影响体育教师职业幸福感的因素进行验证和预测，揭示其核心机理，捕捉其短板和不足，提出多措并举的体系性策略，有效提升体育教师职业幸福感水平，涵养其教育情怀，提升教书育人的责任和担当，为建构一支情怀深、师德优、技艺强、活力足的体育教师队伍提供科学依据和参考，助力学校体育的高质量发展。

二、研究方法

主要采用文献资料、问卷调查、数理统计、逻辑分析、实证研究等方法开展本课题研究。

（一）研究工具

在参考和借鉴卢嘉、周思远等研制的工作满意度量表的基础上，改进编制了广东省大中小学体育教师职业幸福感测量表。测量表由一阶四维构成，一阶即职业幸福感，四维分别是成就感-成长感-归属感-负荷感。共设 20 个条目、4 个维度，采用"弱-比较弱--一般-比较强-强"五级评分制，得分越高，评估指数越大，对职业幸福的感知越强。该量表经 SPSS27.0 统计软件检验，综合信度为 0.957，分半信度为 0.945，综合结构效度为 0.971，该量表信度好、结构效度好，符合问卷调查要求，可以有效进行数据分析。

（二）问卷调查

本研究采用简单随机抽样与分层抽样相结合的方法，根据广东省大中小学校地域分布、办学属性、办学类型、发展水平等，分小学、初中、高中、高职、本科 5 个层次随机抽取 90 余所学校的体育教师为研究对象。通过"问卷星"系统按设定的时效内在线上实施问卷调查。合计发放问卷 1730 份，回收 1620 份，其中有效问卷 1551 份。问卷的回收率为 93.6%，有效率为 89.7%。调查样本的人口学特征等详见表 7-1。

表 7-1 调查样本人口学特征（$N=155$）

变量		人数	比例（%）	变量		人数	比例（%）
区域	大湾区九市	726	46.8	性别	男	1217	78.5
	粤东西北地区	825	53.2		女	334	21.5
身份	小学	456	29.4	职称	初级及以下	498	32.1
	初中	301	19.4		中级	823	53.1
	高中	210	13.5		副高级	202	13.0
	高职	300	19.3		正高级	28	1.8
	本科	284	18.3	教龄	0～5 年	346	22.3
学历	大专	108	7.0		6～15 年	518	33.4
	本科	1289	83.1		16～25 年	436	28.1
	硕士	144	9.3		25 年以上	251	16.2
	博士	10	0.6				

（三）数据处理

问卷调查由专门人员统一在问卷星系统上进行推送、施测和回收，时间为 2021 年 10-12 月。对"问卷星"系统上自动生成的 EXCEL 数据表，采用手动方式导入 SPSS27.0 软件系统，生成新的数据集，并对初始数据集进行整理、甄别，剔除无效样本，然后根据需要进行描述、平均值、相关、回归的数据统计与分析。

三、结果与分析

（一）广东省体育教师职业幸福感指数与感知情况分布

调查结果显示（见表 7-2），总体上，广东省体育教师职业幸福评估指数为 7.48，感知上已经达到了"比较强"的满意程度，处在良好水平，说明目前广东整体的教育生态和学校体育生态对体育教师总体上是比较友好和谐的，学校体育经费、资源、师资等支持保障有了进一步的增长，学校内部治理体系和治理能力建设也有了较明显的进步，其制度供给、工作机制、动力激励等日益完善，显然有利于进一步推进学校体育的"三教"改革，有利于体育教师的专业化发展，有利于体育教师的高质量成长，但是仍然有较大的改进和提升空间。从具体构成体育教师职业幸福感的因素看，归属感、负荷感、成就感、成长感四大因素均达到"比较强"的感知水平，说明目前没有能够发现影响体育教师职业幸福感的明显的薄弱环节，四大影响因素均比较平衡，但是单纯从数据上判断，成长感指数仅为 7.09，刚刚达到"比较强"的程度，是四大因素中最为薄弱的一环，表明提升体育教师的成长感水平是进一步提升其职业幸福感的着力点之一。

表 7－2　广东省体育教师职业幸福指数

项目	成就感	成长感	归属感	负荷感	幸福指数
平均值	7.49	7.09	7.56	7.79	7.48
人数	1551	1551	1551	1551	1551
标准差	1.41	1.63	1.47	1.32	1.36

进一步从体育教师职业幸福感知程度的人群分布情况看（见表8－3），幸福感"强"的544人占比35.1%，幸福感"比较强"的456人占比29.4%，幸福感"一般"的353人占比22.8，幸福感"比较弱"的150人占比9.7%，幸福感"弱"的48人占比3.1%。从结构上看，体育教师职业幸福感感知程度呈现"倒梯形"分布，而且幸福感比较强及以上的达到1000人占比超过6成，发展态势良好。但是，我们必须清醒地看到，实实在在也还有12.8%的体育教师感知不良，可能存在成长不足、成就感弱、归属感不强等问题或矛盾，理应精准针对这部分教师做好精细化的服务和提升工作。

表 7－3　广东省体育教师职业幸福感感知情况分布表

分类	强	比较强	一般	比较弱	弱
人数	544	456	353	150	48
百分比（%）	35.07	29.41	22.76	9.67	3.09
累计百分比（%）	35.1	64.5	87.2	96.9	100

（二）体育教师职业幸福感基本特征与分析

分析数据结果显示（见表7－4），广东省体育教师职业幸福感主要表现出3个方面的明显特征：一是区域性差异特征，大湾区九市体育教师职业幸福感指数（7.67）明显高于粤东西北地区体育教师（7.32），且差异具有统计学意义上的非常显著性，显示大湾区九市体育教师职业幸福感知好于粤东西北地区体育教师，说明大湾区体育教师的职业幸福感相对而言更强；二是具有职称差异特征，总体上职称层次从低到高呈现"V"形特点，具有初级职称体育教师职业幸福感较高，具有中级职称体育教师职业幸福感最低，具有副高级职称体育教师职业幸福感有所回升，具有正高级职称的体育教师职业幸福感最高，且差异在总体上具有统计学意义上的显著性；三是具有教龄差异特征，呈现出随着教龄增加职业幸福感缓慢递减或弱化的现象，入职期0～5年体育教师职业幸福感最高，均高于其他时期，且差异具有统计学意义上的非常显著性，总体上也有统计学意义上的非常显著性差异。除此之外，没有发现性别、学段、学历等的显著性差异特征。

表 7—4　广东省体育教师职业幸福感基本特征

项目		人数	平均值	标准差	ANOVA	
					F	Sig.
区域	大湾区九市	726	7.67	1.28	25.946	0.000
	粤东西北地区	825	7.32	1.40		
性别	男	1217	7.51	1.37	1.825	0.177
	女	334	7.39	1.30		
学段	小学	456	7.45	1.29	2.269	0.060
	初中	301	7.31	1.33		
	高中	210	7.51	1.29		
	高职	300	7.55	1.44		
	本科	284	7.63	1.42		
学历	大专	108	7.38	1.42	0.303	0.824
	本科	1289	7.49	1.36		
	硕士	144	7.44	1.20		
	博士	10	7.60	2.43		
职称	初级及以下	498	7.64	1.45	4.832	0.002
	中级	823	7.37	1.29		
	副高级	202	7.51	1.26		
	正高级	28	7.78	1.77		
教龄	0～5 年	346	7.78	1.44	8.007	0.000
	6～15 年	518	7.47	1.32		
	16～25 年	436	7.33	1.34		
	25 年以上	251	7.37	1.28		

（三）职业幸福感与主要影响因素的相关关系与响应预测

本研究提出的理论模型假设是，成就感、成长感、归属感、负荷感 4 个因素是影响体育教师职业幸福感的主要因素，是构成职业幸福感的 4 个核心维度。调查结果显示（见表 7—5），成就感、成长感、归属感、负荷感 4 个因素与职业幸福感的相关系数分别达到 0.957、0.942、0.951、0.861，均超过 0.8，且都具有统计学意义上的非常显著性，这一结果说明上述因素与职业幸福感均具有高度相关的线性关系，毫无疑问是构成影响职业幸福感的主要因素。可见，有效提升体育教师职业幸福感，要最大限度从上述 4 个维度着手和考量，才能够收到立竿见影的效果。

表7—5　幸福指数与主要影响因素的相关关系

控制变量		成就感	成长感	归属感	负荷感	幸福指数
区域	成就感	1.000				
	成长感	0.885**	1.000			
	归属感	0.909**	0.854**	1.000		
	负荷感	0.753**	0.724**	0.750**	1.000	
	幸福指数	0.957**	0.942**	0.951**	0.861**	1.000

注：**为 $p < 0.01$。

进一步分析数据发现，在对体育教师职业幸福感指数7.48进行评估的基础上，研判认为得分低于3.74的因子是处在中位数以下的负面影响因子，结果发现（见表7—6），当下影响体育教师职业幸福感的不良因子主要有5个，分别是培训进修、工资待遇、专业技能、工作压力和平等沟通。结果表明，一是体育教师目前对在岗培训进修的要求最为强烈，认为目前职后的教育培训、学习进修等已经不能够满足体育教师专业化发展的需求，在诉求得不到满足的情况下，转变为影响职业幸福感的最不满意因子；二是体育教师普遍对目前工资待遇感到不太满意，主要是对绩效和奖励分配的公平、公正和合理性比较诟病，认为体育教师辛辛苦苦的工作付出没有得到相应的回报；三是对"三新"学习感知不满意，认为不能够及时、有效学习"三新"是阻碍自身专业成长的另一重主要因素；四是不满意工作压力比较大，认为目前的体育教育教学工作安全责任重、无关体育教育教学的工作任务多且烦琐、对体育成绩（包括课余训练竞赛）的要求越来越高等，导致工作压力比较大，对身心健康有一定的影响；五是期盼学校领导能够重视体育，重视与体育教师平等的沟通，这对推进新一轮学校体育深化改革至关重要。

表7—6　影响体育教师职业幸福感主要不良因子

排序	因子	N	Min.	Max.	M	SD
1	学校提供充足的教育培训与进修机会	1551	1	5	3.35	1.061
2	我对工资待遇感到满意	1551	1	5	3.39	1.035
3	能及时学到体育新知识、新技术和新方法	1551	1	5	3.55	0.937
4	我的工作压力是适宜的	1551	1	5	3.56	0.908
5	学校领导经常与体育教师进行平等有效的沟通	1551	1	5	3.56	0.999

在实证发现成就感、成长感、归属感、负荷感等是影响体育教师职业幸福感主要因素的基础上，进一步采用回归分析和方程建模等方法对主要影响因素所起的作用进行分析和预测，结果发现（见表7—7）：一是理论设想所提出来的影响体育教师职业幸福感的四大变量均进入回归方程，所建构模型调整后 R^2 的系数为1.00，说明回归方程的拟合度比较理想，完全可以建立多元线性方程；二是对线性方程的拟合度进行方差检验，残差为零，检验结果显示非常显著，说明回归方程中因变量专业合作与其他4个自变量之间的线性关系完全成立，能够有效可靠地解释因变量；三是根据方程中回归系数的显著性检验结果显示，成就感、成长感、归属感、负荷感四大因素对职业幸福所起作用的预测，其未标准化系数均为

0.25，标准化系数分别为 0.261、0.300、0.272、0.243。建模结果表明：在影响体育教师职业幸福感的 4 个主要因素中，首先是成长感对因变量职业幸福所起的作用最大，其解释度高达 30.3%；其次是归属感，解释度为 27.4%；再次是成就感，解释度为 25.9%；最后是负荷感，解释度也达到 24.5%。结果显示，成就感、成长感、归属感、负荷感等 4 个自变量均对体育教师职业幸福感起到积极的正向影响作用。因此，从宏观角度审视，进一步有效提升体育教师专业幸福感，涵养体育教师的教育情怀和体育情怀，无论政府抑或学校体育内部治理必须下好成就感、成长感、归属感、负荷感"四位一体"的整体棋、协同棋和体系棋。

表 7-7　职业幸福感模型中主要影响因素预测贡献系数

模型		未标准化系数		标准化系数	t	显著性
		B	标准误	Beta		
1	常量	1.088E-14	0.000		.	.
	成就感	0.250	0.000	0.261	.	.
	成长感	0.250	0.000	0.300	.	.
	归属感	0.250	0.000	0.272	.	.
	负荷感	0.250	0.000	0.243	.	.

注：a. 因变量：幸福指数。

四、结论与建议

（一）结论

（1）总体上广东省体育教师职业幸福评估指数为 7.48，感知上已经达到了"比较强"的满意程度，处在良好水平。而且从结构上看，体育教师职业幸福感知程度呈现"倒梯形"分布，发展态势良好。

（2）广东省体育教师职业幸福感主要表现出区域性差异、职称差异、教龄差异 3 个方面的明显特征。除此之外，没有发现性别、学段、学历等的显著性差异特征。

（3）实证表明：成就感、成长感、归属感、负荷感 4 个因素是影响体育教师职业幸福感的主要因素，是构成职业幸福感的 4 个核心维度。影响体育教师职业幸福感的不良因子主要有 5 个，分别是培训进修、工资待遇、专业技能、工作压力和平等沟通。

（4）成就感、成长感、归属感、负荷感 4 个自变量均对体育教师职业幸福感起到积极的正向影响作用。首先是成长感对因变量职业幸福所起的作用最大，其解释度高达 26.1%；其次是归属感，解释度为 27.2%，再次是成就感，解释度为 26.1%，最后是负荷感，解释度达到 25.0%。

（二）建议

职业幸福感是激发、支持和支撑体育教师擘画立德树人大业的动力源泉，是引领和不断温暖体育教师自觉涵养教书育人情怀的不竭动力，也是生发体育教师可持续发展、消解职业倦怠、涤荡精致个人主义等，从而成长为"大先生"的元素。不难看出，职业幸福感的作用和意义是显而易见的，能够有效提升体育教师对教育事业的认同感、归属感和自豪感，能够不断增强教育教学工作的责任心、自觉性和积极性，发自内心地全身心投入教书育人事业之中。进一步提升体育教师幸福感，从理论上来说，无非是从物质财富和心灵精神两个方面并举进行，才能够收到相辅相成的良好效果。正如中国人民大学教授赵小平等研究认为：人只有在低层需求满足后，高层需求才会出现；低层需求带来快乐，高层需求带来幸福；低层需求造就满意，高层需求造就忠诚；有了自我实现的满足，人才会有幸福感。其主要路径如下。

（1）基于体系的视野建构新时代体育教师发展支持体系。已有的研究认为，影响体育教师幸福感的因素是多方面的，涉及物质、精神、分配、安全以及体制机制等多个方面。因此，从宏观治理的视角看，创新体育教师管理体制机制，建构新时代体育教师发展体系和支持保障系统，实现体育教师队伍治理体系和治理能力现代化，促进体育教师队伍综合素质、专业化水平和创新能力显著提升，使得体育教师教学实践能力、综合育人能力、自主发展能力和信息技术应用能力普遍增强，是提升体育教师职业幸福感和获得感的根本之道，也是新时代的应然之举。

（2）基于补短板强弱项的思维完善包括成长感在内的子体系建设。本研究也揭示了成就感、成长感、归属感、负荷感4个因素是影响体育教师职业幸福感的主要因素，而且结果显示成长感是四大因素中最为薄弱的一环。因此，要基于补短板强弱项的思维统筹嵌入包括成长感在内的提升体育教师职业幸福感子体系建设，尤其要针对成长感这个薄弱环节，在新课标教学、新课程教研、信息化技术应用、体能体质训练、心理健康教育、综合育人方法等，打造立体通道和立交平台，夯实体育教师专业成长的素质和能力。

（3）基于微观通达理念提出精准对症的具体化举措。本研究发现，影响体育教师职业幸福感的不良因子主要有培训进修、工资待遇、专业技能、工作压力和平等沟通五大因素。因此，精准提升体育教师职业幸福感，需要在学校内部治理方面实现提质增效，实现补短板强弱项的目标。一是构建体育教师阶梯式培训进修体系，根据教师职业生涯发展规划和每一个阶段职业发展的实际情况，查漏补缺，配套相关的学历、知识、技能、信息化运用、新课标等培养培训，提升体育教师核心素养；二是深化教师评价制度改革，改革教师发展评价体系，建立以品德、业绩、能力为主要内容，突出考核评价教师教书育人能力和教育教学实绩的工资绩效分配制度，激发体育教师内生动力；三是创新体育教师管理体制机制，提升教师管理信息化水平，实施负面清单管理制，使得体育教师不合理工作负担进一步减轻，不理性的事务性内卷有效消除，不能承受之重的责任彻底解除，使体育教师能够专心致志教书育人；四是建立现代学校民主参与体制机制，实现体育教师在涉及教师切身利益事务的完全知情权、表达权、参与权和监督权，畅通教师民主参与入口和出口，更好地消除怨气和戾气，积淀和谐氛围；五是基于人文关怀思想完善教师身心健康和家庭生活关爱体系，建立教师身体健康和心理健康档案，实施实时动态管理，实行友善和关爱服务，积累融洽友好氛围，增强体育教师的归属感。

第二节　高校体育教师职业幸福感指数调查评估

一、提出问题

"幸福感"已经成为我国社会治理的一个热词，是新时代教育部门要摆上议事日程的重要实践课题，意味着教育的高质量发展不仅要追求社会治理客观治态，还要追求广大教师的主观治感，要把教师职业幸福感嵌入教育治理之中，高校体育教师也不例外。所谓幸福感，是指个体对自己生存状态意义的体味。对高校体育教师而言，职业幸福感是指体育教师在从事学校体育工作时基于需要得到满足、潜能得到发挥、自我实现得以满足所产生的持续性幸福体验。体育教师职业的特殊性在于为国家培育身心健康和人格健全的人，不可替代。体育教师在平凡的工作岗位上一肩挑着立德树人，一肩挑着教书育人。只有有幸福感的体育教师才可能自觉挑起这两副担子，才可能把学生的幸福放在心上、落实落地在课堂上、落实落地在学生日常的待人接物之中，把学生培养成为身心健康和人格健全的有用之才。必须深刻认识到，职业幸福感是教师做好教育工作的内部动力和重要前提。因此，追求职业幸福是新时代争做"四有"好教师的题中应有之义，也是新时代的应然之举和实然选择。

梳理文献发现，我国学者对教师群体职业幸福感的研究起步较晚，始于 21 世纪初，近年来教师幸福感研究的主要成果是测量工具的借鉴、开发及影响因素的初步研究，总体上取得了一定的研究成果，但存在较大的局限性和一些问题；对体育教师群体的研究起步更晚，可查文献仅为 20 余篇，其中涉及高校高职体育教师的只有 2 篇，研究主要停留在以文献和问卷调查为主，成果更加有限。因此，加强对新时代高校体育教师群体职业幸福感的研究势在必行。

本研究拟采用顾客满意度理论和要素总和评价法编制高校体育教师职业幸福感问卷，然后本研究对体育教师职业幸福感进行测量评估，评估其职业幸福感指数，研判其所处的水平状况，同时运用相关分析和方程建模等对影响体育教师职业幸福感的因素进行验证和响应预测，揭示其基本机理，发掘其主要短板和不足之处，有针对性地提出改进和提升策略，希冀进一步提升高校体育教师职业幸福感水平，涵养其教书育人的情怀，提升立德树人的责任和自觉，为建构一支情怀深、师德优、业务精、技艺强的高校体育教师队伍提供科学依据和参考，助力高校体育的高质量发展。

二、研究方法

主要采用文献资料、问卷调查、数理统计、逻辑分析、实证研究等方法开展本课题研究。

（一）研究工具

在参考和借鉴孙燕、段建华等研制的职业幸福感量表的基础上，新编制了高校体育教师职业幸福感测量表。高校体育教师职业幸福感测量表由一阶四维构成，一阶即职业幸福感，四维分别是成就感-成长感-归属感-负荷感。共设 20 个条目，采用"强-比较强--一般-比较弱-

弱"五级评分制，得分越高，指数越大，职业幸福感知越强。经 SPSS27.0 统计软件检验，量表的综合信度为 0.957，分半信度为 0.945，综合结构效度为 0.971，该量表信度好、结构效度好，可以有效进行数据分析。

（二）问卷调查

本研究采用简单随机抽样与分层抽样相结合的方法，根据广东省高校地域分布、办学属性、办学类型、发展水平等，分高职、普通高两个层次随机抽取 30 余所学校在岗体育教师为研究对象。通过"问卷星"系统按设定的时效在线上实施问卷调查。合计发放问卷 630份，回收 598 份，其中有效问卷 584 份。问卷的回收率为 94.9%，有效率为 92.7%。调查样本的人口学特征等详见表 7-8。

表 7-8　调查样本人口学特征（$N=584$）

变量		人数	比例（%）	变量	人数	比例（%）
区域	大湾区九市	357	61.1	初级	155	26.5
	粤东西北地区	227	38.9	职称　中级	295	50.5
身份	本科院校	284	48.6	副高级	106	18.2
	高职院校	300	51.4	正高级	28	4.8
性别	男	411	70.4	0～5 年	130	22.3
	女	173	29.6	6～15 年	209	35.8
学历	本科	457	78.3	教龄　16～25 年	141	24.1
	硕士	117	20.0	25 年以上	104	17.8
	博士	10	1.7			

（三）数据处理

问卷调查由专门人员统一在"问卷星"系统上进行推送、施测和回收，时间为 2021 年10-12 月。对"问卷星"系统上自动生成的 EXCEL 数据表，采用手动方式导入 SPSS27.0软件系统，生成新的数据集，并对初始数据集进行整理、甄别，剔除无效样本，然后根据需要进行有关的数理统计和分析。

三、结果与分析

（一）高校体育教师职业幸福感指数与感知情况分布

研究认为，成就感、成长感、归属感、负荷感是构成新时代高校教师职业幸福感的四大要素。从某种意义上说，新时代高校体育教师职业幸福感是教师个体对成就感、成长感、归属感和负荷感及其综合效应的一种主观价值判断。从表 8-9 的数据来看出，高校体育教师职业幸福感指数为 7.59，对职业幸福的感知达到了"比较强"的程度，总体上处在良好水平，说明目前广东高校体育生态对体育教师整体上是比较友好和谐的，有利于教师的高水平成长，但是仍然有一定的改进和上升空间。从构成体育教师职业幸福感的具体因素看，归属感、负荷感、成就感、成长感 4 个维度评估指数均大于 0.70，均达到"比较强"的水平，说明目前高校体育教师职业幸福感的整体环节是比较均衡的，没有明显的薄弱之处，相对而言，成长感方面稍有差距，有必要加以关注，可能是进一步提升体育教师职业幸福感的着力点之一。

表 7—9 高校体育教师职业幸福感指数

项目	幸福指数	成就感	成长感	归属感	负荷感
平均值	7.59	7.58	7.25	7.60	7.92
个案数	584	584	584	584	584
标准差	1.43	1.51	1.68	1.54	1.37

进一步从感知人群分布的情况看，职业幸福感"强""比较强""一般""比较弱""弱"的人数分布分别为229人占比39.2%、157人占比26.9%、130人占比22.3%、48人占比8.2%、20人占比3.4%。从人数分布的结构看，高校体育教师职业幸福感呈现"倒梯形"特征，感知分布比较理想，但是还有11.6%的体育教师感知不良，存在一些问题或矛盾，有必要针对这部分教师做好个性化的服务和提升工作，有利于整体上进一步提升高校体育教师的职业幸福感水平（见表7—10）。

表 7—10 高校体育教师职业幸福感感知情况分布

分类	强	比较强	一般	比较弱	弱
人数	229	157	130	48	20
百分比（%）	39.2	26.9	22.3	8.2	3.4
累计百分比（%）	39.2	66.1	88.4	96.6	100

（二）高校体育教师职业幸福感的基本特征与分析

从表7—11的数据可以看出，高校体育教师职业幸福感主要凸显以下几个方面的特征。

一是具有性别差异性特征，即男性体育教师职业幸福感指数（7.69）明显高于女性体育教师（7.35），且差异具有统计学意义上的显著性差异，说明男性体育教师职业幸福感好于女性体育教师。

二是具有职称差异性特征，总体上呈现两头高中间低的"U"形特征，具有初级职称和正高级职称的体育教师职业幸福感指数较高，具有中级职称和副高级职称体育教师的职业幸福感相对比较差，且两头与中间均具有统计学意义上的显著性差异。

三是具有教龄特征差异性差异，总体上具有随着入职年限的增加，职业幸福感随之在有限期间内逐渐下降的态势，即入职期0～5年体育教师职业幸福感最优，6～15年次之，16～25年再次之，25年以上最差，且差异整体上具有统计学意义上的显著性，说明高校体育教师职业幸福感有随着教龄增加职业幸福感缓慢弱化的现象。

此外，高校体育教师职业幸福感在区域、身份、学历等方面，均没有发现具有统计学意义上的显著性差异。

表 7-11 高校体育教师职业幸福感基本特征与检验

项目		人数	平均值	标准差	ANOVA	
					F	Sig.
区域	大湾区九市	357	7.59	1.34	0.000	0.988
	粤东西北地区	227	7.58	1.57		
身份	本科院校	284	7.63	1.42	0.410	0.522
	高职院校	300	7.55	1.44		
性别	男	411	7.69	1.42	6.867	0.009
	女	173	7.35	1.42		
学历	本科	457	7.62	1.45	0.626	0.535
	硕士	117	7.45	1.26		
	博士	10	7.60	2.43		
职称	初级	155	7.90	1.58	3.902	0.009
	中级	295	7.44	1.38		
	副高级	106	7.49	1.16		
	正高级	28	7.78	1.77		
教龄	0~5 年	130	7.98	1.53	6.669	0.000
	6~15 年	209	7.66	1.34		
	16~25 年	141	7.37	1.41		
	25 年以上	104	7.24	1.39		

（三）高职体育教师职业幸福感与主要影响因素的相关关系与响应预测

从表 7-12 的数据可以看出，影响高校体育教师职业幸福感的四大因素，即成就感、成长感、归属感、负荷感等与职业幸福感的相关关系分别为 0.964、0.950、0.960、0.870，均超过 0.80 以上，且都具有统计学意义上的非常显著性，说明成就感、成长感、归属感、负荷感与职业幸福感均具有"强"的线性相关关系，毫无疑问是构成影响高校体育教师职业幸福感的主要因素。

表 7-12 幸福指数与主要影响因素的相关关系

控制变量		成就感	成长感	归属感	负荷感	幸福指数
性别	成就感	1.000				
	成长感	0.909**	1.000			
	归属感	0.921**	0.887**	1.000		
	负荷感	0.774**	0.741**	0.780**	1.000	
	幸福指数	0.964**	0.950**	0.960**	0.870**	1.000

注：** 为 $p < 0.01$。

进一步分析数据发现，影响高校体育教师职业幸福感不良因子有 3 个，分别是工资待遇、平等沟通、培训进修。结果表明：第一，高校体育教师目前对职后的培训进修诉求最为强烈，高校这方面的不足，已经演变成体育教师最不满意的因子；第二，比较诟病的是学校领导日常难得与一线体育教师进行平等有效的民主沟通，导致体育教师的有关诉求无从表达，没有出口渠道，从而产生怨气；第三，比较不满意的是工资待遇问题，认为目前体育教师的工作付出与工资待遇是不相称的，应该进一步提高待遇，尤其是学校绩效分配应该向体育教师适当倾斜。

表 7—13 影响高校体育教师职业幸福感不良因子：

排序	因子	N	Min.	Max.	M	SD
1	学校提供足够的教育培训与进修机会	584	1	5	3.46	1.062
2	学校领导经常与体育教师进行平等有效的沟通	584	1	5	3.55	1.038
3	我对工资待遇感到满意	584	1	5	3.58	0.994

进一步采用回归分析和线性方程建模等方法对主要影响高校体育教师职业幸福感的各种因素所起的作用进行建模与作用大小预测，结果发现：一是理论设想的影响高职教师职业幸福感的四大变量均进入结构方程，所建构模型的调整后 R^2 的系数为 1.00，说明结构方程的拟合度比较理想，完全可以建立多元线性方程；二是对线性方程的拟合度进行检验，残差为零，检验结果非常显著，说明结构方程中因变量专业合作与其他四个自变量之间的线性关系完全成立，能够恰当解释因变量；三是根据方程中回归系数的显著性检验结果显示（见表8-14），成就感、成长感、归属感、负荷感对职业幸福贡献的未标准化系数分别为 0.25、0.25、0.25、0.25，标准化系数则分别是 0.264、0.294、0.269、0.239。

建模表明：一是在其他因素不变的情况下，成就感、成长感、归属感、负荷感等自变量每变化一个单位对因变量的作用均达到 0.25 个基数；二是在回归模型中，成长感对因变量职业幸福的作用最大，其贡献系数达到 0.294 个基数，其他的按作用大小排列依次是归属感（0.269）、成就感（0.264）、负荷感（0.239）。结果表明：4 个自变量均对职业幸福起到积极的正向影响作用。

表 714 职业幸福感模型中主要影响因素预测贡献系数

模型		未标准化系数		标准化系数	t	显著性
		B	标准误	Beta		
1	常量	1.954E−14	0.000		0.000	1.000
	成就感	0.250	0.000	0.264	32673543.555	0.000
	成长感	0.250	0.000	0.294	43696313.268	0.000
	归属感	0.250	0.000	0.269	36411461.395	0.000
	负荷感	0.250	0.000	0.239	54689658.634	0.000

注：a. 因变量：幸福指数。

四、结论与建议

（一）结论

（1）整体上高校体育教师职业幸福感指数为 7.59，感知上达到了"比较强"的程度，体育教师的职业幸福感处在良好水平，而且从感知程度的人群具体分布情况看，呈现出"倒梯形"的良好结构。

（2）高校体育教师职业幸福感主要凸显出性别差异、教龄差异和职称差异 3 个明显的特征，没有发现区域、身份、学历等的差异。

（3）实证表明：构成影响职业幸福感的主要因素分别是成就感、成长感、归属感、负荷感四大因素；影响体育教师职业幸福感的具体的不良因子有 3 个，分别是培训进修、平等沟通、工资待遇。

（4）建模显示：成长感对因变量职业幸福感的作用最大，其贡献系数达到 0.294 个基数，其他按作用大小排列依次是归属感（0.269）、成就感（0.264）和负荷感（0.239）。结果表明：4 个自变量均对职业幸福起到正向的积极影响作用。

（二）建议

研究认为，影响高校体育教师职业幸福感的因素是多方面的，涉及物质、精神、分配、安全以及体制机制等多个方面。为了进一步提升高校体育教师幸福感，具体路径如下：一是基于体系的视野建构提升体育教师职业幸福感的整体系统，建构包括成就感、成长感、归属感和负荷感 4 个子系统融合发展的体制机制；二是基于补短板强弱项的思维完善包括归属感在内的子体系建设，对准高校体育教师专业成长这个薄弱环境，发挥成长感这个主要因素的充分作用；三是基于微观通达理念，针对性别差异、教龄差异和职称差异和教师强烈的培训进修、平等沟通、工资待遇等诉求，提出精准对症的具体化举措；四是基于人文关怀思想完善体育教师身心健康和家庭生活关爱体系。

第三节　高校与基础教育体育教师职业幸福感的比较研究

一、提出问题

走进新时代，基于国民对美好生活的追求和向往，"幸福感"成为社会治理的一个热词，职业幸福感越来越受到社会各界的关注。体育教师也不例外，体育教师作为学校体育发展的第一资源和支撑力量，肩负着帮助学生在体育锻炼中享受乐趣、增强体质、健全人格、锤炼意志的时代重任，承担着服务于学生身心健康成长与生命发展的历史使命，其职业幸福感对教书育人的成效有深刻的影响。因此，关注和加强研究体育教师的职业幸福感理应成为学校体育高质量发展的重要课题。

查阅文献资料发现，目前国内对体育教师职业幸福感的研究比较少见，主要采用文献资料法进行推理、归纳和阐析，取得的成果也很有限。正因如此，开展体育教师职业幸福感的比较研究，有必要就不同类型体育教师的职业幸福感的现状及其影响因素的异同开展探讨。

本研究拟在对高校和基础教育两类体育教师职业幸福感指数进行评估和比较的基础上，继而对影响两类体育教师职业幸福感的主要因素和具体因子进行比较和分析，进而就主要影响因素所起的作用进行预测和比较，以精准揭示响应两类体育教师职业幸福感的不同层面的因素，以捕捉它们各自的短板和不足，提出各有侧重的举措，为进一步精准提升不同类型体育教师职业幸福感提供参考，助力打造一支情怀深、师德优、技艺强、活力足的新时代体育教师队伍。

二、研究方法

以广东省在校在岗体育教师为研究对象，主要采用文献资料、问卷调查、数理统计、逻辑分析、比较研究等开展探究。

本研究采用简单随机抽样与分层抽样相结合的方法，根据广东省学校地域分布、办学属性、办学类型、发展水平等，随机抽取 100 余所大中小学校的 1551 位体育教师为有效研究对象，其中高校体育教师 584 人占比 37.7%，基础教育体育教师 967 人占比 62.3%。数据处理使用 SPSS27.0 软件在计算机上进行，采用基于描述性统计、相关分析、回归分析、方程建模等统计学处理后进行比较与分析。比较样本的人口学特征等详见表 7—15。

表 7—15　比较研究样本人口学特征（N＝1551）

变量		高校体育教师		基础教育体育教师	
		人数	比例（%）	人数	比例（%）
区域	大湾区九市	357	61.1	369	38.2
	粤东西北地区	227	38.9	598	61.8
性别	男	412	70.5	805	83.2
	女	172	29.5	162	16.8
学历	大专	—	—	108	11.2
	本科	458	78.4	831	85.9
	硕士研究生	116	19.9	28	2.9
	博士研究生	10	1.7	—	—
职称	初级	155	26.5	343	35.5
	中级	295	50.5	528	54.6
	副高级	106	18.2	96	9.9
	正高级	28	4.8	—	—
教龄	0～5 年	130	22.3	216	22.3
	6～15 年	209	35.8	309	32.0
	16～25 年	141	24.1	295	30.5
	25 年以上	104	17.8	147	15.2

（一）高校与基础教育体育教师职业幸福感的比较

1. 高校与基础教育体育教师职业幸福感指数的比较

调查结果显示（见表 7—16），高校体育教师职业幸福感指数为 7.59，处在"比较强"

的水平；基本教育体育教师职业幸福感指数为 7.42，同处在"比较强"的水平。但是两者之间具有统计学意义上的显著性差异，说明高校体育教师职业幸福感水平高于基础教育体育教师。具体到每一个维度看，基础教育体育教师无论成长感、负荷感，抑或成就感、归属感等维度指数，均呈现出低于高校体育教师的状况，但是只有成长感、负荷感 2 个维度具有统计学上显著性差异水平，成就感、归属感 2 个维度则没有发现具有统计学上的显著性差异。

比较结果表明，整体上，高校体育教师职业幸福感水平明显高于基础教育体育教师，其中，高校体育教师成长感、负荷感 2 个维度明显高于基础教育体育教师，成就感、归属感 2 个维度则两者之间基本相当，没有明显差异。结果显示，高校与基础教育体育教师两者之间的职业幸福感是存在一些差别的，其差距具体表现在成长感和负荷感 2 个维度上，高校体育教师的成长感和负荷感都更强一些。其背后的主要原因：一是高校体育教师成长平台多元化，教学资源比较丰富，教学环境相对轻松灵活，职后的学习培训进修机会更多一些；二是高校体育工资待遇相对较高，而且教学工作量相对不大，不合理工作负担相对较轻，不理性的事务性内卷比较少，不能承受之重的责任有制度保障，工作与家庭、工资待遇与生活相对容易取得平衡。

表 7—16　高校与基础教育体育教师职业幸福感指数比较

比较项目	教师类型	人数	平均值	标准差	标准误差	ANOVA	
幸福指数	高校	584	7.59	1.43	0.05919	5.505	0.019
	基础教育	967	7.42	1.30	0.04196		
成就感	高校	584	7.58	1.51	0.06240	3.645	0.056
	基础教育	967	7.43	1.35	0.04342		
成长感	高校	584	7.25	1.68	0.06958	8.768	0.003
	基础教育	967	7.00	1.58	0.05093		
归属感	高校	584	7.60	1.54	0.06375	0.969	0.325
	基础教育	967	7.53	1.43	0.04597		
负荷感	高校	584	7.92	1.37	0.05657	8.171	0.004
	基础教育	967	7.72	1.28	0.04120		

2. 高校与基础教育体育教师职业幸福感水平人群分布的比较

调查结果显示（见表 7—17），高校体育教师职业幸福感水平人群分布情况为：幸福感强的 229 人占比 39.2%，比较强的 157 人占比 26.9%，一般的 130 人占比 22.3%，比较弱的 48 人占比 8.2%，弱的 20 人占比 3.4%；基础教育体育教师依次为幸福感强的 315 人占比 32.6%，比较强的 299 人占比 30.9%，一般的 223 人占比 23.1%，比较弱的 102 人占比 10.5%，弱的 28 人占比 2.9%。比较结果显示，高校体育教师职业幸福感水平人群分布远优于基础教育体育教师，统计检验的浅进显著性也支持这一结果，这与幸福感指数状况的指向完全一致，表明高校体育教师的职业生态比较友好和谐，其在涵养体育教师职业幸福感方面的作用显著而有效，而基础教育体育教师职业生态存在一些亟待解决的问题和矛盾，其激发和养成作用有待进一步提高。

表7—17　高校与基础教育体育教师职业幸福感水平人群分布比较

分布情况		强	比较强	一般	比较弱	弱
高校	人数	229	157	130	48	20
	百分比（％）	39.2	26.9	22.3	8.2	3.4
基础教育	人数	315	299	223	102	28
	百分比（％）	32.6	30.9	23.1	10.5	2.9

（二）高校与基础教育体育教师职业幸福感影响因素相关关系的比较

1. 高校与基础教育体育教师职业幸福感影响因素相关关系的比较

本研究提出的理论模型假设是，主要影响体育教师职业幸福感的因素是成就感、成长感、归属感、负荷感4个。从表7—18的数据可以看出，无论高校抑或基础教育体育教师，总体上幸福指数与4个维度均呈现高度相关的线性关系。两相比较而言，高校体育教师幸福指数与4个维度之间所呈现的线性关系系数，比基础教育体育教师4个维度的系数均要略高一些，但是都处在同一个层次和水平。结果表明，无论高校抑或基础教育，影响体育教师职业幸福感的主要因素是高度同源且一致的，都具有高度相关的线性关系，这也实证了本研究所提出来的理论模型假设是完全成立的。一言以蔽之，影响两类体育教师职业幸福感的主要因素是相同的，而且4个维度与幸福指数具有高度相关的线性关系。

表7—18　高校与基础教育体育教师职业幸福感相关性比较

类型	控制变量	幸福指数	成就感	成长感	归属感	负荷感
高校体育教师	幸福指数	1.000	0.964**	0.950**	0.960**	0.872**
	成就感	0.964**	1.000	0.910**	0.922**	0.774**
	成长感	0.950**	0.910**	1.000	0.887**	0.745**
	归属感	0.960**	0.922**	0.887**	1.000	0.782**
	负荷感	0.872**	0.774**	0.745**	0.782**	1.000
基础教育体育教师	幸福指数	1.000	0.951**	0.935**	0.945**	0.852**
	成就感	0.951**	1.000	0.865**	0.900**	0.736**
	成长感	0.935**	0.865**	1.000	0.848**	0.707**
	归属感	0.945**	0.900**	0.848**	1.000	0.728**
	负荷感	0.852**	0.736**	0.707**	0.728**	1.000

注：** 为 $p < 0.01$。

2. 影响高校与基础教育体育教师职业幸福感负面因子的比较

调查评估的结果显示，高校体育教师职业幸福感指数总体上为7.59。以中位数为基准，具体到每一个因子，得分低于3.70则被判定为负面因子；基本教育体育教师职业幸福感指数为7.42，得分低于3.60则被判定为负面因子。统计结果显示（见表7—19）：影响高校和基础教育体育教师职业幸福感的负面因子都是5项，高校体育教师的是进修培训、平等沟通、工资待遇、发挥平台、新知学习等，基础教育体育教师的是工资待遇、进修培训、工作压力、新知学习、发展空间等。结果表明：影响两类体育教师的负面因子既有相同项又有差异项。相同的负面因子为进修培训、工资待遇、新知学习等；不同的有2项，影响高校体育教师的是平等沟通和发挥平台等，影响基础体育教育教师的是工作压力和发展空间等。结果揭示，进修培训、工资待遇、新知学习是共同影响高校和基础教育体育教师职业幸福感的3项负面因子，除此之外，高校体育教师对平等沟通和发挥平台的感知比较不满意，基础教育体育教师则对工作压力和发展空间的感知比较不满意。

表7—19　高校与基础教育体育教师职业幸福感负面因子比较

类型	不良因子	人数	最小值	最大值	均值	标准差
高校体育教师	进修培训	584	1	5	3.46	1.062
	平等沟通	584	1	5	3.55	1.038
	工资待遇	584	1	5	3.58	0.994
	发挥平台	584	1	5	3.62	0.971
	新知学习	584	1	5	3.62	0.965
基础教育体育教师	工资待遇	967	1	5	3.28	1.044
	进修培训	967	1	5	3.28	1.056
	工作压力	967	1	5	3.48	0.905
	新知学习	967	1	5	3.50	0.918
	发展空间	967	1	5	3.51	0.948

（三）高校与基础教育体育教师职业幸福感影响因素的预测比较

对高校与基础教育体育教师职业幸福感影响因素的作用进行预测，从表7—20数据可以看出：一是就整体幸福指数对4个维度的作用而言，无论高校或基础教育，在其他因素不变的情况下，成就感、成长感、归属感、负荷感等自变量每变化1个单位对因变量的作用均达到0.25个基点，呈现高度一致的正向影响作用；二是非标准化系数经过标准化处理后，自变量对两类体育教师因变量的预测作用表现出一定的差异，而且每一个维度所起作用的解释度也有差别。高校体育教师成长感对因变量专业合作的作用最大，其解释度达到29.4%；作用次大的是归属感，其解释度为26.9%；然后依次是成就感（26.4%）、负荷感（23.9%）。基础教育体育教师也是成长感对因变量专业合作的作用最大，其解释度达到30.3%；其次是归属感，其解释度为27.4%；然后依次是成就感（25.9%）、负荷感（24.5%）。比较结果显示，自变量均对两类教师幸福感起到积极的正向作用，虽然它们的解释度略有差异，但是没有实质性区别。

7—20　高校与基础教育体育教师职业幸福感影响因素作用预测比较

类型	模型	未标准化系数		标准化系数	t	显著性
		B	标准错误	Beta		
高校体育教师	（常量）	6.661E—16	0.000		0.000	1.000
	成就感	0.250	0.000	0.264	447520211.981	0.000
	成长感	0.250	0.000	0.294	598495946.527	0.000
	归属感	0.250	0.000	0.269	498717407.076	0.000
	负荷感	0.250	0.000	0.239	749068664.184	0.000
基础教育体育教师	（常量）	−2.442E—15	0.000		0.000	1.000
	成就感	0.250	0.000	0.259	46493490.492	0.000
	成长感	0.250	0.000	0.303	66892969.283	0.000
	归属感	0.250	0.000	0.274	52779510.404	0.000
	负荷感	0.250	0.000	0.245	75476927.176	0.000

四、结论

（1）整体上，高校体育教师职业幸福感水平明显高于基础教育体育教师，其中高校体育教师成长感、负荷感显著高于基础教育体育教师，成就感、归属感则基本相当，没有显著差异。

（2）高校体育教师职业幸福感水平人群分布明显优于基础教育体育教师，表明高校体育教师的职业生态比较友好和谐，其在涵养体育教师职业幸福感方面的作用显著而有效，而基础教育体育教师职业生态还存在一些亟待解决的问题和矛盾，其激发和养成作用有待进一步提高。

（3）总体上高校和基础教育体育教师幸福指数与4个维度均呈现高度相关的线性关系。比较而言，高校体育教师幸福指数与4个维度之间所呈现的线性关系系数，比基础教育体育教师4个维度的系数均要略高一些，但是本质上都处在同一个层次和水平。

（4）影响两类体育教师的负面因子既有相同项又有差异项。相同的负面因子是进修培训、工资待遇、新知学习3项；不同的2项，高校的是平等沟通和发挥平台，基础教育的是工作压力和发展空间。

（5）成就感、成长感、归属感、负荷感4个自变量均对高校和基础教育体育教师职业幸福感起到积极的正向影响作用，虽然它们所起作用的解释度略有差异，但是没有实质性的区别。

第四节　河源市小学体育教师职业幸福感的调查研究

一、研究目的

走进新时代，职业幸福感越来越受到社会各界的关注。随着我国教育现代化进程的加快以及广大教师主体意识的增强，教师职业幸福感迅速被关注和认可，成为建构高素质专业化创新型教师队伍的重要内容和抓手，小学体育教师也不例外。所谓幸福感，是指个体对其生活质量进行的情感性和认知性的整体评价。小学体育教师职业幸福感，是指体育教师在从事学校体育工作时基于需要得到满足、潜能得到发挥、自我实现得以满足所产生的持续性幸福体验。

如何在小学体育师资队伍建设领域借鉴职业幸福感研究成果，科学评估当下小学体育教师职业幸福感，研判教师职业幸福感的不足和内涵提升的缺陷，提出针对性强的举措和策略，帮助小学体育教师在个人职业发展的同时不断提高成就感和满足感，是值得深入思考和实践的课题，对于提升地方教育部门和学校在体育方面"教好、管好、办好"的服务和管理能力具有重要意义。

二、研究方法

主要采用文献资料、问卷调查、数理统计等方法开展调查研究。借鉴北京大学学生就业指导服务中心研究开发的职业幸福指数体系，编制出"河源市小学体育教师职业幸福感调查问卷"，问卷共 20 个条目、4 个维度，采用"低—比较低—一般—比较强—强"五级评分制，得分越高，评价越高，幸福感越强。经 SPSS27.0 统计软件检验，量表的综合信度为 0.959，分半信度为 0.942，综合结构效度为 0.963，该量表符合问卷调查的科学要求。本次调查在河源市 5 个县 2 个区范围内随机选取被试，通过"问卷星"系统在线上实施，共发放问卷 300 份，回收有效问卷 280 份，其中男教师 209 人，女教师 71 人，具有大专学历的教师 49 人，本科学历的 231 人，问卷回收的有效率为 93.3%。数据统计使用 SPSS27.0 软件在计算机上进行录入和统计学处理。

三、结果与分析

（一）河源市小学体育教师职业幸福感的评估指数

经过统计处理，结果显示（见表 7－21）：河源市小学体育教师职业幸福感指数为 72.62，总体上处在幸福感"比较强"的水平，其中男性体育教师的幸福指数为 72.24，女教师为 73.72，女性教师明显高于男性教师，有显著性的差异性。当然，无论男女幸福指数仍然还有进一步的提升空间。进一步分析发现，构成小学体育教师幸福感的 4 个维度并不平衡，负荷感情况排在第一位，指数达到 75.83，但是男女也不均衡，女性教师明显好于男性教师；归属感位列第二，指数为 74.01，男女也不平衡，女性教师的归属感明显高于男性教师；成就感排在第三位，指数为 72.88，男女也不平衡，男性教师的成就感明显不如女性教师；成长感排在第四位，指数仅为 67.75，是 4 个维度中评估指数唯一一处在"一般"水平的维度，男女也不平衡，女性教师的成长感明显好于男性教师。

总之，河源市小学体育教师职业幸福感指数总体上处在幸福感"比较强"的水平，但是男女教师之间存在明显的差异，无论是总体幸福感抑或二级维度感知，都呈现出女教师明显好于男教师的现象。

表 7—21　河源市小学体育教师职业幸福感指数

性别		幸福指数	成就感	成长感	归属感	负荷感
男	平均值	72.2484	72.5678	67.3684	73.5311	75.5263
	个案数	209	209	209	209	209
	标准偏差	14.00419	14.42816	16.86551	15.12862	13.28173
女	平均值	73.7254	73.8028	68.9014	75.4366	76.7606
	个案数	71	71	71	71	71
	标准偏差	11.42552	11.63323	15.12156	11.98658	11.62198
总计	平均值	72.6229	72.8810	67.7571	74.0143	75.8393
	个案数	280	280	280	280	280
	标准偏差	13.39314	13.76373	16.42791	14.40031	12.87210

（二）河源市小学体育教师职业幸福感的人群分布情况

按照"低—比较低——一般—比较强—强"五级评价标准，对小学体育教师职业幸福感的人群分布情况进行梳理和统计，结果呈现其人群分布的基本情况详见表 7—22。

从表 8—22 的数据可以看出，280 位小学体育教师中，幸福感感知为"强"的人数是 82 人，占比为 29.3%；感知"比较强"的人数为 85 人，占比为 30.4%；感知"一般"的人数为 66 人，占比为 23.6%；感知"比较低"的人数为 36 人，占比为 12.9%；感知"低"的人数为 11 人，占比为 3.9%。可见，河源市小学体育教师职业幸福感的人群分布情况是比较好的，幸福感感知比较强以上的教师占比达到 59.7%，是多数；感知比较低以下的教师占比为 16.8%，是少部分。

总之，从统计数据所呈现出来逻辑关系看，人群分布的情况与幸福感指数的结果是比较吻合的，其评估结果是可信的。

表 7—22　河源市小学体育教师职业幸福感人群分布指数

性别		强	比较强	一般	比较低	低
男	人数	59	64	45	31	10
	比例（%）	28.2	30.6	21.5	14.8	4.8
女	人数	23	21	21	5	1
	比例%	32.4	29.6	29.6	7.0	1.4
合计	人数	82	85	66	36	11
	比例（%）	29.29	30.36	23.57	12.86	3.92

（三）影响河源市小学体育教师职业幸福感的不良因子分析

从上述幸福感评估指数和人群分布情况分析看，河源市小学体育教师职业幸福感尽管处在"比较强"的水平，幸福感感知比较强以上的教师占比达到多数的水平，但是仍然有比较大的提升空间，不可否认存在一些影响、损害和抑制体育教师幸福感的不良因素。不管从政府保障的视角看，还是从学校良制善治的高度看，都需要精准掌握和针对性分析影响体育教师幸福感的不良因素，以采取科学有效的体系化改进措施，增强体育教师的成长感、成就感和获得感，进一步提高体育教师的幸福感水平。

从调查的结果看，在现实中有 6 个因子构成对体育教师幸福感的不良影响，6 个因子的平均得分均小于 3.5，分别是培训进修、工资待遇、新知学习、工作压力、发展空间、发挥平台。其中，对体育教师成长感构成不良影响的因子有 3 项，影响体育教师成就感的因子有2 项，影响体育教师负荷感的因子有 1 项，详见表 7—23。

表 7—23　影响河源市小学体育教师职业幸福感不良因子

排序	因子	维度	最小得分	最大得分	平均值	标准差
1	学校有良好的教育培训与进修制度	成长感	1	5	3.12	1.076
2	我对工资待遇感到满意	成就感	1	5	3.15	1.033
3	能及时学到体育新知识、新技术和新方法	成长感	1	5	3.30	1.000
4	我的工作压力是适宜的	负荷感	1	5	3.37	0.949
5	我从事的学校体育工作有较大的发展空间	成长感	1	5	3.45	0.934
6	学校有充分发挥才能的平台	成就感	1	5	3.46	0.946

四、结论与建议

（一）结论

（1）河源市小学体育教师职业幸福感指数总体上处在幸福感"比较强"的水平，但是男女教师之间存在明显的差异，无论是总体幸福感抑或二级维度感知，都呈现出女教师明显好于男教师的现象。

（2）河源市小学体育教师职业幸福感的人群分布情况是比较好的，幸福感感知"比较强"及以上的教师占比达到 59.7%，是多数；感知"比较低"及下的教师占比为 16.8%，是少部分。

（3）影响河源市小学体育教师职业幸福感的不良因子主要有 6 项，一是培训进修制度的不完善，二是工资待遇低，三是新知识新技术学习的滞后，四是工作压力大，五是发展空间小，六是缺乏发挥才能的平台。

（二）建议

（1）营造尊重体育教师、重视学校体育的大氛围，提升教师社会地位，激发体育教师的职业自豪感。一是建立和完善体育教师表彰体系，因地制宜开展多种形式的体育教师表彰奖励活动，并落实相关优待政策；二是鼓励民间组织开展尊师活动，对体育教师出资奖励，营造尊师重教良好社会风尚；三是建设现代学校制度，体现以人为本，突出教师主体地位，落实教师知情权、参与权、表达权、监督权。

（2）建构市-县-镇一体化的培训培养体系，完善配套制度，建立长效机制，最大限度打通小学体育教师的职后学习提升的通道，尤其要重视体育教师在职中新知识、新技术、新手段的学习提高，提高体育教师的核心素养，提高小学体育教师的成长感。

（3）结合河源市实际，进一步提高学校体育公共服务保障力度，尤其要强化经费保障，适当提高工资待遇水平。同时要优化经费投入结构，优先支持体育教师队伍建设最薄弱、最紧迫的领域，重点用于按规定提高教师待遇保障、提升教师专业素质能力。

（4）提高各级各类学校的治理水平，即既为体育教师切实减负，又要为体育教师打造合适的发挥才能的空间和平台，增强小学体育教师的成就感。

第八章 新时代高质量体育教师发展研究

第一节 新时代高质量体育教师发展研究报告

一、提出问题

教育的高质量发展是新时代的国家战略。"到 2035 年，多样化、现代化、高质量的学校体育体系基本形成"，这是国家在新时代提出的学校体育第一目标要求和郑重承诺，也是新时代学校体育高质量发展的根本方向和实现路径。为此，建立和完善体育教师高质量发展体系，打造一支素质高、情怀深、技能强、活力足的体育教师队伍，是学校体育当下和未来一个时期的重要议题，也是支撑和实现学校体育高质量发展的重大实践课题。所谓教师发展，是指在教育生态和学校场域的大环境中，教师职业生涯在内、外力的叠加作用下，其生命价值、文化传承、社会责任、职业发展 4 个维度融合生长，从新手教师成长为熟手教师乃至专家型教师的持续过程。从现实看，体育教师发展问题尤其是高质量发展已经成为学校高质量发展必须面对和突破的第一问题和第一难题，理应倍加重视和考量。从长远看，推进体育教师高质量发展的不懈努力将有力支持和支撑学校体育的持续发展，有利于全面融入德智体美劳全面培养的教育体系。

教师发展理论自 20 世纪 60 年代末于欧美兴起，以美国学者福勒（Fuller，1969）编制的《教师关注问卷》揭开研究的序幕。教师发展理论是以成人发展理论为基础理论，吸取了心理学、生理学、社会学以及人类生命科学等学科领域的研究方法与研究成果，建构了一套系统的理论体系。一众学者主要对教师发展阶段、教师成长、教师反思、教师心理发展、教师发展模型、教师测量与评价、教师教育等展开深度研究和实践探索。教师发展理论经过半个世纪的发展，研究形成了诸如教师发展阶段论、教师发展模型论、专家型教师论等各种各样的理论或学说。我国在教师发展领域的研究起步比较晚，主要在 20 世纪 90 年代末兴起，根据专家学者的研究内容或领域，主要分为 6 类：一是教师发展机构的研究；二是教师发展模型和理论的研究；三是高校教师发展的案例研究；四是教师成长不同阶段的成长研究；五是对教师发展模型和测量评价的研究；六是自 2003 年开始建立教师教育标准体系的研究等。国内外多年来的教师发展研究，取得了丰硕成果，对教师的专业化提升和促进教育发展都起到了积极的推动作用。比较有代表性的著作有《教师发展》《美国中小学教学技巧 2000 则》《有效教师手册》《教师职业生涯周期——教师专业发展指导》《教师能力学》《教师角色与教师发展新探》《给教师的 20 把钥匙——教师应掌握的教育学方法》《教师评鉴——增强专业实务》等。

对于体育教师发展的研究，国内起步于 21 世纪初，最早可见易锋、陈康于 2007 年发表的《高校体育教师成长阶段特征与影响因素及对策》，提出了"相对有效的激励措施和支持体系，促进体育教师职业生涯和专业的发展的建议"。此后，尤其是走进新时代以来，对体育教师发展的研究逐渐趋于活跃，但相关文献有限，说明对体育教师发展的研究相当薄弱，还有比较大的提升空间。从研究对象看，目前的研究主要集中在高校体育教师身上，比较有影响力的研究如 2008 年的《普通高校体育教师职业生涯发展不同阶段组织承诺与离职意愿关系研究》，2011 年的《高校青年体育教师职业生涯高原现状的研究——以北京市高校青年体育教师为例》，2014 年的《学习型社会背景下的普通高校体育教师职业发展研究》，2020 年的《我国教育变革时期高校体育教师职业发展政策制度探析》，2021 年的《制度视角下我国西部地区高校体育教师职业发展研究》等；对基础教育体育教师的研究相对少，比较有影响力的研究如 2021 年的《信阳市农村义务教育阶段体育教师职业发展研究》等；对职业教育体育教师发展的研究笔者还没有发现相关文献，几乎呈现空白状态。从研究方法看，大部分采用的是文献资料法、访谈交流法、逻辑分析法等为主展开理论层面的探讨，借此得出有关结论和提出对应策略，比较缺乏问卷调查、实证研究，尚未见实验研究。比较有意义的研究如通过质性研究工具 NVivo12 的《我国教育变革时期高校体育教师职业发展政策制度探析》、基于信息工具处理的《体育教师职业研究热点知识图谱分析与表征》、运用数理统计的《信阳市农村义务教育阶段体育教师职业发展研究》等。总之，目前无论是在方法层面，抑或是在研究工具方面，都没有取得实质性的有效突破，难以揭示体育教师发展的机理或真相。从研究成果看，主要是引入、介绍和演绎国外已有的教师发展理论，如教师发展阶段论、教师成长论、教师心理发展、教师教育等；其次是初步应用和验证国外有关的教师发展理论，从而形成具有我国特点的教师成长不同阶段论、高校教师发展个案论、教师发展机构论、教师发展制度供给论等。但是成果缺乏现代体育教师发展的理论模型和测评模型，尤其缺乏体育教师发展的新观点和新理论。

尽管我国学者对国内外尤其高校进行了数量可观的案例研究，并引进了教师发展相关理论，但无论是从研究的深度、广度，还是教师发展的实践上，还处于起步阶段，存在诸多问题与不足：一是数量不足，二是分布不均，三是质量有待提高，四是方法工具的先进性不足，五是理论创新尤其不足。具体表现在：为体育教师的专业发展提供一定的实践和方法指导相对较少；站在体育教师"育人"的角度进行研究的较多，对体育教师如何"育己"的相对关注较少；对体育教师职业、教师劳动的外在社会价值强调较多，对体育教师职业、教师劳动的内在生命价值问题的探讨相对较少；对体育教师核心素养的研究较多，对教师自身学习、反思、修身等研究相对较少；深入教师的职业存在状态、教育实践情境，注重教师自身的实践参与的相对比较少；缺乏对体育教师发展测量和评价的系统研究。针对体育教师发展的现状及其不足，体育教师发展未来一个时期的研究应着眼于 6 个方面：加强教师发展职业生态的研究；加强教师发展理论模型的研究；加强教师发展性测评体系的研究；加强教师职业幸福感的研究；加强提升教师发展水平的行动研究；加强教师发展生命价值方面的行动研究。在立德树人和教书育人的新时代背景下，特别需要从生命发展的视角对新教师成长为优秀教师的品质和行为进行分析，并着力探讨教师信念的形成、转变与特征。总之，教育的高质量发展需要形成了更加成熟的现代教育教师发展理论，体育教师发展也不例外。

对此，本研究有必要基于新时代教师发展"两全"（全人和全面发展）理念，围绕构建体育教师高质量发展的目标，建立教师发展新理论模型和测评体系，评估目前体育教师发展指数，研判其发展水平和不足，进而发掘影响体育教师发展的友好因子和不良因子，分析和探索主要影响因素对体育教师发展的响应差异，揭示其发展机理，为新时代体育教师高质量发展提供参考、借鉴和可行路径。

二、理论模型与研究方法

本研究主要采用文献资料法、问卷调查法、教育测量法、要素总和综合评价法、数理统计法、逻辑分析法等开展探究。

（一）理论模型假设

基于新公共服务理论的支撑和教师"两全"发展理论的概念，我们认为，生命发展、专业发展、社会发展、组织发展等构成了新时代教师发展的基本模型，这既是教师发展的4个维度，也是影响教师发展的主要因素。

从生命的视角来看，作为一个有生命的人，教师发展具有丰富的生命内涵和人生价值，是"身、心、德"融合生发和"真、善、美"有机统一，相辅相成，彰显出生命本体精神丰满、生机勃发、志趣高洁、价值坐标，是教师营构具体的道德意识、伦理诉求及专业理解的基石，是教师发展的灵魂。

教书育人是教师的天职，专业性和协同性是教师职业最重要的特征，是教师发展的支撑所在，必须充分尊重教师职业的专业化。因此，生命发展和专业发展是影响教师发展的内在因素，也是关键因素。专业发展还通过社会发展、生命发展为中介变量，对教师发展产生间接影响。

社会发展是教师发展的重要内容之一，是教师得到社会认同，也是体现教师专业水平的重要衡量指标，直接影响教师发展进程。

教师发展还是一项系统性工程，需要多方主体协同参与，需要系统的支持保障。因此，组织发展是教师发展最重要的外在动力，是教师发展的支持保障所在，也是教师发展的士气、底气所在，直接影响教师发展。组织发展还通过生命发展、专业发展、社会发展为中介变量，间接对教师发展产生深远影响。

因此，教师发展的假设模型包括生命发展、专业发展、社会发展、组织发展四个结构变量。其中，教师发展是内生变量（因变量），其他变量则为自变量。

体育教师发展指数的理论假设模型设定为：生命发展、专业发展、社会发展、组织发展均对教师有直接影响；组织发展还将生命发展、专业发展、社会发展作为中介变量，对教师发展产生间接影响；专业发展还将社会发展、生命发展作为中介变量，对教师发展产生间接影响（见图8—1）。

图8—1 教师发展指数的理论假设模型

（二）测评工具设计

由于基础测评结构缺乏理论上的共识，出现了不同类型维度的教师发展测量工具，产生了该研究领域的"巴尔干化"现象。如何运用可信和相对不偏不倚的方式测量教师发展指数仍是当前面临的主要困难之一。总体上，题型简单且易于回答是当前编制教师发展指数工具较为一致的原则。遵循该项原则，基于以上理论假设模型，教师发展测量框架如下。

总体上，教师发展主要从生命发展、专业发展、社会发展、组织发展4个方面进行测量。

生命发展是教师关于生命意义、人的价值、人格尊严、主体意识、自我认同等的认识、理解、认同及其价值观，这对于教师教书育人行为具有重要的影响。因此，本研究首先关注教师生命发展这一变量，具体指向师德发展、自主发展和身心健康等感知、体验和实际收获。

专业发展就是指教师从事教书育人工作的核心素养和核心能力等，包括教师从事教育工作所必须具备的基本条件以及在教育教学研究活动中所表现出来的基本品质、能力等。本研究主要指向专业技术素养、教学发展和科研发展等。

教师发展不仅仅是单纯的教师个体行为，而是嵌入教书育人场域中、受组织结构和组织模式影响的，因此组织发展是教师发展最重要的外在动力。本研究中组织发展主要指向学校内涵建设的治理结构和模式，具体体现在教师职业生态的营造和学校治理体系的校本建设等。

社会发展是教师发展的重要内容之一，是教师得到社会认同，也是体现教师专业水平的重要衡量指标，直接影响教师发展进程。具体指向文化传承、社会服务和育人服务3个方面。

总体上，问卷包括教师的生命发展、专业发展、社会发展、组织发展4个一级维度、8个二级维度，合计由38道题目构成。生命发展为7道题，专业发展为16道题，社会发展为5道题，组织发展为10道题。问卷采用5点量表，单题最低分为1分，最高分为5分。为判断哪些群体需要给予特别关注，问卷设计了背景变量。个体特征主要考虑性别、教龄、学历、职称等。学校属性主要考虑学校的区域位置、办学类型等。

（三）样本构成

本次调查对象为广东省范围内的大中小学体育教师，采用分层分类随机整群抽样方法，从广东省经济发展程度的两大区域、大中小学层次、类型、特征等抽取调查对象。本次调查获得的有效样本889人，具体的人口学特征等见表8—1。

表8—1　调查样本人口学特征表（$N=889$）

变量		人数	比例（%）	变量		人数	比例（%）
区域	大湾区九市	367	41.3	学历	大专	94	10.6
	粤东西北地区	522	58.7		本科	735	82.7
城乡	城市学校	623	70.1		硕士研究生	46	5.2
	农村学校	266	29.9		博士研究生	14	1.6

续表

变量		人数	比例（%）	变量		人数	比例（%）
性别	男	673	75.7	职称	初级及以下	270	30.4
	女	216	24.3		中级	476	53.5
身份	小学体育教师	265	29.8		副高级	123	13.8
	初中体育教师	188	21.1		正高级	20	2.2
	高中体育教师	142	16.0	教龄	0～3 年	114	12.8
	中职体育教师	94	10.6		4～15 年	254	28.6
	高校体育教师	200	22.5		16～25 年	374	42.1
	—	—	—		25 年以上	147	16.5

（四）信度、效度检验

用 Cronbach α 系数来估计量表的可靠性，结果表明总问卷 α 系数为 0.912，4 个维度 α 系数在 0.583～0.924。采用 S－B 分半信度方法计算，总问卷分半信度系数为 0.784，各维度的分半信度系数在 0.558～0.898，具有较好的信度。结构效度总系数为 0.933，4 个维度结构效度在 0.680～0.945。问卷具有良好的信度和效度，能够进行有效的数据分析。

三、结果与分析

（一）体育教师发展指数与基本特征分析

1. 体育教师发展指数与分析

教师发展很大程度上决定了学校体育的发展和体育教学质量，更是体育教师可持续高阶发展的关键。从调查评估的结果看，总体上，体育教师发展指数为 63.11，仅仅处在"合格"水平，说明体育教师的发展水平不高，发展现状不容乐观。在调查测评的 6 类体育教师中，高校体育教师发展指数最高（67.53），其他依次为小学体育教师（65.36）、初中体育教师（65.05）、高中体育教师（63.80）、中职体育教师（58.68）、高职体育教师（57.37）。结果显示，目前体育教师整体发展水平不高，6 类体育教师发展有分化的倾向，既不充分也不事实，反映了体育教师发展动能不足，缺乏发展创新的活力，可能存在整体生态或动力机制缺陷的问题，与教师高质量发展的要求差距较大，表明了体育教师发展还有比较大的改进和提升空间。尤其值得关注的是，中职体育教师和高职体育教师发展指数都在 60.0 以下，其发展处在不合格水平的区域，显示出职业院校体育教师发展问题尤为严峻，有必要做进一步探讨。

进一步审视数据发现，在构成影响教师发展的四大因素中，呈现比较严重的分化现象。生命发展指数为 72.75，达到了"一般"水平；组织发展指数为 65.93，达到了"合格"水平；专业发展和社会发展指数分别为 59.08 和 54.70，双双处在"不合格"区域，显示出它们的发展水平比较低下，令人堪忧。6 类体育教师中，只有高校体育教师的各个维度发展均达到合格水平以上，其他 5 类体育教师的维度发展类似，生命发展、组织发展相对较好，专业发展、社会发展相对薄弱。

结果表明（见表 8—2），目前体育教师整体发展只是处在"合格"水平，其短板在社会发展弱化，其弱项在于专业发展不足。因此，要提升新时代体育教师发展水平，需要整体统筹和协同四大发展因素，做强做优生命发展和组织发展，同时要着力于补短板、强弱项，大力加强专业发展，加快联结社会发展，营造教师发展的友好生态，激发体育教师发展的内生动力。

表 8—2　体育教师发展指数（$N=889$）

身份	项类	发展指数	生命发展	专业发展	社会发展	组织发展
小学体育教师	平均值	65.36	75.87	59.69	51.93	73.95
	标准差	10.16	10.40	12.45	17.06	15.63
初中体育教师	平均值	65.05	74.10	60.66	56.28	69.17
	标准差	9.75	10.48	11.00	16.48	14.47
高中体育教师	平均值	63.80	72.54	60.47	54.81	67.37
	标准差	10.33	10.23	11.92	16.62	15.11
中职体育教师	平均值	58.68	68.42	55.94	54.88	55.49
	标准差	9.46	9.08	11.09	14.46	14.96
高职体育教师	平均值	57.37	68.05	53.73	55.41	52.28
	标准差	10.12	7.44	12.90	14.00	14.43
高校体育教师	平均值	67.53	73.95	67.86	60.60	67.72
	标准差	14.22	13.93	14.93	23.05	17.03
总计	平均值	63.11	72.75	59.08	54.70	65.93
	标准差	10.79	10.47	12.58	16.63	17.10

教师发展程度的人群分布状况是判断体育教师发展质量高低与否和平衡与否的重要参考指标之一。从表 8—3 的数据可以看出，体育教师发展水平达到"高"和"比较高"2 项合计 230 人，占比 25.8%；"一般"水平的 374 人，占比 42.1%；"合格"水平的 197 人，占比 22.2%；"不合格"水平的 88 人，占比 9.9%。结果显示，目前体育教师发展的情况喜忧参半，高质量发展的体育教师占比达到了 25.8%，这是令人欣喜的，但是超过 3 成的体育教师发展质量比较低，反映出体育教师之间发展的分化失衡严重，进一步表明了新时代体育教师高质量发展任重而道远，须久久为功。

表 8—3　体育教师发展水平人群分布

身份	项类	高	比较高	一般	合格	不合格
小学体育教师	人数	19	65	126	35	20
	百分比（%）	7.2	24.5	47.5	13.2	7.5

续表

身份	项类	高	比较高	一般	合格	不合格
初中体育教师	人数	11	48	86	30	13
	百分比（%）	5.9	25.5	45.7	16.0	6.9
高中体育教师	人数	9	25	69	29	10
	百分比（%）	6.3	17.6	48.6	20.4	7.0
中职体育教师	人数	3	12	32	38	9
	百分比（%）	3.2	12.8	34.0	40，4	9.6
高职体育教师	人数	7	11	45	54	33
	百分比（%）	4.7	7.3	30.0	36.0	22.0
高校体育教师	人数	10	10	16	11	3
	百分比（%）	20.0	20.0	32.0	22.0	6.0
总计	人数	59	171	374	197	88
	百分比（%）	6.6	19.2	42.1	22.2	9.9

2. 体育教师发展的基本特征与分析

体育教师发展的基本特征能够深度反映出发展情况的人口学、地理学、社会学等的差异性，有利于把握影响发展的一些重要因素和环节，有利于掌握发展的一般规律，为教师发展的可持续性和高质量发展提供参考。从表8—4的数据可以看出，体育教师发展具有如下方面的基本特征。

一是具有明显的区域差异。大湾区体育教师发展指数为63.93，明显高于粤东西北地区的61.94，且具有统计学意义上的显著性差异。

二是具有显著的身份差异。高校、小学、初中、高中、中职、高职体育教师发展指数呈现依次逐渐递减的态势，且具有统计学意义上的非常显著性差异。进一步比较发现，职业院校体育教师发展明显低于普通教育、普通高等教育体育教师发展水平，且呈现级差现象。

三是性别差异。男性体育教师发展指数为64.08，显著高于女性体育教师的60.09，且具有统计学意义上的非常显著性差异。

四是职称差异。体育教师发展呈现出职称越高发展水平越高的递增态势，尤其是具有正高级职称以上的体育教师发展水平明显高出一个层次，且具有统计学意义上的非常显著性差异。

五是教龄差异。体育教师发展呈现出入职期、发展期明显高于成熟期和退坡期的态势，且具有统计学意义上的非常显著性差异。

此外，没有发现具有城乡和学历的明显差异。

结果表明，体育教师发展主要呈现三大不平衡问题，即区域不平衡、身份不平衡和性别不平衡问题。结果显示，进一步提升体育教师发展质量需要基于整体、协同的理念统筹破解上述三大不平衡问题。此外，还要注意进一步改革和打通体育教师的高阶职称发展，同时还要避免高职称教师的懈怠。

表 8—4　体育教师发展基本特征（$N=889$）

变量		N	M	SD	ANOVA	
					F	Sig.
区域	大湾区九市	367	63.93	11.67	7.372	0.007
	粤东西北地区	522	61.94	10.06		
城乡	城市学校	623	63.08	11.00	0.017	0.897
	农村学校	266	63.18	10.32		
类型	小学体育教师	265	65.36	10.16	18.659	0.000
	初中体育教师	188	65.05	9.75		
	高中体育教师	142	63.80	10.33		
	中职体育教师	94	58.68	9.46		
	高职体育教师	150	57.37	10.12		
	高校体育教师	50	67.53	14.22		
性别	男	673	64.08	10.96	22.977	0.000
	女	216	60.09	9.68		
学历	大专	94	60.99	11.14	2.271	0.079
	本科	735	63.18	10.52		
	硕士	46	65.52	10.89		
	博士	14	65.74	18.67		
职称	初级	270	64.21	9.80	12.010	0.000
	中级	476	61.36	10.91		
	副高级	123	66.38	10.10		
	正高级	20	70.00	15.60		
教龄	0～3 年	114	65.24	10.14	13.468	0.000
	6～15 年	254	65.93	10.40		
	16～25 年	374	60.86	10.96		
	25 年以上	147	62.32	10.18		

（二）体育教师发展与主要影响因素的相关关系与分析

"一阶四维"是体育教师发展的理论假设模型的基本结构，一阶是指教师发展这个因变量，"四维"是指生命发展、专业发展、社会发展和组织发展 4 个结构变量。结果显示（见表 8—5）：以性别作为控制变量，生命发展、专业发展、社会发展和组织发展与教师发展的相关关系分别为 0.703、0.831、0.708、0.782，且都具有统计学意义上非常显著性，4 个变量均与发展因变量表现出比较强程度的正向线性相关关系，说明它们之间存在比较强的内在联系，是影响体育教师发展的主要响应因素。结果表明，生命发展、专业发展、社会发展、组织发展等是影响教师发展的主要因素，也实证了"一阶四维"理论模型假设是适切的，其建模思想、理论依据、发展方向是确立的。

表 8－5　体育教师发展与主要影响因素的相关关系（$N = 889$）

控制变量		发展指数	生命发展	专业发展	社会发展	组织发展
性别	发展指数	1.000				
	生命发展	0.703**	1.000			
	专业发展	0.831**	0.523**	1.000		
	社会发展	0.708**	0.235**	0.539**	1.000	
	组织发展	0.782**	0.538**	0.508**	0.268**	1.000

注：** 为 $p < 0.01$。

在确认生命发展、专业发展、社会发展、组织发展等是影响教师发展的主要因素的基础上，进一步对影响体育教师发展的不良因子进行发掘，有助于进一步的分析和研判。结果发现（见表 8－6）：总计有 9 项因子的平均得分值低于 3.0，是影响体育教师发展的不良因子，起到负面的响应作用。其中，专业发展不良因子有 5 项："我能够运用类似 SPSS 软件来处理、统计和分析数据""我公开发表了论文、专著、调查报告等""近 3 年，我的论文、教研成果获得上级奖励""我参加了各级各类举办的教学大赛、专业技能大赛等""我的教科研成果被上级引用或采用"等。社会发展不良因子有 3 项："我担任了班主任、教研室主任等管理工作""我参加了教研组织或其他社会组织""我被邀请参加校外的教研和学术交流活动"等。组织发展不良因子有"职称评审公平公正"1 项。

分析表明，体育教师教研成果不足、科研素养不高、教学和技能大赛参与少、教研和学术活动参与少、担任班主任和教研室主任机会少、职称评审和晋升难等，是目前影响体育教师发展比较突出的具体化问题，归纳起来看，更是集中指向教师专业发展不足和社会发展不足的薄弱问题。

表 8－6　影响体育教师发展主要负面因子（$N = 889$）

排序	因子	最小值	最大值	平均值	标准差
1	我能够运用类似 SPSS 软件来处理、统计和分析数据	1	5	2.96	1.050
2	我担任了班主任、教研室主任等管理工作	1	5	2.95	1.370
3	职称评审公平公正	1	5	2.94	1.357
4	我参加了教研组织或其他社会组织	1	5	2.76	1.467
5	我公开发表了论文、专著、调查报告等	1	5	2.34	1.381
6	我被邀请参加校外的教研和学术交流活动	1	5	2.01	1.395
7	近 3 年，我的论文、教研成果获得上级奖励	1	5	1.90	1.300
8	我参加了各级各类举办的教学大赛、专业技能大赛等	1	5	1.89	1.188
9	我的教科研成果被上级引用或采用	1	5	1.56	1.064

（三）主要影响因素对体育教师发展的预测与分析

采用回归分析和结构方程模型等方法，对影响体育教师发展的主要因素所起的响应作用进行建模预测。结果显示：一是理论模型设想影响体育教师发展的 4 个变量均进入结构方程，所建构的模型调整后 R^2 的系数为 1.00，说明结构方程的拟合优度比较理想，可以建立多元线性方程；二是对多元线性方程的拟合优度进行检验，其残差为零，检验结果非常显著，说明结构方程中因变量与自变量之间的线性关系完全成立，能够恰当解释因变量的相应变化；三是回归系数显著性检验结果显示（见表 8－7），生命发展、专业发展、社会发展、组织发展对体育教师发展贡献的未标准化系数均为 0.25，标准化系数则分别是 0.242、0.291、0.385、0.396。结果表明：在其他因素不变的情况下，因变量每提升 1 个基数，对自变量均起到提升 0.25 个基数的正向作用。在回归模型中，是组织发展对发展指数的作用最大，其解释力达到 39.6%；第二是社会发展，解释力为 38.5%；第三是专业发展，解释力为 29.1%；第四是生命发展，解释力为 24.2%。结果揭示了生命发展、专业发展、社会发展、组织发展均对体育教师的发展起到积极的正向影响作用提升新时代体育教师发展水平，不但需要整体、协同统筹四大因素建立现代教师发展体系，还需要对症补短板和强弱项，着力专业发展和社会发展体系的建设。

表 8－7　体育教师发展模型中各影响因素的贡献系数

模型		未标准化系数		标准系数	t	显著性
		B	标准误	Beta		
1	常量	2.522E－13	0.000		0.000	1.000
	生命发展	0.250	0.000	0.242	89429145.136	0.000
	专业发展	0.250	0.000	0.291	96089863.130	0.000
	社会发展	0.250	0.000	0.385	150567703.604	0.000
	组织发展	0.250	0.000	0.396	147563506.004	0.000

注：a. 因变量：发展指数。

四、讨论

在大环境激烈变化、未来充满变数的大背景下，教师发展尤其是高质量发展同样面临诸多的挑战和不确定性，急需呈现目前教师发展实践的现实与问题画像，并对其深层原因进行多维度审视和剖析，揭示其真相或本质，然后审时度势，有见地的创设新时代教师高质量发展之新理论和新路向，这对建构教师高质量发展体系、加速打造高质量教师队伍，具有重要的现实意义和指导作用。

从实践的视角看，目前教师发展在理念、价值、主体、结构、内容等方面沉积了比较严重的问题或不良现象，清晰呈现出"六重六轻"之画像。

一是宏观层面上存在比较严重的"重职前培养轻职后培养"问题。

无论教师的入门培训还是在职培训，其主要使命之一是在教师身上发展社会所需的伦理的、智力的和情感的品质，以使他们日后能在他们学生身上培养同样的品质。李东平指出："现代教师职前培养在培养体制、课程体系、教学方法和手段，职后培训在管理、规划、培训经费、职后与职前衔接、评估方式等方面存在诸多问题。"究其本源，重职前培养轻职后培养其实质就是职前、职中和职后的割裂和脱节问题。教师职前培养与职后培训一体化是最有效的解决之道，也已经成为趋势。对此，韩益凤提出建构教师基于一体化发展体系，认为："教师教育一体化发展体系有助于消解教师职前培养和职后培训的相互割裂……最终实现教师职前职后目标协同、职前职后资源融合以及学习者和教育者之间角色的联通互惠。"

二是宏观层面上长期存在"重全面发展轻全人发展"的倾向。

教师的全面发展是教育高质量发展的必然趋势和应然选择，但是如果只仅仅注重教师能力的全面发展，而忽视教师作为整体的人的全人格发展，在重压之下，教师极容易出现职业倦怠乃至严重的心理健康问题，延宕教师的高阶发展。对此，著名教育家叶澜很深刻地指出："教师在学生面前呈现的是其全部人格，而不只是'专业'。"而且他进一步指出："教师不仅仅要专业发展，更要全人发展。目前的问题是，教师对专业发展太看重了，自己作为一个全人的发展这个问题却往往被忽视了。"隋幸华颇有见解地认为："新时代的教师既应立足于专业发展，又应回归'全人'主体性发展。"今天之教师，已经不仅仅是一个知识的传递者、技能的教学者。今天之教师的使命，是使学生能够适应这个变化的时代，活出生命的意义和价值，实现自己的人生价值，以及他对这个社会尽一个公民的责任。因此，真实的意义上的教师，是能够对儿童、青少年，对某一个人的发展变化产生深刻影响，让他在每一个前进的重要时刻会想到这位教师。更为重要的是，今天之教师，他跟孩子一起创造每一天的生活，为孩子的未来生活而需时时创造，是多层次"全人"的创造者，教师的劳动是创造性质的。可见，教师是育人的事业，作为教师，首先要自己活得像个人，才能对别人产生成人意义上的影响，一种真正成为人的影响。因此，一个呼唤、呈现和尊重教师劳动创造性的时代正在到来。认清教师劳动的创造性质，可以说是当代教育学的重要课题，是当代教师职业生命自觉提升和践行的灵魂。

三是中观层面上存在"重教师专业发展轻生命发展"的问题。

教师专业发展是其专业知识和能力的发展，还是教师生命价值的实现与发展？这是新时代教师发展必须直面的重要命题。前者主要集中在教师的认知领域，在现实中是占上风的；对于后者，涉及了人的情感与精神领域，是被有意无意忽视的。比如，教育改革中的教育"万能论"的倾向、教育目的体系中的对教师生命存在的忽视、教学生活意义场中的教师主体意义的消解等，无不反映出对教师作为"人"的忽视。长期累积的后果就是，更多的作为工具人的教师健康状况堪忧。最近权威调查统计显示，教师中仅有10%是健康的，病态的占20%，其余大多数则处在亚健康，并且教师的健康状况还是呈逐年下降的趋势。王景认为："教师的专业发展不仅是教师的技能获得和精进的过程，它还具有更为深刻的意义，因为它直接指向了教师生命的发展和教学职业的内在价值。"应该说关注教师生命的发展，超越仅局限于其智能方面的教师的专业发展观，这一认知必须得到普遍的认可和肯定。新时代的教师发展观，首先要廓清和树立生命发展是教师专业发展的底座和前提条件的观念；其次是教师的专业发展是教师生命双重内涵的协调发展，即作为"人"的教师和作为"教师"的人的统一发展过程，也是教师不断地实现其职业外在的社会工具价值和个人内在的主体价值的统一发展过程。如此才能够彻底反思和扭转目前在一定程度上存在对教师的生命价值关怀、因而淡化了对教师的生命价值予以尊重的现象。

四是中观层面上"重教学发展轻社会发展"的问题。

教学发展是当前教师发展最为关注的内容。作为学校最早发展、最基础职能以及教师最重要工作的教学，其发展是教师发展的重中之重。课堂教学是青少年学生接受教育的最基本、最重要的途径，是教育发生影响最主要的渠道。因此，教学是教师的发展之本，也是教师价值的具体体现，重视教学发展是天经地义之举。但是，我们应该清醒地看到，当前教师的视域往往被局限于学校课堂教学的范围，教师的工作职责往往被窄化为"教书"。这对人才的培养是极其不利的，在一定程度上，这表明了教师社会角色的退化。对此，周险峰等认为："被局限的视域将是广大中小学教师寻求自身发展的一大障碍。"他们同时指出："教师除了须有良好的专业素质之外，还应有广阔的社会视野，对自身教学行为应具有整体观照的意识和能力。"对新时代教师而言，人的生命价值的完整形态是其社会价值和自我价值的统一。作为有意义的存在人总是力图把自己置身于一个客观体系中，通过其被赋予的社会角色使自己超越于个体生命，归属于某一群体和社会以获得某种位置感和确证感。如果只是纯粹地强调个人对社会的责任和贡献，而没有社会对个人的必要索取的尊重和满足人就会缺乏自我价值感，就会哀叹人生没有意义。

五是中观层面上"重师德发展轻自主发展"的问题。

师德是教师的第一道德，无德则无师。师德之于教师，怎样强调和重视都不为过。但是，"任何人类历史的第一个前提无疑都是有生命的个人的存在"，无论在逻辑上还是在现实生活中，一个人首先是作为"个体"的一种存在，然后才是作为某种社会角色的存在。因此，师德发展首先是其"具体的个人"的自主发展，是其生命的存在与自主发展。对此，斯日古楞指出："传统师德教育在很大程度上忽略了教师自我感受与体验，将其引入较为典型的'接受型'教育模式，使教师缺乏主体意识和主体能力，能动性和创造性难以得到发挥，最终影响了师德教育的整体效果。"调查表明，大部分教师身体健康状态不佳，身体频出高血脂、高血压、高血糖、高尿酸、胃炎、颈椎、静脉曲张、干眼病、咽炎、痔疮等慢病，心理则频出职业倦怠、冷漠、人际敏感、焦虑、抑郁等问题，成为教师自主发展的严重障碍。教师的自主发展是师德发展的根本途径，也是其主要目标之一。师德发展中，教师自主发展与教育整体功效的发挥不仅不矛盾，而且是统一的。应该说，促进教师自主发展是更具有人性化的教育，是坚持以人为中心现代教育价值观的真正体现。面对新时代，每个教师都要意识到：自己能成为自身职业生涯的主人，只要努力实现自我更新，就能胜任当代教师的职责，在成就学生的同时提升自己的生命质量，活出特有的职业尊严和欢乐。

六是微观层面上存在"重物质保障轻精神关怀"的问题。

精神因素是教师发展的高阶需求，也是高质量发展不可或缺的要素。研究表明，教师职业倦怠、精神内耗、厌教、冷漠、人际敏感、焦虑、抑郁等心理和精神问题愈发突出，成为教师发展的一道坎。只有心理健康、精神高尚、意义感强的教师，才更有可能成长为"四有好老师"甚至"大先生"。审视现状，上到国家，下到地方政府和一线学校，无不高度重视教师发展的待遇福利、经费投入、资源支持和条件建设，毫无疑问，这对于教师发展是必须而且是至关重要的。但是，如果仅仅重物质保障而轻精神关怀，见物不见人，见人不见心，往往导致人文精神的迷失和教育情怀的缺失，影响和迟滞教师发展的高阶进程。在如今如火如荼教师发展的制度体系建构中，教师专业发展制度、支持保障体系、教学教研体系等的建设全面铺开、相对成熟和完善，却往往不重视教师发展的人文关怀体系的思考和建设，没有把教师发展进程的精神需求、情感满足、心理健康、社会道德、健康管理等纳入其中，导致缺失和遗憾。

基于整体、体系和协同的视角审视，目前教师发展实践中产生的各种问题和矛盾现象，大体上可以从以下4个方面寻求根源和缘由，从而揭示其真相或本质。

其一，思想观念的异化。思想导向行动，行为基于观念。长期以来，由于我国在教师发展理论研究中起步晚，且严重滞后，所提供的观照匮乏，"教师发展"常被窄化为"教师专业发展"，在实践中被局限于教师专业知识和技能的提升，进而导致教师个体发展与专业发展的分离及学生发展与教师发展的对立。理论的浅薄、思想观念异化的后果是"小教师发展"观大行其是，在教师发展践行层面，上至教育行政部门，下至各级各类学校，在顶层设计、统筹规划、体系构建、配套建设、考核评价等的偏转背离乃至碎片化，进而导致职前培养体系、职后成长体系、支持保障体系、关爱关怀体系、评价体系、一体化平台建设等的不完整不完善乃至遗漏缺失。具体而言，教师发展主要以价值遮蔽、主体迷失及结构和内容失衡为问题表征。

其二，价值遮蔽。主要是指作为人的教师生命价值被作为职业的教师的工具价值遮蔽，这种发展倾向的结果是教师发展只见"工具性"而不见"人性"，工具理性价值消解或弱化了教师的内在价值，导致教师发展的生命意义和主体价值得不到充分的释放和张扬，久而久之，教师在教书育人的生境中陷入"育分"泥潭而不能自拔，工具价值、社会价值与自我价值割裂，体验不到"育人"的社会价值，更体验不到"育己"的真正乐趣、意义和价值所在，容易产生职业倦怠、职业幸福感不强、人际敏感乃至焦虑、抑郁、敌对、强迫等心理问题，不利于教师的身心健康，更不利于教师的全人发展。教师生存价值和生命意义的观照与追寻，是教师发展获得内驱力、保持持久性的前提，也是使教师诗意地栖居在教学生活中的重要保障。

其三，主体失落。主要是指作为发展主人的教师在职业生境和外力的叠加作用下失去发展的自主性、个性化、主动性。这种发展倾向的结果是教师发展是外控和被动的，而非主动和创造性的，使得教师发展的创造性遭受极大的约束和抑制，主体性更是得不到自由释放和高度张扬，导致主体失落。观照现实，这与目前教师承担了繁重的教学和繁杂的额外工作有关。这就需要从上到下大力化解教师事务繁多与个体自主学习时空不足之间的矛盾，突破外控式发展的困境，拓宽发展的空间，实现发展过程中教师主体的回归。

其四，结构和内容失衡。主要是指在教师发展体系建设中，由于理论研究成果的不足，在理论指导不完善的情况下，在实践领域的建构中普遍出现教师发展结构的不完整和不完善，以至于具体内容的不充分不平衡，使得教师局限于"专业"层面的发展而异化了"人"的发展。这种发展倾向的结果是教师的师德师风发展、专业技能、教学水平等得以较为充分的发展，自主发展、身心健康、育人服务、科研发展等比较滞后或忽视。改善和扭转教师发展结构和内容的失衡，首先要树立新理念，以更具整合性的思维方式促使"人"的发展与"师"的发展从孤立走向融合，实现教师的全面和全人发展。

简言之，目前教师发展之所以产生"六重六轻"现象，问题之本质在于异化的思想观念导致认知的偏离、工具理性的教师发展遮蔽了教师的内在价值、外控式的教师发展抑制了教师的自主发展、"师"的发展异化了"人"的发展。

新时代"两全"理念下的教师高质量发展，主张寻求生命价值、社会价值、生存价值和生命意义以及主体的自觉与创造、内在结构、发展内容的统整以及场域要素的联系与融合，对教师从专业发展转向"全面"与"全人"融合发展，从强调工具理性价值转向内在价值与工具理性价值的融合发展，从局限于学校的单向度发展转向多向度的社会发展等，都具有重要意义，也是题中应有之义。

五、结论与建议

（一）结论

（1）总体上，体育教师发展指数为 63.11，仅仅处在"合格"水平，说明体育教师的发展水平不高，发展现状不容乐观，而且超过 3 成的体育教师发展质量比较低，反映出体育教师之间发展的分化失衡严重。

（2）教师发展特征表明，体育教师发展主要呈现三大不平衡问题，即区域不平衡、身份不平衡和性别不平衡问题。

（3）生命发展、专业发展、社会发展、组织发展等变量均与发展因变量表现出比较强程度的正向线性相关关系，说明了它们之间存在比较强的内在联系，是影响体育教师发展的主要响应因素。

（4）回归分析发现，组织发展对发展指数的作用最大，其解释力达到 39.6%；第二是社会发展，解释力为 38.5%；第三是专业发展，解释力为 29.1%；第四是生命发展，解释力为 24.2%。结果揭示了生命发展、专业发展、社会发展、组织发展均对体育教师的发展起到积极的正向影响作用。

（二）建议

对此，各相关方应努力探寻促进教师高质量发展的实践策略与外部条件，综合运用物质、制度、心理、文化 4 种手段，实施"硬实力＋软实力"一体化建设，配套"软管理"和"硬管理"的巧妙结合、辩证统一，不断推动新时代教师队伍建设。

（1）重新构想新时代教师发展观——新时代的教师发展是全面和全人融合发展。教师发展观是支撑我国现代教师教育变革的根本性思想和价值力量，有什么样的发展观就有什么样的教师教育变革行动、教师发展样态乃至教育发展样态。当下，我国教师发展进入了教师高质量发展体系建设新时期，高质量发展成为最鲜明的时代主题。但需要明确的是，对教师发展质量的追求必须上升为追求好教师好教育融合的实践。只有教师发展质量体系回归生命和价值属性，并与教育实践融合，追求好教师好教育，实现教师发展实践的生命性、人文性、伦理性、正当性、价值性，才能实现教师的真品质、善品质和美品质。

新时代的教师发展是全面和全人的融合发展，是在继承全面发展理论和全人发展理论基础上进行集成和创新的发展观，新时代的教师"两全"发展观具有以下认识。

一是教师作为教育变革的因素，必须处于中心地位，其职业也必须重新评估与构想为一项激发新知识，实现教育和社会变革的集体事业。

二是教师只有在具有所需的知识和技能、个人素质、职业前景和工作动力的情况下，才能满足人们对他们的期望。

三是教师还应努力把教育过程延伸到校外，加强与社会或社区的连接，并在内容方面建立起所授课和学生日常之间的某种联系。

四是人们要求教师既有技能，又有职业精神和献身精神，这使他们肩负的责任十分重大。

五是提高教师的质量和积极性应是国家的一项优先任务。

六是教师的发展是一个丰富而且动态的学习体验的连续体，是持续一生的旅程。

七是友好协作和团队合作应该成为教师工作的特征。

八是生产知识、反思和研究应该成为教师发展有机组成部分。

九是目前还没有任何技术能够替代或消除人们对优秀的人类教师的需求，优秀的教师是不可替代的。

（2）持续激发教师发展的主体自觉——打造教师发展共同体。教师的生命与一般人的生命的差异在于，教师是教育事业的从业者，这就决定了教师的生命不仅仅是一个普通的生命，而且是拥有更加崇高的职业使命的生命。这是教师作为普通人的对其类生命的超越。正因如此，加强教师生命发展质量，持续激发教师发展的主体自觉，打造教师发展共同体，是教师高质量或高阶发展不可逾越的一道坎，也是必须攻坚克难予以跨越的一道难关，唯有如此，教师高质量发展才能够真正落到实处，支撑起教育的高质量发展，实现立德树人的根本目标。因此，如何做到主客体共同发力，持续激发教师发展的主体自觉是关键。

一是有效帮扶提高教师自主评价诊断和自主规划中长期职业生涯发展的能力，给出教师个性化、阶段性具身发展的方向、图景和路径，引导教师个性化发展和优化发展。

二是协作提高教师人文、数字、科研等基于新时代要求的关键素养，提高教师自主学习、自觉反思、深度合作、抱团成长的意识和能力，夯实教师自主发展的土壤。

三是协作提高教师生活管理、社交管理和时间管理的能力，使得教师养成健康的生活方式和良好的行为习惯，提升自我认同，夯实教师自主发展的身心健康基础。

四是构筑区域教师发展一体化体系，搭建一体化发展平台，整合优质资源，实施区域教师卓越发展工程，打造教师发展共同体，激发教师高质量发展的内生动力。

（3）构建教师发展全过程支持体系——引导和促进教师全面和全人融合成长。研究表明，教师职业是世界上组织得最严密的职业之一，所以教师组织在各种领域能够起着并且正在起着极大的作用，而且教师组织在有关建立职业信任气氛和对教育革新持正面态度方面作出决定性的贡献。因此，首先重视教师发展硬实力建设，实施教师发展全过程全生涯培养，建立职前培养体系、职后成长体系、支持保障体系、评价体系等一体化发展制度；其次要重视软实力建设，需要建立平行的教师生涯发展、关爱、关心、关怀体系和营造可持续的友好职业生态，继而构建配套的完善的制度和长效工作机制，完善教师发展的结构，平衡教师发展的内容，进而实施有效沟通组织和社会的教师发展多元化渠道，实现教师包容、多元、自主发展，铺垫教师的高阶发展。根据调查结果，要注重以下两个方面的补强发展。

一是要加强教师的社会发展，整合资源，合理引入外部优质资源，提供教师有效联结社会的多种渠道、途径和平台，基于"育人"旨在打造家、校、社一体化交流沟通互动的立交桥，基于"育己"打造学校、社会、社区一体化咨询和服务平台，在参与社会和服务社会中提升意义感和价值感，补强教师在社会发展方面的不足。

二是亟待补上教师生涯关爱关心关怀体系建设的短板，注重软管理，生成软实力，既可以及时有效促进和维护教师生涯的身心健康，又能够有效发挥释放压力、消解戾气、提振信心、提升预期、激发内力、调和生态、增强合作、抱团提质的重要作用，夯实教师有效发展的身心基础。

（4）构建教师发展现代评价体系——促进教师公平发展、包容发展和多元发展。评价也是发展。目前对教师的管理基本上停留在制度与人治混合的"尴尬"阶段，距离现代治理体系和治理能力的建设还存在比较大的差距，最大的短板在于教师发展现代评价体系的缺失，以及对评价结果使用不当。因此，深化教师发展质量评价改革，建立区域教师质量监测体系，是推进区域教师质量整体提升的重要举措，也是引领区域教育高质量发展的必然要求。

实施教师发展综合性评价是时代的应然之举，呼之欲出。首先教师发展综合性评价是一个合作、创造意义、创新价值的过程，既是动态的、生长的、合作的过程，又是独特的、生境化的、关注描述专业课程及其演变；既是描述性的，又主要是形成性评价，嵌入结果性评价，可以区分进步与后退，可以区分发展与停滞，是一种可持续建构行动取向的评价。这种评价把社会视为一个"完整性生态"，把学校视为一个"有机性生态"，重视人的因素，把人看作有社会责任感的人、有进取性的人，激发人的内在动力，自觉地发挥能量达到生命的意义和组织的目标。因此，评价首先要肯定教师的成绩和进步，发现和发展教师的特长，激发教师的成就欲望。其次，要为教师改进工作提供明确的标准，评价者应把国家、社会对教师的要求体现在评价准则中，并根据教师的实际情况加以具体化和操作化，增强教师成长感；提供教师改进工作的反馈信息，帮助教师反思和总结教学中的优势和不足，分析产生问题的原因，探讨解决问题的途径和方法，增强教师的获得感。最后，帮助教师确立自我发展的目标和未来专业发展方向，引导教师以社会主流价值为导向，将个人价值与社会价值融为一体，增强教师的自豪感。只有这样，才可能促进教师个人需要、生命价值和学校发展需要的融合，促进"完整性生态"和"有机性生态"的融合，促进教师心态和学校氛围的融合，促进教师的现实表现和未来发展的融合，促进教师受益和学校受益的融合，促进教师正式组织和非正式组织的融合，实现教师全人发展和全面发展的高度融合。

基于"两全"理论，构建包括生命发展、专业发展、社会发展和组织发展全维度、全要素、全链条的教师发展综合评价体系，构筑"一阶四维"新的测评模型，开发数字化评价系统，科学精准评价和研判教师发展境况，发现存在的短板弱项，为教师发展提供个性化方向和高质量指导，从而实现教师治理过程中的良性约束和友好激励，促进教师公平发展、包容发展和多元发展，这是构建现代教师发展体系重要的一环。

（5）构建教师发展开放共生的发展生态——夯实教师发展的沃土和友好氛围。作为软管理的重要内容，从教育生态学的视角审视，职业生态是教师的一种主观价值判断，是教师对政府保障、学校治理、社会环境、职业发展及其综合效应感知的主观反映。职业生态犹如一片森林，生成一个具有自我调节功能的动态平衡的生存生长状态，表现出整体性、系统性、多样性、协同性、层次性、共生性和动态平衡等鲜明的特点。因此，职业生态与教师队伍的身心健康、专业化发展、教育情怀、职业情感、事业成功等息息相关、密不可分，是教师发展休戚与共的生境，也是推进高质量教师队伍建设的重要保证，其重要性不言而喻。友好和谐的职业生态是教师教书育人的基础和保障，也是立德树人得以实现的根本保证。从生态理论和教育生态学的逻辑关系出发，职业生态改进和重塑应在政府的主导下，社会和学校应当重新联结教师的个人生活、教学生活与社会生活，合力营造整体性、多样性、协调性、层次性、匹配性和内生性的教育生态，形成以教师发展为本、积极回应内外环境变化、促进教师自主发展的系统的、良好的发展生态，引导职业生态走向动态、增值生长与和谐发展，助力高质量教师和教师队伍高质量成长。具体举措如下。

一是营造理解并尊崇教师职业的社会舆论风气。重点在于嵌入顶层设计和制度建设，覆盖教育生态的整体建设和体系建构，尤其要把教师是教育的第一资源的理念落地落实，嵌入生态系统中，不断提升教师的社会地位、政治地位和工资待遇，实现教师权益保障全覆盖，实实在在提升教师的精气神。

二是创设共建共享共生的学校文化。加强学校文化软实力建设，尤其要通过奋斗文化、合作文化和关怀文化的建设，营造职业生态的核心价值观，以教书育人为中心，以奋斗者为本，打造教育价值观的 DNA 双螺旋结构，激发奋斗精神，促进教师深度的专业合作，提升教师的自豪感和职业期望。

三是树立大教育观和大职业生态观，借此构建多主体参与、多元化、包容开放的治理平台，形成协同解决方案，实现现代学校治理整体提升的有效策略。

四是在搭建具有广东特色的赋能职业生态综合平台的基础上，统筹协调职业生态的多样化和包容性建设。重点是开发基于"5G＋技术"的教师的综合信息和管理平台，为教师高质量发展嵌入丰富的社会资源、先进手段、先进方法和智慧技术，为教师发展的可持续诊断和改进提供支撑。

第二节　新时代广东省体育教师高质量发展的比较研究

一、提出问题

在教育高质量发展的大背景下，学校体育的高质量发展问题被提上议事日程，体育教师作为学校体育高质量发展的第一资源备受关注，成为业内的热点话题，尽显其在学校体育变革中第一支撑的关键作用。目前，我国从事学校体育教育教学工作的有 3 支大队伍，即基础教育、职业教育和普通高校等体育教师队伍，学校体育和课堂教学质量也由这 3 支队伍的水平和活力来决定。因此，对这 3 支队伍的发展水平进行调查评估，揭示其基本机理和存在的问题与不足，进而有的放矢地提升其发展质量和水平，是目前摆在学校体育改革与发展进程中的头等问题，是第一议题。

查阅文献，迄今为止，对于体育教师发展的研究，国内起步于 21 世纪初，最早可见易锋、陈康于 2007 年发表的《高校体育教师成长阶段特征与影响因素及对策》，提出了"相对有效的激励措施和支持体系，促进体育教师职业生涯和专业的发展的建议"。此后，尤其是走进新时代以来，对体育教师发展的研究逐渐趋于活跃，但相关文献有限，说明对体育教师发展的研究仍然相当薄弱，还有比较大的提升空间。尤其对于我国学校体育三大队伍的实证和比较研究，揭示他们发展机理的异同方面尚未见相关文献。因此，很有必要开展相关的深入研究。

本研究根据高质量发展的国家战略，以及新公共服务理论、教育生态理论和现代学校内部治理，提出了新时代教师发展"两全"理论，提出体育教师高质量发展理论模型假设，继而设计和编制新时代体育教师发展测量表，并在科学测评广东省体育教师发展状况的基础上，有针对性地展开基础教育、职业教育、普通高校 3 类体育教师之间发展现状的比较，研判 3 类体育教师发展的质量和水平，深入分析和比较影响他们发展的主要因素、具体的不良因子，以及主要影响因素对发展指数的响应预测，揭示 3 类体育教师发展的基本特征与一般规律，以及高质量发展响应机理的异同和存在的主要问题，既能够有针性地对 3 类体育教师发展进行补短板和强弱项，又能够有的放矢地从整体上提升体育教师发展的质量和水平，对实现体育教师高质量分类发展，助力学校体育高质量发展，具有重要的现实意义和作用。

二、研究方法

（一）研究对象

本研究根据广东省各级各类学校地域分布、办学类型、发展水平等，采用随机抽样与分层抽样相结合的方法，在百余所中小学校、职业院校、普通高校中抽取 939 名一线体育教师为调查对象。通过"问卷星"系统按设定的时效在线实施问卷调查，共发放问卷 1066 份，回收 1032 份，其中有效问卷 939 份，问卷的回收率为 96.8%，有效率为 88.1%。

在有效样本中，基础教育体育教师 595 人占比 63.4%，职业教育体育 244 人占比 26.0%，普通高校体育教师 100 人占比 10.6%；男教师 711 人占比 75.7%，女教师 228 人占比 24.3%；粤港澳大湾区九市 413 人占比 44.0%，粤东西北地区 526 人占比 56.0%。

（二）研究工具

本研究基于教师发展"两全"理论，运用专家咨询法编制体育教师高质量发展调查问卷。总体上，问卷包括教师的生命发展、专业发展、社会发展、组织发展等 4 个度一级维度、8 个二级维度，合计由 38 道题目构成。生命发展为 7 道题，专业发展为 16 道题，社会发展为 5 道题，组织发展为 10 道题。问卷采用 5 点量表，单题最低分为 1 分，最高分为 5 分。发展指数最高设置为 100，指数 80.0 及以上表示发展质量高，70.0 至 79.0 表示比较高，60.0 至 69.0 表示一般，50.0 至 59.0 表示比较低，50.0 以下表示低。该问卷经过 SPSS27.0 统计软件检验，综合信度为 0.912，分半信度为 0.784，综合结构效度为 0.933，问卷的信度好、结构效度好，可以进行有效的数据比较与分析。

（三）数据处理

在问卷星系统自动生成 XLSX 工作表的基础上，使用 SPSS27.0 软件在计算机上自动导入调查数据，然后按照要求对数据进行初步的整理、甄别，剔除异常问卷，进而生成新变量，采用描述性统计、比较平均值、相关分析、回归分析等进行统计学处理与比较分析。

三、结果与分析

（一）3 类体育教师发展指数的比较与分析

体育教师发展事关学校体育的高质量发展，更是事关体育教师自身的高质量可持续发展，是教育高质量发展的中坚力量，也是学校体育高质量发展的支撑力量，对此，评估和比较 3 类体育教师发展指数，有助于了解和掌握体育教师发展的现实情况，使得改进和提升体育教师发展质量有的放矢、因循利导。

从表 8—8 的数据可以看出，发展指数最高的是普通高校体育教师，指数达到 67.53，仅仅处在"一般"水平；其次是基础教育体育教师，指数为 64.89，同处在"一般"水平；最后是职业教育体育教师，指数为 57.87，只是处在"合格"水平。而且多重比较显示，3 类体育教师之间均具有统计学意义上的显著性差异。

结果显示，普通高校体育教师发展指数最高，其次是同一发展层次的基础教育体育教师，最后是低一层次的职业教育体育教师。结果表明，3 类体育教师的发展既不平衡也不充分，仍然具有较大的上升和改进空间，都有必要进一步提升发展的质量和层次，同时还要重视加快基础教育和职业教育体育教师的发展，尤其是职业教育体育教师的发展比较滞后，值得高度关注和重视，需要另辟蹊径加以推进。

表 8-8　3 类体育教师发展指数比较

身份	人数	平均值	标准差	方差检验				
				平方和	自由度	均方	F 值	显著性
基础教育	595	64.89	10.08					
职业教育	244	57.87	9.87	10476.716	2	5238.358	47.232	0.000
普通高校	100	67.53	14.15	103808.354	936	110.906		

（二）3 类体育教师发展水平人群分布的比较与分析

发展水平人群分布是分析和研判体育教师发展质量的主要指标之一。通过比较群分布的情况，能够衡量不同身份体育教师发展质量的差异，对于分层精准把握不同身份体育教师发展质量及其改进之道提供科学依据。

从表 9-9 的数据可以看出，一方面，发展达到"比较高"水平以上的人群中，基础教育体育教师占比 31.7%，排在首位，次之是职业教育体育教师占比 31.4%，最后是普通高校体育教师占比 25.8%；另一方面，发展达到"比较低"以下的人群中，普通高校体育教师占比 32.1%，排在最末，次之是职业教育体育教师占比 22.9%，最后是基础教育体育教师占比 20.7%。

结果显示，基础教育体育教师发展质量相对较好，其次是职业教育体育教师，最后是普通高校体育教师。比较结果表明，普通高校体育教师高质量发展差距最大，职业教育体育教师次之，基础教育体育教师较好。

表 8-9　3 类体育教师发展水平人群分布比较

身份	项类	高	比较高	一般	比较低	低
基础教育	人数	19	65	126	35	20
	百分比（%）	7.2	24.5	47.5	13.2	7.5
职业教育	人数	11	48	86	30	13
	百分比（%）	5.9	25.5	45.7	16.0	6.9
普通高校	人数	59	171	374	197	88
	百分比（%）	6.6	19.2	42.1	22.2	9.9

（三）3 类体育教师发展主要影响因素作用的比较与分析

体育教师发展质量主要取决于生命发展、专业发展、社会发展和组织发展的质量，这是本研究中体育教师发展的理论模型假设。本研究的实证表明，生命发展、专业发展、社会发展和组织发展的确是影响体育教师发展的主要因素。对此，通过比较他们在 4 个维度中的响应指数，可以深入发现响应因素虽发挥的不同作用。

从表 8-10 的数据可以看出，3 类体育教师中，生命发展维度是基础教育体育教师指数最高，次之是普通高校体育教师，最后是职业教育体育教师，且他们之间的差异具有统计学意义上的非常显著性；专业发展维度是普通高校体育教师指数最高，次之是基础教育体育教师，最后是职业教育体育教师，且他们之间的差异具有统计学意义上的非常显著性；社会发展维度是普通高校体育教师指数最高，次之是职业教育体育教师，最后是基础教育体育教师，且他们之间的差异具有统计学意义上的非常显著性；组织发展维度是基础教育体育教师指数最高，次之是普通高校体育教师，殿后是职业教育体育教师，且他们之间的差异具有统计学意义上的非常显著性。

比较结果显示，对基础教育体育教师而言，短板是社会发展，弱项是专业发展；对职业教育体育教师而言，短板是组织发展，弱项是专业发展和组织发展；对普通高校体育教师而言，短板是社会发展，弱项是专业发展和组织发展。

表8-10 3类体育教师发展主要影响因素的比较（平均值±标准差）

身份		生命发展	专业发展	社会发展	组织发展
基础教育体育教师		74.52±10.45	60.18±11.87	54.00±16.86	70.87±15.39
职业教育体育教师		68.19±8.09	54.58±12.26	55.20±14.15	53.52±14.69
普通高校体育教师		73.95±13.86	67.86±14.85	60.60±22.93	67.72±16.95
方差检验	F值	33.110	43.401	6.513	110.751
	显著性	0.000	0.000	0.002	0.000

（四）影响3类体育教师发展的不良因子的比较与分析

对于身处3种类型教育生境中的体育教师而言，影响教师发展的不良因子理应有共同点也有不同点，对他们的差异性进行发掘和发现，有助于深度把握和进一步精准研判不同身份体育教师发展的负面影响因子，从而能够对症下药，提升发展成效。

从表8-11的数据可以看出，影响基础教育体育教师发展的不良因子有5项，主要涉及专业发展的不足，如教研成果匮乏、教学和技能大赛参与少、教研和学术活动参与少等；影响职业教育体育教师发展的不良因子有8项，主要涉及专业发展和组织发展的不足，如教研成果匮乏、科研素养不高、教学和技能大赛参与少、教研和学术活动参与少、对职称评审不满意、对学校支持保障不满意等；影响高校体育教师发展的不良因子有2项，主要涉及专业发展不足，如教学和技能大赛参与少、教科研成果获奖困难等。

比较结果显示，影响3类体育教师发展的不良因子主要对准专业发展的不足，基础教育体育教师的社会发展也有所不足，职业教育体育教师的组织发展也有不足等。结果提示，重点提升体育教师在教科研、技能竞赛的获得感，以及加强职业教育体育教师的发展支持保障，是有效提升体育教师发展的主要着力点。

表 8-11　3 类体育教师发展主要负面因子比较

类型	因子	人数	最小值	最大值	平均值	标准差
基础教育体育教师	我的教科研成果被上级引用或采用	595	1	5	1.53	0.940
	上年度我参加了各级各类举办的教学大赛、专业技能大赛等	595	1	5	2.03	1.130
	近 3 年，我的论文、教研成果获得上级奖励	595	1	5	2.06	1.292
	上年度我被邀请参加校外的教研和学术交流活动	595	1	5	2.09	1.422
	上年度我公开发表了论文、专著、调查报告等	595	1	5	2.25	1.400
职业教育体育教师	我的教科研成果被上级引用或采用	244	1	5	1.46	1.097
	近 3 年，我的论文、教研成果获得上级奖励	244	1	5	1.47	1.134
	上年度我参加了各级各类举办的教学大赛、专业技能大赛等	244	1	5	1.50	1.135
	上年度我被邀请参加校外的教研和学术交流活动	244	1	5	1.68	1.142
	我认为目前职称评审公平公正	244	1	5	1.99	1.388
	我对学校在教师发展方面的支持和经费保障感到满意	244	1	5	2.37	1.135
	上年度我公开发表了论文、专著、调查报告等	244	1	5	2.40	1.241
	我能够运用类似 SPSS 软件来处理、统计和分析数据	244	1	5	2.44	0.822
普通高校体育教师	上年度我参加了各级各类举办的教学大赛、专业技能大赛等	100	1	5	2.16	1.613
	近 3 年，我的论文、教科研成果获得上级奖励	100	1	5	2.18	1.629

（五）影响 3 类体育教师发展的因素贡献系数的比较与分析

采用回归分析和结构方程模型等方法，对影响体育教师发展的主要因素所起的响应作用进行建模预测与比较，分别寻求主要影响因素对教师发展的不同响应和所起贡献作用的预测，有利于科学分类制定整体协同且各有侧重的助力教师发展的政策和具体举措，以达到最佳的整体干预效果。

表 8-12 的数据显示：对于 3 类体育教师而言，理论设想的影响体育教师发展的 4 个自变量均进入结构方程，所建构的模型调整后 R^2 的系数为 1.00，说明结构方程的拟合优度比较理想，可以建立多元线性方程；同时对 3 个模型的多元线性方程的拟合优度进行检验，其残差均为零，检验结果非常显著，说明 3 个结构方程中因变量与自变量之间的线性关系完全成立，能够恰当解释因变量的相应变化。生命发展、专业发展、社会发展、组织发展等维度对基础教育体育教师发展指数预测贡献分别为：0.259、0.294、0.418、0.382，解释度最高的社会发展，其他依次是组织发展、专业发展和生命发展；对职业教育体育教师而言，四个维度的预测贡献分别为 0.205、0.310、0.358、0.372，解释度最高的组织发展，其他依次是社会发展、专业发展和生命发展；对普高校体育教师而言，4 个维度的预测贡献分别为

0.245、0.262、0.405、0.299，解释度最高的是社会发展，其他依次是组织发展、专业发展和生命发展。

结果发现，主要影响因素对 3 类体育教师发展的影响均具有正向的积极作用，具体作用上则呈现出一定程度上的差异，总体上判断，除要高度重视专业发展和生命发展外，基础教育、普通高校体育教师还要侧重发挥社会发展的建设和作用，职业教育体育教师还要侧重发挥组织发展的建设和作用，以收到更优的整体效果。

表 8—12　主要影响因素对 3 类体育教师发展预测贡献比较

身份	模型	未标准化系数		标准化系数	T 值	显著性
		B	标准误	Beta		
基础教育体育教师	常量	7.994E−14	0.000		0.000	1.000
	生命发展	0.250	0.000	0.259	228492312.928	0.000
	专业发展	0.250	0.000	0.294	231709746.320	0.000
	社会发展	0.250	0.000	0.418	368507932.737	0.000
	组织发展	0.250	0.000	0.382	341342501.395	0.000
职业教育体育教师	常量	−4.974E−14	0.000		.	.
	生命发展	0.250	0.000	0.205	.	.
	专业发展	0.250	0.000	0.310	.	.
	社会发展	0.250	0.000	0.358	.	.
	组织发展	0.250	0.000	0.372	.	.
普通高校体育教师	常量	5.684E−14	0.000		0.000	0.000
	生命发展	0.250	0.000	0.245	81171110.572	0.000
	专业发展	0.250	0.000	0.262	64232471.704	0.000
	社会发展	0.250	0.000	0.405	118588011.322	0.000
	组织发展	0.250	0.000	0.299	90116636.469	0.000

四、结论与建议

（一）结论

（1）普通高校体育教师发展指数最高，其次是同一发展层次的基础教育体育教师，最后是低一层次的职业教育体育教师。

（2）基础教育体育教师发展质量相对较好，其次是职业教育体育教师，最后是普通高校体育教师。

（3）对基础教育体育教师而言，短板是社会发展，弱项是专业发展；对职业教育体育教师而言，短板是组织发展，弱项是专业发展和组织发展；对普通高校体育教师而言，短板是社会发展，弱项是专业发展和组织发展。

（4）影响 3 类体育教师发展的不良因子主要对准专业发展的不足，基础教育体育教师的社会发展也有所不足，职业教育体育教师的组织发展也有不足等。

（5）主要影响因素对 3 类体育教师发展的影响均具有正向的积极作用，具体作用上则呈现出一定程度上的差异。

（二）建议

（1）统筹高质量体育教师发展，加强顶层设计，加快建设体育教师现代培养培训体系。3 类体育教师的发展既不平衡也不充分，仍然具有较大的提升和改进空间，需要加快基础教育和职业教育体育教师的发展进程，尤其是职业教育体育教师的发展比较滞后，值得高度关注和重视，需要另辟蹊径加以推进。因此，把握体育教师发展规律和 3 类教师发展的特点，加快建设各具特色的 3 类体育教师现代培养培训一体化体系，是从根本上提高教师发展质量的关键举措。

（2）各级各类学校要因地制宜，搭建高水平体育教师发展综合平台，可持续加大教师发展的支持保障力度。针对 3 类体育教师高质量发展的总体差距和分维度差距，各级各类学校要搭建高水平体育教师发展综合平台，可持续加大教师发展的支持保障力度，重点提升体育教师在教科研、技能竞赛的获得感，以及加强职业教育体育教师的发展支持保障，这样才能够有效提升体育教师队伍发展的整体质量和水平。

（3）建立体育教师现代发展制度和工作体系，实现"省地县校"一体化联动发展。搭建一体化体育教师现代发展制度和工作体系，实现制度育人、治理育人，搭建"学练赛""研学训""家校社"等多元平台，除要高度重视专业发展和生命发展外，基础教育、普通高校体育教师还要侧重发挥社会发展的建设和作用，职业教育体育教师还要侧重发挥组织发展的建设和作用，以收到更优的整体效果。

（4）搭建高水平体育教师发展综合信息平台，实施友好帮扶制度。基于新强师工程实施常态化高校帮扶中小学制度，针对中小学体育教师专业发展，尤其是教研发展的薄弱环节，开展对口的系统培训和现代"传帮带"工程，特别要针对职业教育体育教师发展比较滞后的严峻问题，统筹实施省级"进阶式"培训培养工程，从整体上提升职业教育体育教师的学历和科研水平。

参考文献

[1] 高红霞. 高校教师发展理论及服务体系研究: 基于教师职业生涯视角 [J]. 淮海工学院学报 (人文社会科学版), 2018, 16 (1): 126—129.

[2] 岳娟娟. 高校教师专业发展生态模型的研究 [D]. 重庆: 第三军医大学, 2013: 93-105.

[3] 张昊, 张德良. 大学教师课程与教学发展的理论模型 [J]. 教育评论, 2014 (7): 51—53.

[4] 王亚南, 王斌, 徐珍珍. 我国高职院校教师发展水平的测度与比较: 基于 2019 年度高职院校教师发展指数的分析 [J]. 职教通讯, 2021 (11): 9—19.

[5] 张新萍, 王宗平. 建构智商、情商、动商三商一体的全人发展理论体系 [J]. 南京理工大学学报 (社会科学版), 2015, 28 (5): 26—31.

[6] 崔吉芳. 从何而来的"满意度": 教育满意度测评的发展和趋势 [N]. 中国教育报, 2016—02—25.

[7] 郑双. 健康中国行动计划下学校体育生态的建设 [J]. 当代体育科技, 2020 (5): 109—110.

[8] 胡庆山, 曹际玮. 农村学校体育的生态困境及其治理策略 [J]. 北京体育大学学报, 2018 (4): 82—88.

[9] 游海燕, 肖进勇, 等. 体育生态论 [M]. 成都: 四川科学技术出版社, 2008.

[10] 武向荣. 义务教育教师工作满意度影响因素的实证研究 [J]. 教育研究, 2019 (1): 66—74.

[11] 杨爽. 我国高职教师职业发展研究回顾与反思 [J]. 成人教育, 2019 (9): 56—62.

[12] 李瑾瑜. "教师专业发展" 的概念特质与实践要义 [J]. 中国教师, 2017 (11): 26—29.

[13] 周如俊, 陈冬云, 陆道华. "职教 20 条" 视域下职业院校办学品质提升的理性审视 [J]. 教育科学论坛, 2019 (6): 18—21.

[14] 李新翠. 何以促进中小学教师专业合作: 基于近万名中小学教师的经验证据 [J]. 教育研究, 2020 (7): 143—153.

[15] 马鸣. 高校体育教师职业幸福感的现状调查与研究 [J]. 体育科技文献通报, 2014, 22 (10): 64—65.

[16] 李东平. 现代教师职前培养与职后培训的再思考 [J]. 继续教育研究, 2016 (6): 69—71.

［17］韩益凤．教师教育一体化发展体系的构建［J］．东南大学学报（哲学社会科学版），2022，24（6）：140－145，148.

［18］叶澜，庞庆举．俯仰间会悟：叶澜随笔读思录［M］．北京：中国人民大学出版社，2019.

［19］林梓媛，魏善春．过程哲学视域中的教师发展：境遇、图景与路向［J］．教师教育学报，2023，10（2）：20－27.

［20］王景．生命观视阈下的教师专业发展［J］．教育探索，2010（9）：84－85.

［21］隋幸华．大学教师发展的意蕴与特征［J］．学校党建与思想教育，2020（7）：91－93.

［22］周险峰，曹正善．教师发展的障碍：被局限的视阈［J］．中国教育学刊，2004（3）：6－8.

［23］马克思恩格斯全集：第7卷［M］.北京：人民出版社，1960.

［24］黄显涵，李子建．从评价改革及范式审视教师发展的实践困境［J］．全球教育展望，2011，40（1）：84－88.

［25］张雨，曹必文．教育生态学视域下高职院校教师专业发展的困境与突破［J］．黑龙江高教研究，2011（2）：119－122.

［26］刘霞．生态培育模式：教育生态观下的高职院校教师专业发展新路径［J］．高等职业教育——天津职业大学学报，2019（5）：26－29，34.

［27］习近平．习近平著作选读：第二卷［M］．北京：人民出版社，2023.

［28］李明．新时代"人的全面发展"的哲学逻辑［J］．光明日报，2019－02－11.

［29］王彩霞．中小学教师师德建设必须以人的全面发展理论为指导［J］．学周刊，2015（10）：7.

［30］张媛媛，马翰林，苏佩．基于心智模式改善的生命关怀教育［M］．广州：广东人民出版社，2022.

［31］郑富，王定功，邵彦丽．试论全人教育理念下的教师培养［J］．新课程研究（上旬），2019（6）：7－9.

［32］祝念峰．重温邓小平教育理论 不断开创中国特色社会主义教育事业发展新局面［J］．当代中国史研究，2014，21（5）：16－17.

［33］汪霞，崔军．高校教师教学发展的理论基础与促进策略［J］．中国高教研究，2015（11）：87－91.

［34］教育研究编辑部．2022中国教育研究前沿与热点问题年度报告［J］．教育研究，2023（3）：63－73.

［35］联合国教科文组织．教育：财富蕴藏其中［M］．2版．北京：教育科学出版社，2014.

［36］孙燕，元翠英，王冬梅，等．高等职业教育受众幸福指数多级模糊综合评判模型的构建及评价：以莱芜职业技术学院为例［J］．西安石油大学学报（社会科学版），2015（2）：49－54.

［37］中国教育报．探寻新时代教师发展新路径［N］．中国教育报，2019－03－12.

［38］张晋．生态学视野中的我国职业教育发展［J］．职教论坛，2006（13）：21－25.

［39］丁钢．论高职教育的生态发展［J］．高等教育研究，2014（5）：55—62.

［40］Phillip L. Rice．压力与健康［M］．北京：中国轻工业出版社，2000.

［41］徐富明．中小学教师的职业压力应对策略及其相关因素的研究［D］．北京：北京师范大学，2001.

［42］李琼，张国礼，周钧．中小学教师的职业压力源研究［J］．心理发展与教育，2001（1）：97—104.

［43］孙云樵．吉林省中小学体育教师职业压力与应对方式的调查研究［J］．教育探索，2008（6）：21—22.

［44］陈明丽，许明．国外关于教师职业压力的研究［J］．福建师范大学学报（哲学社会科学版），2000（3）：123—129.

［45］李红青，卢光．广州地区中小学教师职业压力和幸福感的调查研究［J］．教育导刊，2012（5）：29—31.

［46］董大肆．浙江省一级重点中学体育教师职业压力状况的调查研究［D］．金华：浙江师范大学，2001.

［47］周兰，周一苗．高职教师教育科研能力及评价指标探析［J］．科技信息，2010（8）：121-124.

［48］徐红梅．能力主导型高职教师内在专业结构分析［J］．职业教育研究，2008（5）：65—67.

［49］刘夏，陈磊，刘亢，等．高职院校教育科研现状、演进、特点与向度：基于全国教育科学"十三五"规划职业教育类课题实证分析［J］．教育科学论坛．2021（36）：36—45.

［50］周鸿．人类生态学［M］．北京：高等教育出版社，2001.

［51］陈余彬．学校治理研究与探索［M］．北京：新华出版社，2021.

［52］刘洁，杨雅．文承担学术使命 引领教育科研：教育理论期刊发展研讨会综述［J］．教育研究，2015（9）：159.

［53］王扬南．全面提升职教科研服务高质量发展整体贡献力：基于《2019中国职业教育科研发展报告》［J］．中国职业技术教育，2020（12）：5—15.

［54］罗伯特.B. 登哈特，珍妮.V. 登哈特．新公共服务［M］．中国人民大学出版社，2014.

［55］陈岩．高等职业教育科研评价目标定位研究［J］．天津商务职业学院学报．2017，5（2）：41—46.

［56］陈鑫鸿，张世红．教育法治视角下教育科研评价体系构建探析［J］．齐齐哈尔大学学报（哲学社会科学版），2022（1）：49—52.

［57］王方全，李宇青．"进阶式"培养：教师教育科研能力提升的现实路径［J］．教书育人，2021（35）：45—47.

［58］王木生，等．关于基础教育体育教师职业幸福感的调查报告［J］．职教论坛，2010（9）：86—88.

［59］丛森，李琳琳．基础教育院校教师职业幸福感培养简说［J］．职业教育研究，2013（3）：90—91.

［60］李明琦．北京基础教育体育教师职业幸福感调查与提升策略分析［J］．北京农业职业学院学报，2019（3）：64—70.

［61］孙彬．高校教师职业幸福感缺失原因与路径探析［J］．江苏高教，2018（2）：43—46.

［62］虞崇胜．将人民幸福感嵌入国家治理之中［J］．国家治理，2020（20）：47—48.

［63］檀传宝．论教师的幸福［J］．教育科学，2002（1）：39—43.

［64］卢清，成云．教师职业幸福感研究综述［J］．江苏教育研究（理论版），2008（3）：29—31.

［65］陈学金，邓艳红．近年来国内教师幸福感的研究述评［J］．教育导刊，2009（3）：25—28.

［66］马鸣．高校体育教师职业幸福感的现状调查与研究［J］．体育科技文献通报，2014，22（10）：64—65.

［67］庄明科．职业幸福感理念在大学生职业生涯教育中的运用［J］．高校辅导员，2012（6）：43—46.